《股市操练大全》销量惊人，屡创佳绩

若将销售的书一本一本叠起来，高度超过 8 个珠穆朗玛峰

《股市操练大全》丛书一览

基础知识系列

实战指导系列

习题集系列

贴近市场　学练结合　新颖实用

被广大读者交口称赞的股票实战工具书

《股市操练大全》屡获殊荣
市场口碑甚佳　深受投资者青睐

《股市操练大全》一面世就火爆市场，一鸣惊人

媒体争相报道

读者好评如潮

读者赞誉
如获至宝
拍案叫绝
茅塞顿开
相见恨晚

股市操练大全

第二册

主要技术指标的识别与运用练习专辑

（第73次印刷，总印数62.1万册）

主　编　黎　航

执行主编　理　应

技术统筹　任　惠

上海三联书店

内容提要

《股市操练大全》是国内第一本运用现代教育强化训练的理论和方法，帮助投资者提高操盘水平的实战技巧工具书。它兼有学习、练习双重用途。本书第二册在保留第一册风格的基础上，又有了新的突破。第一，根据实用、高效、少而精的原则，将股市中常用的几十种技术指标压缩到几种，并将最有实用价值的指标列为一类指标，作了深入剖析和详细的论述，设计了大量有针对性的练习题和自考题，对投资者作由浅入深的强化训练。第二，针对主力利用技术分析制造骗线的行为，书中各章都增加了"难题分解练习"一节，读者通过该节的学习和训练，就能识别和抵御主力反技术操作中的诱多或诱空行为，从而达到有效保护自己的目的。第三，用股市操作经验漫谈形式，将心理分析、技术分析、基本分析融为一体，以此来加深读者对技术指标的要点和难点的理解，真正做到印象深、记得住、用得上，学有所获。

　　本书资料翔实，语言通俗易懂，方法简便实用，附有实战图例 600 余幅[注]。它既可作为新股民学习股市操作技巧的入门向导，又可帮助老股民通过强化训练进一步提高操盘水平，是一本不可多得的股票操练实用工具书。

　　[注]　其中编号的图例有 400 多幅，不编号的放在表格、测验题中使用的图例有 100 多幅，两者合计图例超过 600 幅。

本 书 特 点

●独创性

开创股市操作强化训练之先河，运用一课一练、综合练习、测验等方式对投资者进行全方位强化训练。

●翔实性

资料翔实，信息密集。书中所有资料、图例都来源于沪深股市，真实可靠。书中的案例之多为同类书之最。

●实用性

书中每一项内容、每一道题都是针对实战需要设计的，它是一本专为广大中小投资者编写的实用性极强的操盘工具书。

●科学性

应用现代科学教学方法，将系统学习和操盘训练有机结合，通过循序渐进，反复练习，让投资者真正掌握股市的操盘技巧，达到学以致用的目的。

读者须知（代前言）

1.《股市操练大全》第一册问世后一直盛销不衰,成为证券类图书中的一匹"黑马"。本书承接了《股市操练大全》第一册的特点,也是一本通过股市操作强化训练来帮助投资者提高操盘水平的实战技巧工具书。本书不同于一般的股票书,它兼有学习、练习双重用途。读者如果把书中习题和参考答案连起来阅读,它就成了一本通俗易懂,专题介绍股市主要技术指标操作技巧的科普读物;反之,读者如果把做习题和阅读参考答案分开来,它又变成了一本股市实战模拟习题集。

2. 就本书的难易程度来说,它和一本初中数学课本相仿。因此,只要你具有初中文化水平,不管你是老股民还是新股民,无需任何人指导,仔细地把书看上一、二遍后,就能充分理解本书内容,如果你再认真地把书中的习题从头至尾做几遍, 就能熟练地运用这些技术分析方法,在股市操作中做到进退自如。据我们测算,初学者每天学它一个半小时,大约用两个月的时间就能把本书内容全部学完(包括做练习和测验题)。

3. 本书几百余幅实战图形均来自沪深股市。作者在选用这些图形时,将图形上的个股名称、价位、时间作了删除(只有极少数图形中的个股名称、价位、时间,因书中内容的需要作了保留)。按照股市技术分析理论,任何股票都有强弱转化的时候,其中股票的品质是次要的, 重要的是投资者能不能从图形变化中找到买卖它们的理由和依据。当大盘或个股的走势图从技术上告诉我们可买进的时候,无论是绩优股、绩差股,也无论是高价股、低价股,都要敢于买;反之,则要敢于卖。沪深股市中就有不少投资者因偏爱所谓的高成长股、绩优股,当股价高高在上,走势图上发出明显的见顶信号时,仍然不断追涨买进,结果高位被套,损失惨重。这个教训是十分深刻的。因此,我们认为删除图形上的个股名称、价位、时间,对促使投资者养成按图形信号操作的习惯有很大的好处。

4. 技术指标掌握不在于多,而在于精。一些投资者使用技术分析效果不理想,其中一个重要原因就是技术指标用得太多太滥。技术指标太多,买卖信号往往会产生互相矛盾的现象;同时,技术指标太多,也不易学深学透。一些机构操盘手和股市中的成功人士坦言:现在技术指标中看不中用的多,真正有用的很少。他们在分析股市行情,买卖股票时也只用了几个指标。正是考虑到这些因素,本书在向读者推介技术指标时,抱着宁缺勿滥的原则,对目前众多技术指标作了层层筛选,最后精选出移动平均线、趋势线、成交量、指数平滑异同移动平均线、乖离率这5个指标。这些入选的技术指标具有以下几个鲜明特点:①使用范围广;②买卖信号明确;③准确率较高;④易懂、易学、易操作。

股市技术分析说到底是在分析、研究股市运行的趋势。因此,本书将直接反映股市运行趋势的移动平均线、趋势线列为一类指标。尤其是移动平均线,它在股市技术分析中具有举足轻重的地位(**本书将它列为重中之重**),股市中很多技术指标都与之密切相关。例如,本书精选的指数平滑异同移动平均线、乖离率这两个技术指标,也是由移动平均线派生出来的。所以,我们认为读者**只要抓住了移动平均线,把移动平均线的技术特征、操作技巧彻底弄清楚,也就抓住了股市技术分析中的牛鼻子**,对其他技术指标就能做到举一反三,触类旁通。

5. 做股票犹如做人。股市技术分析中的许多规则和我们日常生活中为人处世的准则是相通的。如果我们把两者有机结合起来,股市操作就会达到一个新的境界。有鉴于此,本书开辟了"股市操作经验漫谈"专栏,力求以漫谈的形式将股市技术分析、心理分析和基本分析融为一体,以此来加深读者对技术指标的要点和难点的理解,达到印象深、记得住、用得上,学有所获之目的。

6. 普通投资者在学习、使用技术指标时,经常碰到的一个棘手问题是:主力、庄家常常利用其信息、资金的优势,制造技术骗线来欺骗那些对技术分析一知半解的投资者。针对这种情况,本书在每章中都增加了"难题分解练习"一节内容,详细介绍了主力、庄家在技术分析中的诱多、诱空行为,以及投资者如何过滤掉技术图表上的虚假交易信号,识破主力、庄家制造技术骗线的方法。读者在阅读本书时,对此要多加留意,引起足够的重视。

7. 读者在学习本书时,应对《股市操练大全》第一册的内容有所了解。因为我们在讲到移动平均线、趋势线等重要技术指标时,经常要涉及到《股市操练大全》第一册中的内容。《股市操练大全》第一册详细地介绍了 K 线、技术图形方面的知识。这属于最基础的知识,是投资者必须要掌握的。股市中的 K 线、K 线组合好比文章中的单词、词组,而移动平均线、趋势线等技术指标好比是一个个句子。要学会造句,首先要学会拼写单词、词组。可见,我们将《股市操练大全》第一册学好了,接着再学《股市操练大全》第二册也就有了扎实的基础。

前面我们已经说过,投资者在学习、使用股市技术分析时,一定要克服"贪多求全"的思想,普通投资者(从事股市研究的除外)学习、使用的技术指标一般不宜超过 10 种,多了反而容易使投资者不知所措。一般而言,中小散户,尤其是新入市的投资者,只要把本书 5 种技术指标,以及《股市操练大全》第一册里的 K 线、技术图形学好,就足以对大盘或个股的走势作出去伪存真、由此及彼、由表及里的分析,就能很好地把握股市买卖机会。实际上,技术分析并不神秘,其主要招数也就是这几种。至于股市中其他技术指标可以少学,甚至不学,这对投资者规避市场风险,把握股市胜机不会有什么影响。

8. 投资者在学习股市操作技巧时一定要克服急于求成的思想。按照现代投资理论,无论你在股市操作中使用的是技术分析方法、基本分析方法,还是其他什么深不可测的投资理论,都必须符合以下条件:你所用的方法必须具有系统性、科学性、实用性,而不是零星或散乱的点滴秘诀或技巧。现在市面上有一种很不好的现象,一些人为了迎合某些投资者一夜暴富的幻想,动辄就声称自己手里有什么"绝招""王牌",并许愿:只要如何如何,就能每周赚多少多少,学习什么绝招后,就可以从 XX 万到 XXX 万,更有甚者,一些人干脆把自己称为"印钞机",似乎不管什么人只要搭上他,钱财就会滚滚而来。试想,这有可能吗?要知道,世界股王,人类历史上做股票成绩最好的巴菲特,几十年下来每年平均收益也仅有 20% 左右。因此作为一个理性投资者,对这些大话千万不能信以为真。股市是一个斗智斗勇的场所,投资者要想在股市中生存和发展下去,一定要脚踏实地耐下性子来学习,一步一个脚印,认真地学,认真地练。我们希望读者在阅读本书时,对书中所有练习题都认真地思考一番,并做上几遍,唯有如此,才能把股市技术分析这门课学好,踏上成功之路。

9.《股市操练大全》第一册出版发行后,我们收到全国各地读者的大量来信,这些来信除了对《股市操练大全》第一册作了较高评价外,还谈了许多学习体会。有些读者在来信中说,学习《股市操练大全》第一册时,应先将每章的"概述"、"图形一览表"吃透,等完全明白里面的意思后,再做习题。做习题时,先不要看"参考答案",等自己把答案做好了,或实在想不出的时候再看其中的"参考答案"。另外,对做错的题目,隔一、二周后再做一遍。在做测验题时,自评分不及格就停止股市操作。此时,重新温习一下书中有关的概念,把习题重做一遍,直到下一次做测验题成绩合格后,再去买卖股票。采用这样的学习方法,印象特别深刻,效果非常明显。我们认为这些体会很好,值得大家模仿、借鉴。

10. 投资者在运用《股市操练大全》中的技术指标进行股票操作时,应掌握以下几个原则:

(1) 主次原则: 当投资者在利用本书一类指标和二类指标研判股价(指数)走势,发觉两者发出的信号出现矛盾时,应以一类指标发出的信号为准。

(2) 相互验证原则: 投资者在分析股价(指数)走势时,如能运用数项指标(包括 K 线、技术图形)同时验证自己的研判结果,成功的概率就会大大提高。

(3) 自身定位原则: 如果你把自己定位于稳健型投资者,那就要坚持按照本书提供的稳健型投资者买卖股票的方法进行操作;反之,如果你把自己定位于激进型投资者,那就要坚持按照本书提供的激进型投资者买卖股票的方法进行操作。两者不可混同。经验证明,忽而以稳健型投资者买卖股票的方法进行操作,忽而又以激进型投资者买卖股票的方法进行操作,其收益远不如"从一而终"的投资者来得大。

目　录

下篇 二类技术指标的识别与练习

上 篇

一类技术指标的识别与练习

第一章　移动平均线图形的识别与练习

股海茫茫,何处是暗礁? 何处是险滩? 这是参与股市的人最关心的一个问题。大海行舟,尚有航灯指向;股海乘船,又靠什么来辨别方向呢? 靠消息,真真假假,谁知哪个是真? 哪个是假? 靠股评,变幻莫测,一个说多,一个说空,你去相信谁? 看来,投资者要在股海中不迷失方向就得找到一个安全可靠的导航工具。根据中外股市几十年的运行经验,移动平均线就是投资者闯荡股海的最好导航工具。有了它,你就可绕过暗礁、险滩,驶向幸福彼岸;有了它,你就可在狂风暴雨来临之前,快速驶向避风港,躲过一场股市暴跌的灾难。

第一节　移动平均线概述

一、什么是移动平均线

移动平均线,简称为"均线"。它是指一定交易时间内(日、周、月、年)的算术平均线。以 5 日均线为例,将 5 日内的收盘价逐日相加,然后除以 5,得出 5 日的平均值,再将这些平均值在图纸上依先后次序连起来,这条绘出的线就叫 5 日移动平均线(见图 1)。如果要绘制 10 日移动平均线,只要将上面"5"这个数字,换成"10"即可。其他 30 日、60 日、120 日……移动平均线的画法可以此类推。

移动平均线分析法为美国投资专家格兰维尔所创立,由道氏股价分析理论的"三种趋势说"演变而来,将道氏理论具体地加以数字化,从数字的变动中去预测股价未来短期、中期、长期的变动方向,为投资决策提供依据。移动平均线的基本特性是利用平均数来消除股价不规则的偶然变动,以观察股市的动态变化。移动的天数越少,移动平均线对股价随机变动的反应就越灵敏;移动的天数越多,移动平均线中所包含的偶然性因素就越少。

5 日移动平均线示意图

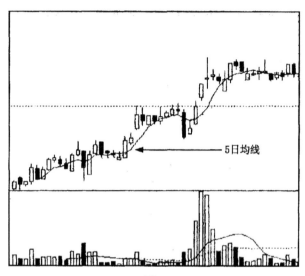

图 1

目前,在股市分析中,移动平均线是除了 K 线之外,使用频率最广泛的、准确率也相对较高的一种技术分析方法。因为它直观、易懂,所以很受广大投资者,尤其是中小散户的青睐。

二、移动平均线的种类

移动平均线就形态来分,可分为单根移动平均线、普通组合移动平均线和特殊组合移动平均线[注]3 种基本类型。

1.单根移动平均线

单根移动平均线有短期、中期、长期 3 种形式。

[注] 普通组合移动平均线和特殊组合移动平均线,又称普通移动平均线系统和特殊移动平均线系统。

4

短期移动平均线又可分为 3 日[注1]、5 日、10 日等数种。其中被投资大众参考使用较为广泛的是 5 日、10 日移动平均线。相对于 10 日移动平均线来说，5 日移动平均线起伏较大，尤其在震荡行情时该线轨迹很不规则，买进卖出的信号较难把握，因此在多数情况下人们都是把 10 日移动平均线作为短线买卖的依据。其原因是：10 日移动平均线较 5 日移动平均线更能反映短期股价平均成本的变动情况与趋势。

中期移动平均线有 20 日、30 日、60 日等数种。其中 30 日移动平均线使用频率最高，它经常被用来与其他移动平均线配合，供投资大众观察当日股价及短期和中长期移动平均线的变动情况，了解它们之间的相关性，并可作为短期、中期买卖的依据。60 日移动平均线，因为它对股市的中期走势有明显的趋势指示及制约作用，为行情趋势的分析判断提供了较准确的依据，因而也很受投资者重视。

长期移动平均线有 100 日、120 日（半年线）[注2]、150 日、200 日、250 日（年线）等数种。其中使用较多的是 120 日、250 日移动平均线。由于我国是一年分 2 次公布财务报表，各行业景气变动亦是从半年、一年观察未来的盛衰，因此半年线、年线对研判股市的中长期走势有着重要作用，故而它们深受投资者密切关注。

2.普通组合移动平均线

上面我们就单根移动平均线的形式作了介绍。但在实践中，多数情况下是几根移动平均线组合起来使用的（通常是将 3 根均线组合起来使用，简称均线组合）。为什么要将几根移动平均线组合起来使用呢？因为均线组合比单根均线能更加真实地反映市场持股成本，以及指数或股价一定时期内的变化状况。目前，股市上常用的均线组合有以下几种：

[注1]　这是采样标本最小的移动平均线，由于取样小的原因，该平均线和股价最靠近，上下起伏较大，反映股价变动方向的功能最突出，但也正因为这个原因，该平均线"过滤"股价"噪音"的功能最差。现在除了一些做短线的高手外，已很少有人使用 3 日移动平均线。

[注2]　因为现在每周交易日只有 5 天，120 个交易日相当于半年，故称 120 日移动平均线为半年均线，简称半年线。此外，将 250 日移动平均线称为年线也是同样道理。

A．5 日、10 日、20 日；

B．5 日、10 日、30 日；

C．10 日、30 日、60 日；

D．20 日、40 日、60 日；

E．30 日、60 日、120 日；

F．60 日、120 日、250 日。

一般来说，无论是哪一种均线组合，人们总习惯地将日子最少的 1 根均线称为短期均线，日子最长的 1 根均线称之为长期均线，余下的那根均线称为中期均线。例如均线组合 A 这一组中，5 日均线称为短期均线，10 日均线称为中期均线，20 日线称为长期均线。在均线组合 D 这一组中，20 日均线称为短期均线，40 日均线称为中期均线，60 日均线称为长期均线。显然这种短期、中期、长期均线的称呼方式，与前面说的单根均线中的短期、中期、长期均线是两个不同概念。读者在学习和运用移动平均线分析技巧时，要特别注意两者之间的区别，不要把两个不同概念混淆起来。

上面我们将常用的移动平均线组合分成了 A、B、C、D、E、F6 组。其实，这 6 组线组合从时间上分，则可分为短期均线组合、中期均线组合、长期均线组合。在实战中，这 3 种不同类型的均线组合的作用有着很大区别。现分别说明如下：

（1）短期均线组合 最常见有 5 日、10 日、20 日和 5 日、10 日、30 日两种组合。这两种短期均线组合就其技术意义和使用规则来说是相同的，效果都不错。目前市场上用的人很多。短期均线组合主要用于观察股价(股指)短期运行的趋势，例如，1 个月~3 个月股价走势会发生什么变化。一般来说，在典型的上升通道中，5 日均线应为多方护盘中枢，不然则上升力度有限；10 日均线则是多头的重要支撑线，10 日均线被有效击破，市场就可能转弱。在空头市场中，人气低迷时，弱势反弹阻力位应是 10 日均线。20(或 30)日均线是衡量市场短期趋势强弱的重要标志。20(或 30)日均线向上倾斜时可短期看多、做多；20(或 30)日均线向下倾斜时，则要短期看空、做空。

（2）中期均线组合 最常见的有 10 日、30 日、60 日和 20 日、40 日、60 日两种组合。中期均线组合主要用于观察大盘或个股中期运行的趋势,例如,3 个月~6 个月大盘或个股走势会发生什么变化。一般来说,中期均线组合呈多头排列[注1]状态,说明大盘或个股中期趋势向好,这时候投资者中期应看多、做多;反之,当中期均线组合呈空头排列状态时,说明大盘或个股中期趋势向淡,这时候投资者应该中期看空、做空。从实战意义上来说,用中期均线组合分析研究大盘或个股的趋势比短期均线组合来得准确可靠。例如,在大盘见底回升时,如你对反弹还是反转无法把握,中期均线组合就会给你很大帮助。当 30 日均线上穿 60 日均线时,会出现一次级别较像样的中级行情,当中期均线组合粘合向上发散时,常常预示着大行情的来临[注2]。可见,了解和懂得中期均线组合的作用和使用技巧,对投资者来说是非常重要的。

（3）长期均线组合　最常见的有 30 日、60 日、120 日和 60 日、120 日、250 日两种组合。长期均线组合主要用于观察大盘或个股的中长期趋势,例如,半年以上的股价走势会发生什么变化。一般来说,当长期均线组合中的均线形成黄金交叉,成为多头排列时,说明市场对大盘或个股中长期趋势看好,此时投资者应保持长多短空的思维,遇到盘中震荡或回调,就要敢于逢低吸纳;反之,当长期均线组合中的均线出现死亡交叉,成为空头排列时,说明市场对大盘或个股中长期趋势看淡,此时投资者应保持长空短多的思维,遇到盘中震荡或弹升,就要坚持逢高减磅,规避股市长期继续下跌的风险。

[注1]　"多头排列"和下面提到的"空头排列"这两个概念,在本书第 16 页~第 22 页中将作详细介绍。

[注2]　这里举一个典型例子。1996 年,深市成分指数从 924 点开始起步,一直到达 4522 点,许多老资格的股民也没有把握好这一趋势。其原因就是因为当时大多数投资者对移动平均线还缺乏深入的了解。1996 年 4 月 24 日深市成分指数跳空高开,拉出实体为 99 点的大阳线,许多人以为弱势反弹,冲高就要回落,当这些抛空者正在测算当日的 RSI,以便在回档做倒差价时,他们却犯了一个到后来连自己都不能原谅的重大错误——把筹码抛在地板价上,与大行情擦肩而过。因为当日盘面提供的最重要的信息是:粘合了很久的 20 日均线、40 日均线、60 日均线开始同步向上发散,这是长期升势的标志。这一发散状一旦形成,常会出现大行情,除非基本面出现重大利空,否则抛空者很难在合适价位再把它买回来。所以当时把深市成分指数的上涨当成反弹看待,做短差或逢高减磅者后来都吃了大亏,结果一路踏空,眼睁睁地看着股指直线往上飚升。

3. 特殊组合移动平均线

上面讲的单根移动平均线和普通组合移动平均线都是以日为单位的。但是这种以日为单位的移动平均线在周 K 线走势、月 K 线走势或分时 K 线走势图的研判中就无用武之地了，这时唯一的办法就是把日均线改成周均线、月均线或分时均线，才能与周 K 线走势图、月 K 线走势图或分时 K 线走势图相匹配。在这里，我们把周均线、月均线或分时均线，称为特殊均线。之所以称其为特殊均线就是平时用得很少的缘故。当然用得少不等于作用小，有时日均线不能解决的问题，用特殊均线就能得到很好解决。在股市实战中特殊均线的"特殊"作用，常常令投资者对它刮目相看。

特殊均线的参数设置很简单，它与日均线的参数设置相似。日均线有 5 日、10 日均线等，特殊均线也有 5 周、10 周均线，5 月、10 月均线，或 5 单位、10 单位均线等。只不过特殊均线设置的参数没有日均线设置的参数那么多罢了[注]。

特殊均线一般不单独使用，它常以组合方式出现。其组合方式和日均线组合方式类似，如在分析周 K 线走势时，常用的有 5 周、10 周、20 周均线组合，或 5 周、10 周、30 周均线组合；在分析月均线走势时，常用的有 5 月、10 月、20 月均线组合，或 5 月、10 月、30 月均线组合；在分析 5 分钟、15 分钟、30 分钟、60 分钟 K 线走势时，常用的有 5 单位、10 单位、20 单位均线组合，或 5 单位、10 单位、30 单位均线组合，等等。

特殊组合移动平均线的作用，主要用于弥补普通组合移动平均线分析功能的不足。一般来说，周均线组合、月均线组合适用于对大盘或个股长期运行趋势的研判，和日均线组合对大盘或个股的走势研判相比，它们对大势的指示作用更加简洁、明了。分时均线组合适用于大盘或个股超短期运行趋势的研判，它和日均线组合相比，则能更加细微地观察到大盘或个股运行的瞬间变化，以便投资者及早采取应对措施。

[注]　例如，日均线中的 250 日均线是年线，分析行情时常常会用到它。但在周均线、月均线、分时均线中，"250"这个参数很少用到。所以一般不会设置什么 250 周均线、250 月均线、250 单位均线。

以上讲的是移动平均线的一般分类方法，这主要从时间上对它加以区分。此外还有一种从速度上对它加以区分的方法，如把时间短的移动平均线称为快速移动平均线，时间长的移动平均线称为慢速移动平均线，夹在中间的称为中速移动平均线。因为快速、中速、慢速移动平均线与短期、中期、长期移动平均线在特征和使用技巧上两者并无本质不同，这里就不作介绍了。

三、移动平均线的作用

1. 揭示股价运动方向

移动平均线的主要功能就是揭示股价波动的方向，即通常所说的上升趋势还是下降趋势。判别的方法是：移动平均线向下，则趋势向淡；移动平均线向上，则趋势向好。短期移动平均线反映的是短期趋势的好坏，中期移动平均线反映的是中期趋势的好坏，长期移动平均线反映的是长期趋势的好坏。在使用移动平均线研判股市的走势时，还常用一种叫做"黄金交叉"或"死亡交叉"的方法来揭示股价运动的方向。所谓"黄金交叉"表示趋势向好，是买入信号；"死亡交叉"表示趋势转坏，是卖出信号。其识别方法是："黄金交叉"就是天数少的移动平均线上穿天数多的移动平均线，且天数多的移动平均线在向上移动。"死亡交叉"就是天数少的移动平均线下穿天数多的移动平均线，且天数多的移动平均线在向下移动。

2.揭示当前市场的平均成本

比如某月某日大盘指数 5 日均线的位置在 1148 点,30 日均线在 1240 点,而 250 日均线则处在 980 点,这 3 种数字就分别代表了近 5 日、30 日与 250 日内买进者的平均成本。也就是说,市场大众 5 日内买进大盘指数的平均成本是 1148 点(其他依此类推)。如果大盘指数跌破 980 点年线,就说明这一年买进股票的投资者全部被套[注]。通过对平均成本的比较,结合其他方面分析,就可以了解到目前市场的概貌,以及自己所处的地位是有利还是不利。所以,平均成本是市

[注]　这是从全体投资者在最近一年中买进股票的平均成本角度说的,但并不等于这一年买进股票的人都被套住了。事实上,熊市赚钱的人有的是,只不过是绝对数很少罢了。

场操作,特别是主力操作的一个重要依据。

3. 助涨助跌作用

在多头市场或空头市场中,移动平均线朝一个方向移动,通常将持续几个星期或几个月之后才会发生反转,改变朝另一个方向移动。因此,在股价的上升趋势中,可以将移动平均线看作是多头的防线,它具有助涨作用,这时应视为买进时机。而在股价的下降趋势中,可以将移动平均线看作是空头的防线,它具有助跌作用,这时应视为卖出时机。

移动平均线的助涨与助跌作用,在股价走出盘整区域后表现尤为明显。当股价脱离盘整区域而上升时,它就会发挥很强的助涨作用,即使股价偶尔回档,也会受到移动平均线的支撑而止跌向上。反之,当股价脱离盘整区域而下跌时,它就会产生很强的助跌作用,即使股价反弹,也会受到移动平均线的压制而再创新低。

第二节 移动平均线图形一览表

说明:本表短期移动平均线用"——"表示,中期移动平均线用"……"表示,长期移动平均线用"– – –"表示。

序号	名称	图形	特征	技术含义	操作建议	备注
1	多头排列		(1)出现在涨势中。(2)由3根移动平均线组成,其排列顺序是:最上面1根是短期均线,中间1根是中期均线,最下面1根是长期均线。3根均线呈向上圆弧状。	做多信号,继续看涨。	在多头排列初期和中期,可积极做多,在其后期应谨慎做多。	多头排列是一个广义概念。本表中所列的逐浪上升形、上山爬坡形、快速上涨形、加速上涨形等均属它的范畴。
2	空头排列		(1)出现在跌势中。(2)由3根移动平均线组成,其排列顺序是:最上面1根是长期均线,中间1根是中期均线,最下面1根是短期均线。3根均线呈向下圆弧状。	做空信号,继续看跌。	在空头排列初期和中期,应以做空为主,在其后期应谨慎做空。	空头排列是一个广义概念。本表中所列的逐浪下降形、下山滑坡形、快速下跌形、加速下跌形等均属它的范畴。

10

序号	名称	图形	特征	技术含义	操作建议	备注
3	黄金交叉		（1）出现在上涨初期。 （2）由2根移动平均线组成，1根时间短的均线由下向上穿过1根时间长的均线，且时间长的均线在向上移动。	见底信号，后市看涨。	（1）股价大幅下跌后，出现该信号，可积极做多。 （2）中长线投资者可在周K线或月K线中出现该信号时买进。	（1）两线交叉的角度越大，上升信号越强烈。 （2）图③信号强于图②，图②信号强于图①。
4	死亡交叉		（1）出现在下跌初期。 （2）由2根移动平均线组成，1根时间短的均线由上向下穿过时间长的均线，且时间长的均线在向下移动。	见顶信号，后市看跌。	（1）股价大幅上涨后，出现该信号，可积极做空。 （2）中长线投资者可在周K线出现该信号时卖出。	图③信号强于图②，图②信号强于图①。
5	银山谷		（1）出现在上涨初期。 （2）由3根移动平均线交叉组成，形成一个尖头向上的不规则三角形。	见底信号，后市看涨。	银山谷一般可作为激进型投资者的买进点。	
6	金山谷		（1）出现在银山谷之后。 （1）金山谷不规则三角形构成方式和银山谷不规则三角形构成方式相同。 （3）金山谷既可处于银山谷相近的位置，也可高于银山谷的位置。	买进信号，后市看涨。	金山谷一般可作为稳健型投资者的买进点。	金山谷和银山谷相隔时间越长，所处的位置越高，日后股价的上升潜力就越大。

11

序号	名称	图形	特征	技术含义	操作建议	备注
7	死亡谷	死亡谷	（1）出现在下跌初期。 （2）由3根移动平均线交叉组成，形成一个尖头向下的不规则三角形。	见顶信号，后市看跌。	见此信号应积极做空，尤其是股价大涨后出现该图形则更要及时停损离场。	卖出信号强于死亡交叉。
8	首次粘合向上发散形		（1）既可出现在下跌后横盘末期，又可出现在上涨后横盘末期。 （2）短期、中期、长期均线同时以喷射状向上发散。 （3）几根均线发散前曾粘合在一起。	买进信号，后市看涨。	激进型投资者可在向上发散的初始点买进。	（1）粘合时间越长，向上发散的力度就越大。 （2）向上发散时，如成交量同步放大，信号可靠性较强。
9	首次粘合向下发散形		（1）既可出现在上涨后横盘末期，又可出现在下跌后横盘末期。 （2）短期、中期、长期均线，以瀑布状向下发散。 （3）几根均线发散前曾粘合在一起。	卖出信号，后市看跌。	无论是激进型还是稳健型投资者，见此信号应及时停损离场。	（1）粘合时间越长，向下发散的力度就越大。 （2）向下发散时，如成交量同步放大，则后市更加不妙。
10	首次交叉向上发散形		（1）出现在下跌后期。 （2）短期、中期、长期均线从向下发散状逐渐收敛后再向上发散。	买进信号，后市看涨。	激进型投资者可在向上发散的初始点买进。	（1）向上发散的角度越大，后市上涨的潜力就越大。 （2）向上发散时得到成交量支持，则信号可靠性较强。
11	首次交叉向下发散形		（1）出现在涨势后期。 （2）短期、中期、长期均线从向上发散状逐渐收敛后再向下发散。	卖出信号，后市看跌。	投资者见此信号应及时做空，退出观望。	一旦形成向下发散，常会出现较大跌幅。

序号	名称	图形	特征	技术含义	操作建议	备注
12	再次粘合向上发散形		（1）出现在涨势中。（2）几根均线在这次向上发散前曾有过一次向上发散（可以是粘合向上发散，也可以是交叉向上发散），但不久向上发散的均线又重新粘合在一起。（3）短期、中期、长期均线再次以喷射状向上发散。	买进信号，继续看涨。	均线再次向上发散的最佳买进点应在第二次向上发散处，如均线出现第三次、第四次向上发散，力度不如第二次向上发散，买进要谨慎。	（1）粘合时间越长，继续上涨的潜力就越大。（2）再次粘合所指的"再次"，一般是第二次，少数是第三次、第四次，它们的特征和技术含义相同。
13	再次粘合向下发散形		（1）出现在跌势中。（2）几根均线在这次向下发散前曾有过一次向下发散（可以是粘合向下发散，也可以是交叉向下发散），但不久向下发散的均线又重新粘合在一起。（3）短期、中期、长期均线再次以瀑布状向下发散。	卖出信号，继续看跌。	股价在大幅下跌后，均线出现再次粘合向下发散时，只可适度做空，以防空头陷阱。	再次粘合向下发散所指的"再次"，一般是第二次，少数是第三次、第四次，它们的特征和技术含义是一样的。
14	再次交叉向上发散形		（1）出现在涨势中。（2）几根均线在这一次交叉向上发散前曾出现过一次向上发散（可以是粘合向上发散，也可以是交叉向上发散），但不久向上发散的均线又逐渐开始收敛。（3）短期、中期、长期均线在收敛后再次向上发散。	买进信号，后市看涨。	均线再次向上发散，无论是对激进型投资者，还是稳健型投资者都是一个较好的买点。投资者可在向上发散的第一时间买进，风险较小。	离上一次向上发散时间越长，继续上涨的潜力就越大。
15	再次交叉向下发散形		（1）出现在跌势中。（2）几根均线在这之前曾有过一次向下发散（可以是粘合向下发散，也可以是交叉向下发散），但不久发散的均线又逐渐开始收敛。（3）短期、中期、长期均线在收敛后再次向下发散。	卖出信号，继续看跌。	股价在大幅下跌后，均线出现再次交叉向下发散时，只可适度做空，以防空头陷阱。	一般来说，第一次向下发散时卖出成功率最高，越到后面成功概率越小。

13

序号	名称	图形	特征	技术含义	操作建议	备注
16	上山爬坡形		（1）出现在涨势中。 （2）短期、中期、长期均线基本上沿着一定的坡度往上移动。	做多信号，后市看涨。	积极做多，只要股价没有过分上涨，持筹码者可持股待涨，持币者可逢低吸纳。	坡度越小，上升势头越有后劲。
17	下山滑坡形		（1）出现在跌势中。 （2）短期、中期、长期均线基本上沿着一定的坡度往下移动。	做空信号，后市看跌。	及时做空，只要股价没有过分下跌，均应退出观望。	
18	逐浪上升形		（1）出现在涨势中。 （2）短期、中期均线上移时多次出现交叉现象，长期均线以斜线状托着短期、中期均线往上攀升。 （3）一浪一浪往上，浪形十分清晰。	做多信号，后市看涨。	只要股价不过分上涨，有筹码者可持股待涨，持币者可在股价回落长期均线处买进。	上升时浪形越有规则，信号越可靠。
19	逐浪下降形		（1）出现在跌势中。 （2）短期、中期均线下降时，多次出现交叉现象，长期均线压着它们往下走。 （3）一浪一浪往下，浪形十分清晰。	做空信号，后市看跌。	只要股价不过分下跌，均可在股价触及长期均线处卖出。	
20	加速上涨形	 ——表示加速	（1）出现在上涨后期。 （2）在加速上扬前，均线系统呈缓慢或匀速上升状态。 （3）在加速上升时，短期均线与中期、长期均线距离越拉越大。	见顶信号，后市看跌。	持筹者可分批逢高卖出，如发现短期、中期均线弯头，即应立刻抛空出局。持币者不要盲目追涨。	出现加速上涨之前，股价或指数上涨幅度越大，信号越可靠。
21	加速下跌形	 ——表示加速	（1）出现在下跌后期。 （2）在加速下跌前，均线系统呈缓慢或匀速下跌状态。 （3）在加速下跌时，短期均线与中期、长期均线距离越拉越大。	见底信号。	持筹者不宜卖出股票；持币者可先趁股价加速下跌时买进一些股票，待日后股价见底回升时，再加码跟进。	出现加速下跌之前，股价或指数下跌幅度越大，信号越可靠。

序号	名称	图形	特征	技术含义	操作建议	备注
22	快速上涨形		(1)出现在涨势中。(2)短期均线快速上升，并与中期、长期均线距离迅速拉大。	转势信号。	有股票者可持筹待变，在短期均线没有弯头前可先不卖出，或作一些减磅操作，短期均线一旦向下弯头，即应及时退出，持币者不要盲目追涨。	(1)上升速度越快，转势向下的可能性越大。(2)5日均线一旦出现弯头现象，股价常会迅速回落。
23	快速下跌形		(1)既可出现在跌势初期，也可出现在跌势后期。(2)短期均线快速下滑，并与中期、长期均线距离迅速拉开。	暂时止跌，或转势信号。	快速下跌为短线操作提供了一个机会，激进型投资者可趁低买进做一轮短差。持股者在股价快速下跌时不宜卖出，可等股价反弹时退出。	一般情况下，出现该图形会有两种结果。(1)短线止跌回升，反弹后继续下跌。(2)形成V形反转。其中，以（1）为多见，(2)很少出现。
24	烘云托月形		(1)出现在盘整期。(2)股价沿着短期、中期均线略向上往前移动，长期均线在下面与短期、中期均线保持着一定均衡距离。	看涨信号，后市看好。	可分批买进，待日后股价往上拉升时加码追涨。	周K线、月K线出现这种信号，日后股价上涨潜力更大。
25	乌云密布形		(1)出现在盘整期。(2)股价沿着短期、中期均线略向上往前移动，长期均线紧紧地在上面压着。	看跌信号，后市看淡。	只要股价不是过分下跌，见此图形都应该尽早退出。	周K线、月K线出现这种信号，日后股价下跌空间更大。
26	蛟龙出海		(1)出现在下跌后期或盘整期。(2)一根阳线拔地而起，一下子把短期、中期、长期均线吞吃干净，收盘价已收在这几根均线之上。	反转信号，后市看好。	激进型投资者可大胆跟进，稳健型投资者可观察一段时间，等日后股价站稳后再买进。	(1)阳线实体越长，信号越可靠。(2)一般需得到大成交量的支持，如成交量没有同步放大，其可信度就较差。

15

序号	名称	图形	特征	技术含义	操作建议	备注
27	断头铡刀	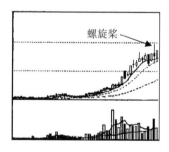	（1）出现在上涨后期或高位盘整期。（2）一根大阴线如一把刀，一下子把短期、中期、长期均线切断，收盘价已收在这几根均线之下。	反转信号，后市看跌。	无沦是激进型投资者还是稳健型投资者见此图形不能再继续做多，要设法尽快退出。	如下跌时成交量放大，日后下跌空间较大。

第三节　移动平均线图形的识别和操作技巧练习

一、多头排列与空头排列的识别和运用

习题1　甲看了图2后，认为图中个股经过连续上攻后已显出疲态，阴线增多，昨天在K线图上收出了1根"螺旋桨"[注]K线。螺旋桨K线是见顶信号，此时投资者应该做空退出为佳。但乙看了图2后，意见正好与甲相反，认为图中个股均线形态向好，处于多头排列中，此时应该做多，持股待涨。请问：甲、乙双方谁的意见正确？乙方说均线处于多头排列是怎么回事？投资者见此图形应如何操作？

螺旋桨

（该股往后走势见图4）

图2

[注]　关于"螺旋桨"K线的特征和技术含义，详见《股市操练大全》第一册（修订版）第45页~第46页。

参考答案 乙方的意见正确。因为从图2的K线走势看,目前图中个股正处于移动平均线(简称均线)多头排列状态,前景应当看好。那么,什么是均线的多头排列呢?均线多头排列是指短期移动平均线(简称短期均线)在上,中期移动平均线(简称中期均线)居中,长期移动平均线(简称长期均线)在下,几根均线同时向上移动的一种排列方式(见图3)。一般来说,无论是大盘还是个股,均线出现多头排列表明多头(买盘)力量较强,做多主力正控制着局势,这是一种比较典型的做多信号,投资者见此图形应以持股为主。

移动平均线多头排列示意图

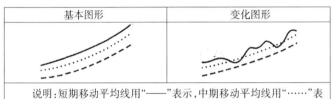

基本图形	变化图形

说明:短期移动平均线用"——"表示,中期移动平均线用"……"表示,长期移动平均线用"---"表示。

图3

这里可能有人要问,均线出现多头排列,难道就不用观察K线形态了吗?答案自然是否定的。因为均线多头排列与K线形态向好是相辅相成的。如果K线形态真的变坏,均线多头排列也就不存在了。正是基于这样一个道理,我们可以这样认为,在均线多头排列还没有被破坏前,就不应该盲目认为K线形态已经变坏了。就拿图2来说吧,昨天出现的一根螺旋桨K线,就不能武断地认为它是个见顶信号。因为螺旋桨K线成为见顶信号,一般需要有两个条件:一是在螺旋桨K线出现之前,股价曾出现过大幅飙升;二是螺旋桨K线出现后,股价重心开始明显下移。但是我们观察图2中的螺旋桨K线,这两个条件一个也不具备。况且直到目前为止,图2中的短期、中期、长期均线还处于多头排列状态,这怎么能把它看作是一个头部信号呢?综合以上分析,我们完全同意乙方的观点,在均线多头排列没有改变之前,投资者仍然要坚持做多,采取持股待涨的策略(见图4、图5),不应该随意做空把股票卖掉。

该股在上涨途中,主力利用多根阴线,强行洗盘。许多人没有看清主力意图,被主力洗盘洗掉了。但是,在均线呈多头排列时,如果采取持股待涨策略,就不会落入主力的圈套。

这根螺旋桨K线,不是见顶信号。

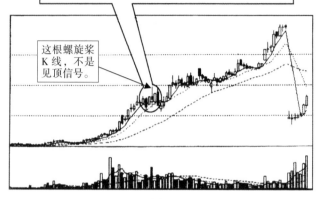

图 4

该股上升时震荡十分激烈,忽而1根大阳线,忽儿1根大阴线,走势飘忽不定。如果你不看均线只看K线,一定会被震仓出局。但是,在均线呈现多头排列时,如果你坚持做多,就一定能享受到股价大幅上扬带来的欢乐。

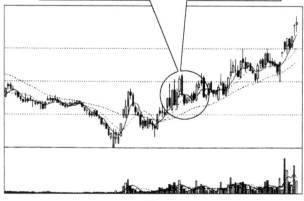

图 5

股市操作经验漫谈之一

老股民都知道:股票下跌容易上涨难。除了少数股票外,大多数股票上涨时都是三步二回头,曲曲折折,使人很难把握,投资者这时应该怎么办呢?最简单的办法就是看其均线是不是多头排列。一般来说,在涨势中,尤其是上涨初期,当均线出现多头排列后,表明市场积聚了较大的做多能量,这时股价往往会继续一段升势。因此,日后只要均线呈多头排列,途中即使出现一些形象不好的K线或K线组合,也用不着惊慌失措,更不宜盲目杀跌。否则,就很可能被主力震仓洗盘出局,让煮熟的鸭子飞掉了,使你后悔不已。

习题2 图6显示该股经过几天小幅盘跌之后,今天拉出了1根倒锤头线,似有筑底回升迹象,但使人感到疑惑的是,该股K线上方近来总是横着几根线。请问:这几根线叫什么线?它们对股价回升有无影响?在技术上人们把这种排列方式的线条称为什么?投资者见此图形应如何操作?

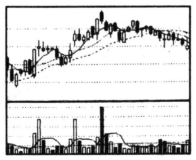

(该股往后走势见图8)

图6

参考答案 这几根线叫移动平均线(简称均线)。从图6看,最近一段时期该股长期、中期、短期移动平均线都横在股价上方,压制着股价上行。在股市里,人们把几根移动平均线同时以圆弧状向下滑落,且长期移动平均线在上方、中期移动平均线在中间、短期移动平均线在下方的这种排列方式,称之为移动平均线空头排列,简称均线空头排列(见图7)。一般来说,当大盘或个股均线出现空头排列时,即意味着大盘或个股进入了空头市场,这时大盘或个股整体呈现弱势。尤其是大盘或个股有了一段涨幅后,均线出现空头排列,表明大盘常会有一轮较大的跌势。当我们明白这个道理后,再来看图6,就会发现该股均线系统已成明显的空头排列,而且这个空头排列出现在它上涨后的下跌初期,形势就变得非常严峻。在这种情况下,该股

移动平均线空头排列示意图

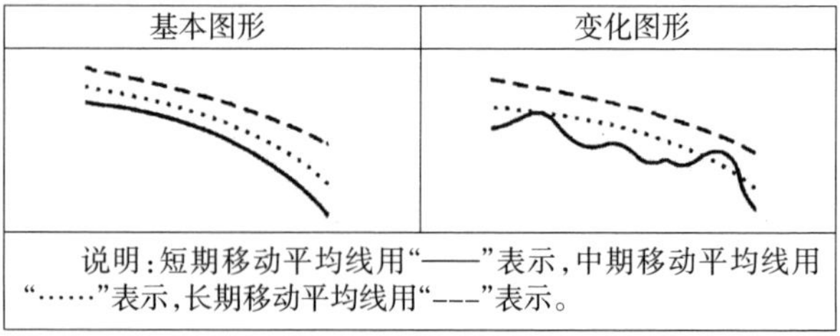

基本图形	变化图形
说明:短期移动平均线用"——"表示,中期移动平均线用"……"表示,长期移动平均线用"- - -"表示。	

图 7

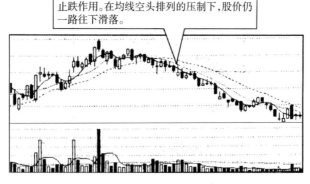

该股下跌中出现的锤头线,并没有起着止跌作用。在均线空头排列的压制下,股价仍一路往下滑落。

图 8

下跌时仅仅出现了1根力度很小的倒锤头线，股价怎么会轻易止跌呢(见图8)?类似这样的例子很多,如下面的图9、图10都是如此。图10是上海股市某阶段的日K线走势图。从图10中可以清楚地看到,大盘见顶回落后,就是在均线空头排列的压制下,按其内在规律一步步地往下滑落的。因此,日后投资者如见到大盘或个股的均线出现空头排列时(特别是在大幅上扬后的下跌初期出现),应及时做空,离场观望为佳。

从图中可看出,该股在下跌途中出现一轮反弹走势,但终因没有突破均线空头排列的强大阻力,股价又重归跌势。

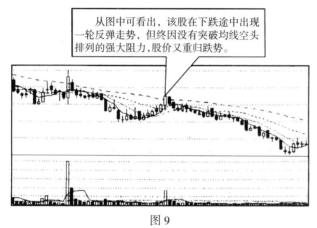

图9

下图为1997年5月5日~1997年8月13日的上证日K线走势图。图中显示,大盘在1510点见顶回落,均线呈空头排列后,途中虽有几次反弹,但最终多方还是敌不过空方的抛压,一路跌到1066点才止跌企稳。

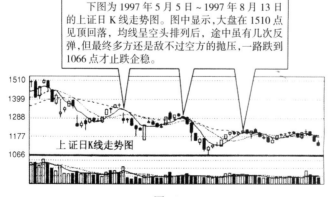

图10

二、黄金交叉与死亡交叉的识别和运用

习题3 图 11 中画有 3 个圆圈(A、B、C),每个圆圈内都出现两根均线交叉的现象。请问:这种出现交叉现象的图形叫什么名称? 它的特征和技术含义是什么? 投资者见此图形应如何操作?

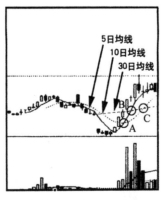

(该股往后走势见图 13)

图 11

参考答案　图 11 画圈处的 2 根均线相互交叉的图形,在技术上称为"移动平均线黄金交叉",简称"均线金叉"。因图 11 中 3 个画圈处出现金叉的 2 根移动平均线在时间上长短不一,因此,这 3 个画圈内的均线金叉在叫法上又有所不同,如 A 圈称为"5 日均线与 10 日均线金叉",B 圈称为"5 日均线与 30 日均线金叉",C 圈称为"10 日均线与 30 日均线金叉"。均线金叉的特征是:1 根时间短的均线由下而上穿越 1 根时间长的均线,且 1 根时间长的均线正在向上移动(见图 12)。从技术上来讲,均线出现金叉是一种买进信号。但是这里要

移动平均线黄金交叉示意图

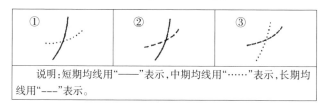

说明:短期均线用"——"表示,中期均线用"……"表示,长期均线用"---"表示。

图 12

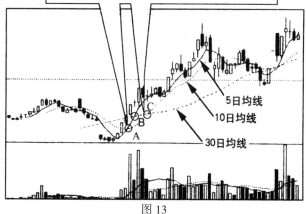

该股上攻脉络十分清晰,5 日、10 日均线出现金叉处,和 10 日、30 日均线出现金叉处都是买进点。在 5 日、10 日均线出现金叉处买进,虽然风险大一点,但买进的成本比 10 日、30 日均线出现金叉处的买进成本要低。

5日均线
10日均线
30日均线

图 13

说明的是,并不是所有均线出现金叉的买进信号都是一样的,因为信号有强弱之分,可靠性也有高低之别。一般来说,时间长的 2 根均线出现金叉的买进信号, 比时间短的 2 根均线出现金叉的买进信号要来得强,反映的做多信号也相对比较可靠。例如,当大盘或个股 10 日

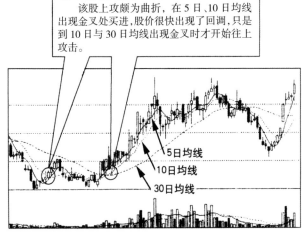

该股上攻颇为曲折, 在 5 日、10 日均线出现金叉处买进,股价很快出现了回调,只是到 10 日与 30 日均线出现金叉时才开始往上攻击。

5日均线

10日均线

30日均线

图 14

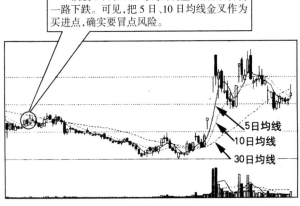

该股 5 日、10 日均线出现金叉后,股价仍一路下跌。可见,把 5 日、10 日均线金叉作为买进点,确实要冒点风险。

5日均线

10日均线

30日均线

图 15

均线与 30 日均线出现金叉时,投资者见此信号买进,要比 5 日均线与 10 日均线出现金叉时买进,投资的安全性相对来说要高一些(见图 13~ 图 15)。

股市操作经验漫谈之三

从股市操作经验看,5 日均线与 10 日均线出现金叉,可作为激进型投资者的买进点,这样风险虽然大一些,但进货成本相对低一些,一旦股价拉升成功,获利面也比较大;而 10 日均线与 30 日均线出现金叉,则可作为稳健型投资者的买进点,这样风险虽小些,但由于进货成本提高,将来获利面也就少了。总之,两个买进点,各有利弊,投资者也只能根据自己的性格和风险承受能力进行选择,这里不需要也不可能作什么强求统一。从概率上讲,这两种方法各自重复千百次后,最终成功的比例相差无几。这就是股市中既能出现世界级稳健型投资大师巴菲特,又能出现世界级激进型短线高手索罗斯的道理所在。因此,投资者无论选择什么方法,选择好后就要坚持按这种方法做下去,有所为有所不为。这样,最后都有可能成为股市中的成功人士。

习题 4 图 16 中画有 A、B、C 3 个圆圈,每个圆圈内部出现了 2 根均线交叉的现象。请问:这种出现交叉现象的图形叫什么名称? 它的特征和技术含义是什么? 投资者见此图形应如何操作?

参考答案 图 16 画圈处 2 根均线相互交叉的图形,在技术上叫"移动平均线死亡交叉",简称"均线死叉"。因图 16 中 3 个画圈处的均线死叉,是由时间长短不相同的 2 根均线产生的,因此,这 3 个画圈内的均线死叉,在叫法上又有所不同,如 A 圈叫"5 日均线与 10 日均线死叉",B 圈叫"5 日均线与 30 日均线死叉",C 圈叫"10 日均线与 30 日均线死叉"。均线死叉的特征是:1 根时间短的均线由上而下穿

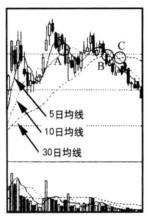

5日均线

10日均线

30日均线

（该股往后走势见图18）

图16

过1根时间长的均线，且1根时间长的均线正在向下移动（见图17）。从技术上说，均线死叉是一种卖出信号。但是读者要注意的是，并不是所有均线死叉的卖出信号都是一样的，这里信号有强弱之分，可靠程度也有高低之别。一般来说，时间长的2根均线出现死叉的卖出信号比时间短的2根均线出现死叉的卖出信号要来得强，反映的做空信号也相对比较可靠。例如，当大盘或个股10日均线与30日均

移动平均线死亡交叉示意图

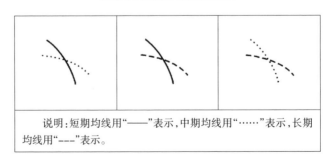

说明：短期均线用"——"表示，中期均线用"……"表示，长期均线用"---"表示。

图17

线形成死叉,这个时候卖出,要比 5 日均线与 10 日均线形成死叉时卖出,做空的把握更大一些(见图 18~ 图 20)。

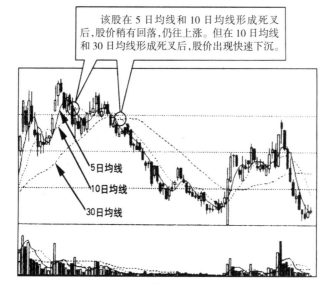

该股在 5 日均线和 10 日均线形成死叉后,股价稍有回落,仍往上涨。但在 10 日均线和 30 日均线形成死叉后,股价出现快速下沉。

5日均线
10日均线
30日均线

图 18

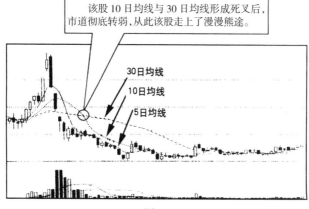

该股 10 日均线与 30 日均线形成死叉后,市道彻底转弱,从此该股走上了漫漫熊途。

30日均线
10日均线
5日均线

图 19

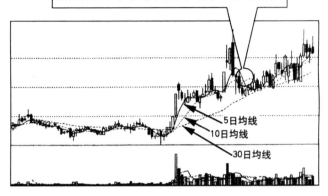

虽然该股 5 日均线和 10 日均线形成死叉,但股价在 30 日均线处获得支撑之后仍然继续上行。可见,5 日和 10 日均线发出的死叉信号可靠性较差。

5日均线
10日均线
30日均线

图 20

股市操作经验漫谈之四

通常,无论是大盘还是个股,当 10 日均线和 30 日均线出现死叉以后,都是一个空头市场的开始。这时,投资者如能在 10 日均线和 30 日均线出现死叉以后的第二天把股票卖出,绝大多数情况下能在更低价位把抛掉的股票再买回来。这样做的好处是:可以降低持股成本,减少投资风险。因为从经验看,10 日均线和 30 日均线形成死叉后,继续下跌的概率在 70% 以上,而且跌势一旦形成,深跌的可能性就很大。因此,投资者如在 10 日均线和 30 日均线出现死叉后能及时停损离场,就可以避免日后股价大幅下挫所带来的巨大风险。反过来说,万一 10 日均线和 30 日均线形成死叉后,股价不跌反涨,也没有什么大不了的,一来这种现象很少出现,二来真的出现了,均线形态变好了,再买也不迟,最多倒贴些手续费和几个价位而已。这种花小钱避开大风险的做法还是值得的,因为,对投资者来说,要在风险市场上长期生存和发展下去,防范风险始终应该放在首位。

三、银山谷、金山谷与死亡谷的识别和运用

习题5 指出图21中两个画圈处三角形的名称、特征和技术含义,并说明投资者见此图形应如何操作?

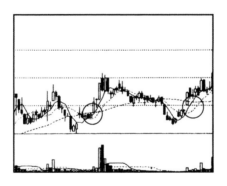

(该股往后走势见图24)

图21

参考答案 图21中两个画圈处的三角形,左边那个叫“银山谷”,右边那个叫“金山谷”。其特征是:短期均线由下往上穿过中期均线和长期均线,中期均线由下往上穿过长期均线从而形成了一个尖头朝上的不规则三角形(见图22、图23)。尖头朝上的不规则三角形的出现,表明多方已积聚了相当大的上攻能量,这是一个比较典型的买进信号,所以人们形象地把它称为银山谷、金山谷。那么银山谷和金山谷又有什么区别呢?从图形特征上来说它们没有什么区别,其不同的是出现时间有先有后。我们把在均线上先出现的尖头

移动平均线银山谷、金山谷基本图形示意图

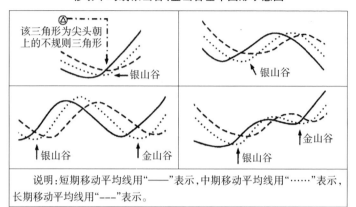

说明：短期移动平均线用"——"表示，中期移动平均线用"……"表示，长期移动平均线用"– – –"表示。

图 22

移动平均线金山谷变化图形示意图

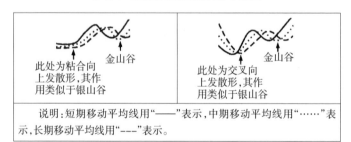

说明：短期移动平均线用"——"表示，中期移动平均线用"……"表示，长期移动平均线用"– – –"表示。

图 23

朝上的不规则三角形称为银山谷，后出现的尖头朝上的不规则三角形称为金山谷。通常，金山谷的位置，要高于银山谷，但有时也可略低于银山谷[注]。从时间上来说，它们相隔时间越长，金山谷的含金量就越高。就技术上而言，金山谷买进信号的可靠性比银山谷要强，其原因是金山谷的出现既是对银山谷做多信号的再一次确认，又说明

[注] "银山谷"和"金山谷"的概念，相当于《股市操练大全》第一册(修订版)第二章"技术图形的识别和练习"中所介绍的双底。有兴趣者可参阅该书第 229 页~第 231 页。

多方在有了前一次上攻经验后,这次准备得更加充分了,这样成功概率自然会更大些。因此,我们主张稳健型投资者,应把买进点设在金山谷处,这样投资风险要小得多(见图24、图25)。但是话要说回来,并不是所有出现银山谷上涨的股票,后面都会有金山谷出现的,有的

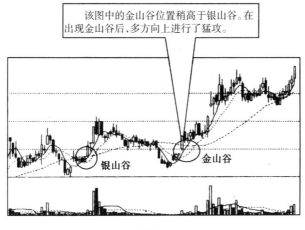

该图中的金山谷位置稍高于银山谷。在出现金山谷后,多方向上进行了猛攻。

银山谷

金山谷

图 24

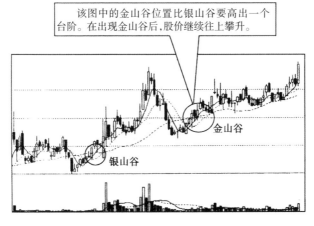

该图中的金山谷位置比银山谷要高出一个台阶。在出现金山谷后,股价继续往上攀升。

金山谷

银山谷

图 25

在出现银山谷后股价就上去了（见图 26）。这样对稳健型投资者来说，以金山谷作为买进点的人，也可能因此而失去一些获利机会。这也就是我们通常说的有所得必有所失吧！这种情况不仅是稳健型投资者经常会碰到的，激进型投资者又何尝不是鱼和熊掌不能兼得呢？激进型投资者把银山谷作为买进点，获利机会虽然多了一些，但所冒的风险要比把金山谷作为买进点大得多(见图 27)。从我们统计资料

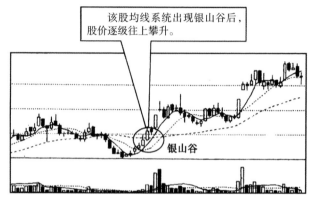

该股均线系统出现银山谷后，股价逐级往上攀升。

银山谷

图 26

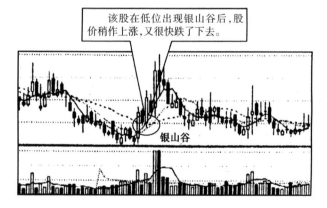

该股在低位出现银山谷后，股价稍作上涨，又很快跌了下去。

银山谷

图 27

来看,在银山谷处买进股票,日后成功与失败之比为7∶3,而在金山谷处买进股票,日后成功与失败之比为8∶2。可见,在银山谷处买进,还是金山谷处买进,所冒的风险是不一样的。

股市操作经验漫谈之五

中国有一句古话:是什么样的人就吃什么样的饭。如果你作为一个稳健型投资者,为了减少投资风险,就一定要经得住银山谷买进信号的诱惑,抱着宁可错过,不可做错的态度,坚持只在出现金山谷时才买进;如果你是激进型投资者,为了获取高额利润,自愿多承担一点风险,就可以在预先作好止损的情况下,大胆地在银山谷处建仓。这样,不管你是激进型投资者,还是稳健型投资者,每个人都可以找到适合自己的方法进行操作。这些方法并没有什么优劣之分,关键是每个人都要认准一种方法(切忌忽而这种方法,忽而那种方法),坚持做下去,就一定能摸索到一些规律,成为股市中的一个赢家。

习题6 指出图28中画圈处不规则三角形的名称、特征和技术含义,并说明投资者见此图形应如何操作?

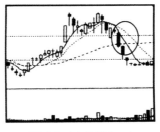

(该股往后止势见图30)

图28

33

参考答案 在地球上,有些山谷人和动物是不能去的,贸然闯入者,十有八九不能生还,人们把这些山谷称为"死亡谷"[注]。在股市中,当均线系统上升趋势发生逆转时,也会出现这样的"死亡谷",图28画圈处就是一例。死亡谷的特征是:短期均线下穿中期均线、长期均线,中期均线下穿长期均线,从而形成了一个尖头朝下的不规则三角形(见图29)。死亡谷的出现,表明空方已积聚了相当大的杀跌能量,这是一个典型的卖出信号。据资料统计,在股价前期涨幅较大的情况下出现死亡谷,日后股价下跌和上涨的比例为8:2,而且一旦下跌,跌幅就很大,所以投资者看见死亡谷应赶快出逃为妙。逃之不及者,常会弄得遍体鳞伤,惨不忍睹(见图30、图31)。

移动平均线死亡谷示意图

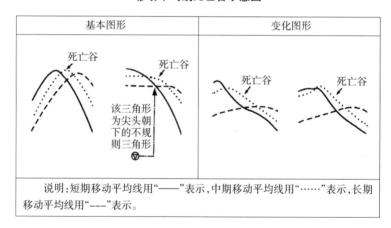

图29

[注] 世界上有四大"死亡谷",即俄罗斯的勘察加半岛克罗诺基山区的"死亡谷"、美国加利福尼亚州与内华达州相毗连的群山之间的"死亡谷"、意大利的那不勒斯和瓦唯尔诺湖附近的"死亡谷",以及印尼爪哇岛的"死亡谷"。其中以印尼爪哇岛的"死亡谷"最令人感到恐怖,在谷中共分布着6个庞大的山洞,每个洞对人和动物的生命都有很大的威胁。如人或动物靠近洞口6~7米远,就会被一种神奇的吸引力吸入洞内并由此葬身。所以山洞里至今堆满了狮子、老虎、野猪、鹿以及人体的骸骨。

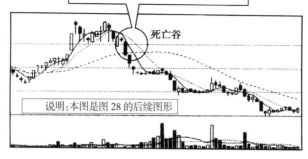

该股出现死亡谷后,股价虽作了较长时间的横向整理,但最终还是跌了下去。

死亡谷

说明:本图是图 28 的后续图形

图 30

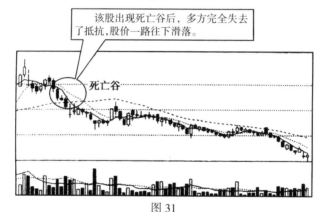

该股出现死亡谷后,多方完全失去了抵抗,股价一路往下滑落。

死亡谷

图 31

股市操作经验漫谈之六

　　股市是一个高风险的场所。一个投资者要想在股市中长久生存下去,首先要学会如何规避风险。在股市中很多风险确实是可以防范的。例如,均线出现死亡谷,虽然是一个危险信号,但是如果你对死亡谷的特征有所了解，你就能在它出现的时候立刻采取措施及时停损离场，这样就不会造成很大损失。反之，如果你对死亡谷的特征一无所知，即使暴风雨来了，你也不知道去躲避，这样输得不明不白是不是太冤了?! 亲爱的投资者，你有没有这样的教训呢? 如有，请赶快学一点这方面知识，亡羊补牢，为时不晚。

四、首次粘合向上发散形与首次粘合向下发散形的识别和运用

习题7 请说出图 32、图 33 中画圈处均线形态的名称，并指出它们的相同之处和不同之处? 投资者见此图形应如何操作?

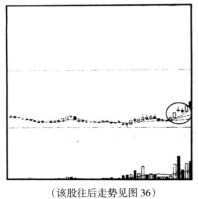

（该股往后走势见图36）

图 32

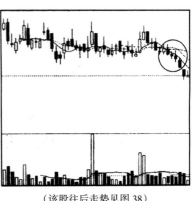

（该股往后走势见图38）

图 33

参考答案 图 32 中画圈处的均线形态叫"首次粘合向上发散形"，图 33 中画圈处的均线形态叫"首次粘合向下发散形"。它们相同之处是：前一阶段的短期、中期、长期均线互相交织粘合在一起，后一阶段在某种因素的促使下突然发散，短期、中期、长期均线呈明显的分离状。它们不同之处是：图 32 是几根均线粘合后突然向上发散，均

线呈多头排列(见图 34);图 33 是几根均线粘合后突然向下发散,均线呈空头排列(见图 35)。从技术上来说,均线粘合后向上发散具有较强的助涨作用,为买进信号;均线粘合后向下发散,具有较强的助跌作用,为卖出信号。例如,当图 32 的均线出现首次粘合向上发散形时,乘势买进者,在日后股价大幅上扬时就成了大赢家(见图 36,图 37);当图 33 的均线出现首次粘合向下发散形时,果断出局者,在日后股价大幅下挫时就避免了一次大的损失(见图 38、图 39)。总之,我们按均线发散提示的信号操作,获利机会还是很大的。

移动平均线首次粘合向上发散形示意图

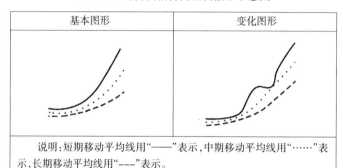

基本图形	变化图形
说明:短期移动平均线用"——"表示,中期移动平均线用"……"表示,长期移动平均线用"———"表示。	

图 34

移动平均线首次粘合向下发散形示意图

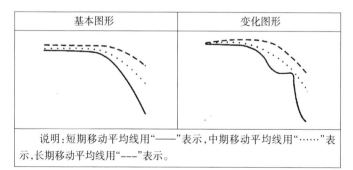

基本图形	变化图形
说明:短期移动平均线用"——"表示,中期移动平均线用"……"表示,长期移动平均线用"———"表示。	

图 35

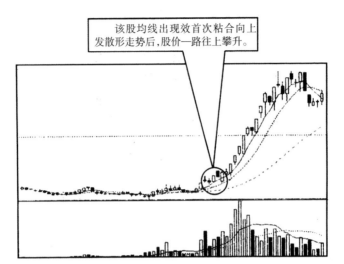

该股均线出现效首次粘合向上发散形走势后，股价一路往上攀升。

图 36

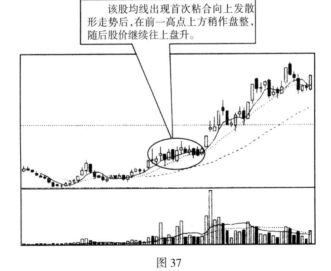

该股均线出现首次粘合向上发散形走势后，在前一高点上方稍作盘整，随后股价继续往上盘升。

图 37

38

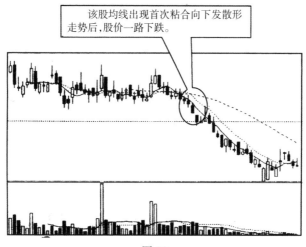

该股均线出现首次粘合向下发散形走势后,股价一路下跌。

图 38

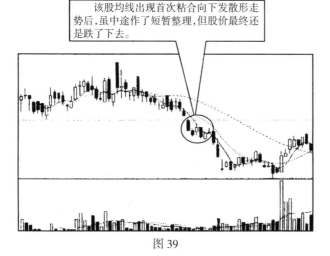

该股均线出现首次粘合向下发散形走势后,虽中途作了短暂整理,但股价最终还是跌了下去。

图 39

　　不过,这里要注意的几个问题是:首先,一般均线出现首次粘合向上发散形走势,都需要得到成交量的支持,否则均线系统刚发散又会重新粘合,股价扬升也成了昙花一现的反弹走势。其次,均线出现首次粘合向上发散初期加入风险较小，而越到后面加入则风险越大（见图 40）。再次，均线系统向上发散时，距离越大，对股价回拉作用也就越大。因此，当均线粘合向上发散，5 日均线与 30 日均线距离拉

当均线出现首次粘合向上发散形走势时，应尽早加入，加入越晚，风险越大。

图 40

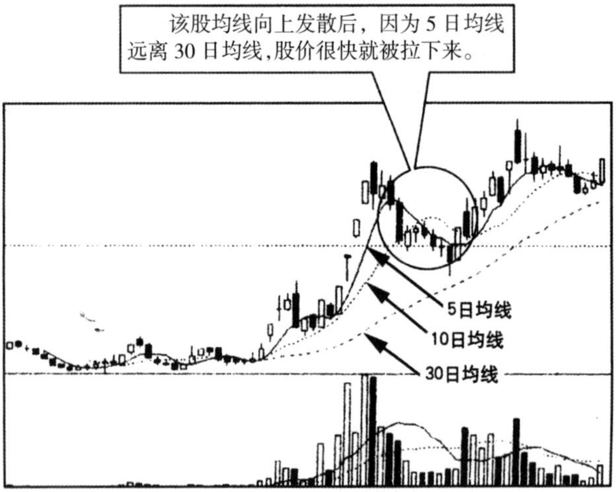

该股均线向上发散后，因为 5 日均线远离 30 日均线，股价很快就被拉下来。

5日均线
10日均线
30日均线

图 41

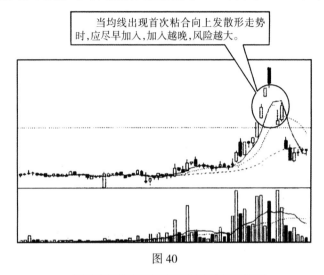

得过大时,要警惕股价短期回调的风险(见图 41)。

　　习题 8　从图 42 走势图看,该股这几天上涨乏力,似有不堪重负之感,前几天它跳空低开(见图 42 中箭头 A 所指处),好不容易收了一根中阳线,但近几天又涨不动了,连续出现几根小阴线,并且今天已跌破了 5 日均线。请问:投资者见此图形应如何操作?

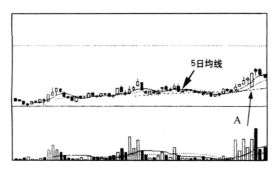

(该股往后走势见图 43)

图 42

参考答案 应该继续做多。从图 42 上看,该股欲涨又跌仅是假象,它是多方主力发动上攻前的一次蓄势动作。为什么这样说呢? 其理由有 3 点:

①5 日、10 日、30 日均线在该股前期整理时曾长时期粘合在一起,现在正处于缓缓向上的发散状态,这是多头力量积聚的一个主要标志。虽然今日 K 线收在 5 日均线下方,但仅是一根小阴线,10 日均线和 30 日均线仍继续在往上走,这表明均线系统多头排列并没有受到破坏,继续支撑着股价上行。

②图 42 中箭头 A 所指的阳线为"下探上涨形"[注],下探上涨形出现在股价上升初期,是买进信号,它预示该股继续上涨的可能性很大。虽然在这之后出现几根小阴线,但也仅仅吃掉前面下探上涨形这根阳线的很小一部分,它表明空方力量并不占优势,局面还为多方所控制。

③从图中看, 最近一段时期成交量大增, 说明该股有新资金入

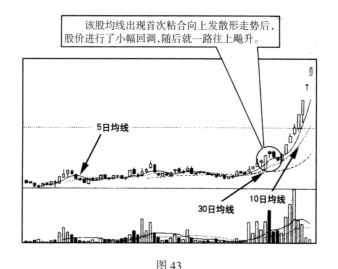

图 43

[注] 关于"下探上涨形"K 线的特征、技术含义,详见《股市操练大全》第一册(修订版)第 126 页 ~ 第 127 页。

驻,如此大的成交量,决非小庄所为。大主力做庄,不会为一点小差价而动心,他们志存高远,做的是大行情。根据以上分析,我们认为该股日后上升潜力很大。此时投资者可顺势而为,先逢低买进一些股票,等其股价创出新高时,再加码追进(见图43)。

股市操作经验漫谈之八

股市中有一句名言:看大势者赚大钱。何谓大势呢?从技术上来讲,就是要看清股价运行的大方向,是向上还是向下。这个问题搞清楚了,其他问题就好办了。例如,均线粘合后向上发散+成交量放大,上涨概率≥80%。对于出现这样走势的个股,只要以后均线保持向上发散状态,成交量无异常变化,中途股价出现一些小幅波动,投资者可不必理会,仍应一路捂股,坚持做多。我们举习题8中的这个案例,就是想告诉大家,只有善于放弃小机会,才能抓住大机会。股市中的大赢家就是这样做的。如若不信,你可以试试。

五、首次交叉向上发散形与首次交叉向下发散形的识别和运用

习题9 指出图44中画圈处均线形态的名称、特征和技术含义,并说明投资者见此图形应如何操作?

参考答案 图44画圈处的均线形态叫"首次交叉向上发散形"。其特征是:短期、中期、长期几根均线由上而下从发散状逐渐收敛,待完全收敛后再向上发散(见图45)。其形状像个展翅的大鹏鸟,因而人们对它又起了个美丽动听的名字——"大鹏展翅"。均线首次交叉向上发散形和我们前面介绍的均线首次粘合向上发散形既有相同之处,也有不同之处。相同之处是:几根均线在某点位都出现了向上发

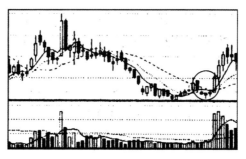

（该股往后走势见图 46）

图 44

移动平均线首次交叉向上发散形示意图

基本图形	变化图形
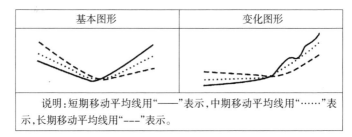	
说明：短期移动平均线用"——"表示，中期移动平均线用"……"表示，长期移动平均线用"---"表示。	

图 45

该股均线出现首次交叉向上发散形走势后，股价经过短暂休整，继续上行。

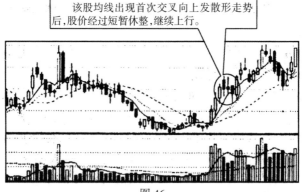

图 46

散状。不同之处是:前者的几根均线在向上发散前,是处于分离收敛状态,而后者的几根均线在向上发散前是处于粘合状态。在技术上两者的含义是一样的,都是买进信号。一般来说,当大盘或个股的均线系统出现首次交叉向上发散形走势时,激进型投资者可在其向上发散的初始阶段买进。日后,只要几根均线仍保持向上发散状,就可积极持股做多(见图46、图47)。反之,就应考虑暂时退出或抛空离场(见图48)。

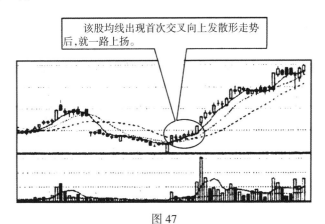

图 47

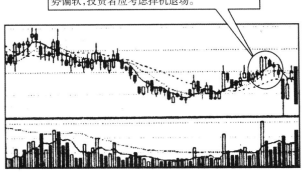

图 48

股市操作经验漫谈之九

均线向上发散有两种基本形式：一种是粘合向上发散形，另一种是交叉向上发散形。客观地说，均线出现粘合向上发散形日后成功的概率要大一些，但投资者对均线出现交叉向上发散形也不可轻视，有些大黑马就出自"大鹏展翅"。因此，在均线出现交叉向上发散形时，你就要想到机会可能来了，如觉得没把握，拿少量资金小试一下也可以。当你以后学会乘骑大鹏鸟在空中自由飞翔时，再回想起当年的"小试"，就会觉得这是一件十分有意义的事。

习题 10 指出图 49、图 50 画圈处均线形态的名称、特征和技术含义，并说明投资者见此图形应如何操作？

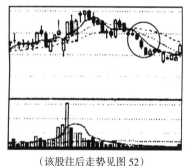

（该股往后走势见图 52）
图 49

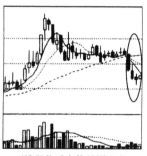

（该股往后走势见图 53）
图 50

参考答案 图 49、图 50 中画圈处的均线形态叫"首次交叉向下发散形"。其特征是：短期、中期、长期均线由下而上从发散到逐渐收敛，待完全收敛后再向下发散（见图 51）。其状像个折翼的鸵鸟，因而有人给它一个别名叫"鸵鸟折翼"。均线出现交叉向下发散形和我们前面介绍的均线出现粘合向下发散形既有相同之处，又有不同之处。

相同之处是几根均线在某点位都出现了向下发散状；不同之处是前者的几根均线在向下发散前是处于先分离后收敛状态，而后者的几根均线在向下发散前是处于粘合状态。在技术上两者的意义完全相同，都是典型的卖出信号。一般来说，无论是激进型投资者还是稳健型投资者，看到均线出现交叉向下发散形，应及时抛股出局，离场观望。因为一旦均线形成交叉向下发散状态，股价十有八九要下跌，而且多数跌幅都比较深（见图 52、图 53）。

移动平均线首次交叉向下发散形示意图

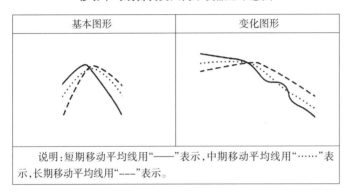

基本图形	变化图形

说明：短期移动平均线用"——"表示，中期移动平均线用"……"表示，长期移动平均线用"---"表示。

图 51

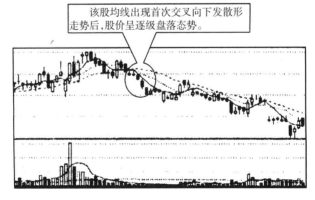

该股均线出现首次交叉向下发散形走势后，股价呈逐级盘落态势。

图 52

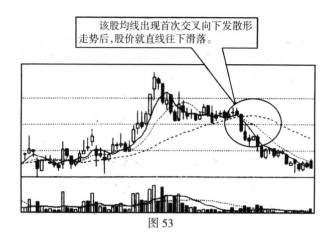

该股均线出现首次交叉向下发散形走势后,股价就直线往下滑落。

图 53

股市操作经验漫谈之十

　　现在交通规则有了改变,乱穿马路被来往车辆撞倒,责任自负,即使未成年人也不例外(责任可寻监护人)。这似乎有点不通人情,但新交通规则实行后,乱穿马路的人少了,交通秩序反而好了[注]。在股市中有没有交通规则呢? 好像没有,也好像有。说没有,股市风险莫测,变化无常,又有谁会去制定何时应该做多,何时应该做空的股市中的交通规则呢? 说有,股市上涨或下跌,确实也有点规律可循。譬如,均线出现交叉向下发散形,犹如从山顶上往下滑落的一辆股市快车,这时你要是不遵守"均线向下

　　[注]　2000 年 4 月 1 日,上海市公安局发布"道路交通事故严格依法定责、以责论处"的通告,明确规定凡因 18 种违章引起交通事故的,当事人应负事故全部责任。此项规定对众多的交通行为人形成了一定的震慑作用。据统计,新交通规则实行的头 3 个月中,交通事故死亡人数、受伤人数和物损数 3 项指标,就分别比前 3 个月下降了 14.9%、3.3% 和 21.3%,总体形势十分可喜。

发散不准买进做多"的交通规则,买进即套也只能怪自己了。可见,作为一个股市参与者,学一点这方面的知识,并且能遵守股市中的交通规则是很有必要的。

六、再次粘合向上发散形与再次粘合向下发散形的识别和运用

习题 11   一天证券班张老师指着图 54 的走势图说,该图中分别画有 A、B 两个圆圈,它们各自为稳健型投资者和激进型投资者提供了买点。现在请你说说激进型投资者和稳健型投资者买进点应选择在画 A 圈处还是在画 B 圈处,为什么?

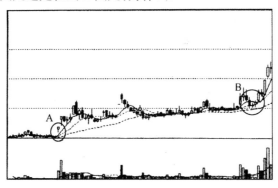

(该图往后走势见图 56)

图 54

参考答案   这张图的均线系统有一个明显特征,即均线系统的短期、中期和长期均线出现首次向上发散后,很快又重新粘合在一起,但过了一段时间,均线系统再次出现了粘合向上发散。其中,第一次向上发散处就是图中的画 A 圈处,第二次向上发散处就是图中的画 B 圈处。为什么会出现这种情况呢?其原因是当一轮行情开始发动时,首先几根均线会在某个低点作出向上翘头姿态,这是均线

系统第一次向上发散,但由于过去积弱很久,或庄家做盘时故意打压,股价向上就引来大量抛盘,迫使股价很快掉头下行,这时几根均线复归原位,再度捆绑在一起。不过,此时行情总体处于见底回升状态,因此在多方的努力下,均线系统会再一次向上发散(见图55)。从概率上说,均线系统出现首次向上发散处虽然是一个买进点,但由于股价上升未受到抛压的考验,股价回落的机会相对要多一些。因此,在这个点位买进风险相对较大,稳健型投资者不宜加入,而激进型投资者以短线操作为主,可适量跟进。当均线系统出现再次向上发散,主力做多的意愿已显现无遗,此时跟着主力做多的成功机会就很大(见图56),因此,无论是激进型投资者还是稳健型投资者都可在此点位建仓。

最后,我们需要提醒投资者的是:并不是所有的股票上涨,均线系统都会出现两次向上发散,有些股票的均线系统在低位出现首次向上发散后,就一路涨了上去(见图57)。激进型投资者在均线系统出现首次向上发散后买进,无疑成了一位大赢家,而稳健型投资者因

移动平均线再次粘合向上发散形示意图

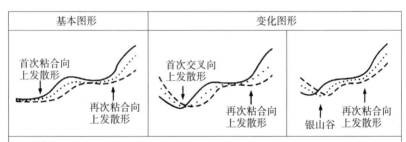

说明:
①短期移动平均线用"——"表示,中期移动平均线用"……"表示,长期移动平均线用"- - -"表示。
②激进型投资者可在均线系统第一次向上发散的瞬间买进,稳健型投资者可在均线系统第二次向上发散后股价冲破前一高点时买进。
③变化图形中的首次交叉向上发散形、银山谷,与基本图形中的首次粘合向上发散形图形作用类似,故它后面的向上发散形可看成再次粘合向上发散形。

图55

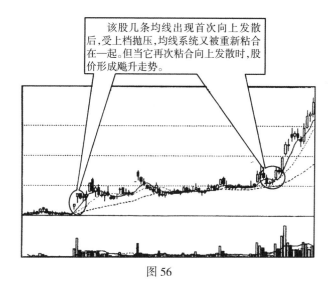

该股几条均线出现首次向上发散后,受上档抛压,均线系统又被重新粘合在一起。但当它再次粘合向上发散时,股价形成飚升走势。

图 56

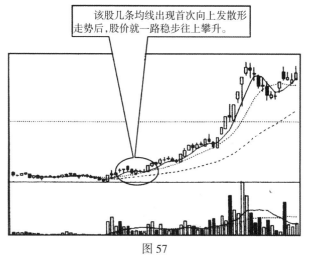

该股几条均线出现首次向上发散形走势后,股价就一路稳步往上攀升。

图 57

等待均线系统出现再次粘合向上发散,就会失去这样的好机会。可见,高风险、高收益是相辅相成的。这也就难怪有很多激进型投资者甘愿冒较大风险,在均线系统第一次向上发散时就开始积极做多了。

股市操作经验漫谈之十一

《股市操练大全》第一册中,介绍了V形反转和双底反转。其实,均线出现首次向上发散就类似于技术图形的V形反转,均线出现再次向上发散类似于技术图形的双底反转。尽管这两者之间有许多不同,但有一点是相通的,在股市中,双底反转成功机会要大于V形反转,同样,均线再次向上发散的成功机会也要大于均线首次向上发散。因此,我们主张不愿意承担太大风险的稳健型投资者,可以专门寻找均线出现再次向上发散的个股买进,这样总体上赢多输少,有时还会给你一份意外的惊喜。

习题 12 指出图 58 中画 B 圈处均线形态的名称、特征和技术含义,并说明投资者见此图形应如何操作?

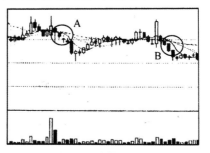

(该股往后走势见图 60)

图 58

参考答案 图 58 画 B 圈处的均线形态叫"再次粘合向下发散形"。其特征是:均线系统出现首次向下发散后,不久又重新粘合在一起,然后再一次粘合向下发散(见图 59)。从图 58 看,图中画 A 圈的地方就是均线系统首次向下发散处，图中画 B 圈的地方就是均线系统再次向下发散处。为什么会出现这种情况呢？其原因是，当一轮下跌行情初起时，短期、中期、长期均线在空方力量打击下开始向下发散，但下跌时遭到多方的反击，这时原来已向下发散的几根均线又被

移动平均线再次粘合向下发散形示意图

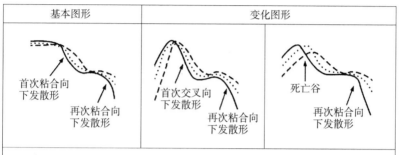

说明：

①短期移动平均线用"——"表示，中期移动平均线用"……"表示，长期移动平均线用"– – –"表示。

②变化图形中的首次交叉向下发散形、死亡谷，与基本图形中的首次粘合向下发散形图形作用类似，故它后面的向下发散形可看成再次粘合向下发散形。

图 59

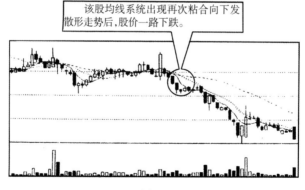

图 60

重新粘合在一起,但多方反击相当脆弱,在空方再一次打击下土崩瓦解了,这就促使均线系统再一次向下发散。从技术上说,均线系统出现再次粘合向下发散形仍然是一个做空信号,投资者见此图形,应赶快出逃(见图60)。

股市操作经验漫谈之十二

做股票输钱不要紧,但不能输得不明不白,否则,相同的错误一犯再犯,那么用不了多久你就无法在股票市场玩下去了。譬如,当均线系统出现首次向下发散形时,你就应该及时出局,如果没有逃,在均线系统出现再次向下发散形时,你还是不想逃,这就有点输得不明不白了。不管你现在是如何想的,但均线系统出现向下发散是做空信号,这一点你必须明白,明白了你才不会犯重复错误。据资料统计,均线系统出现首次向下发散,下跌的概率超过80%;均线系统出现再次向下发散,下跌的概率仍会达到70%以上。如果大盘或个股走到这一步,无论是激进型投资者还是稳健型投资者,都应以离场为好,以免越套越深。

七、再次交叉向上发散形与再次交叉向下发散形的识别和运用

习题 13 指出图61中画圈处均线形态的名称、特征和技术含义,并说明投资者见此图形应如何操作?

参考答案 图61画圈处的均线形态叫"再次交叉向上发散形"。其特征是:均线系统在首次向上发散后,不久又出现了收敛现象,当几根均线聚集到某一点后即开始再次向上发散(见图62)。例如,图63、图64中的画A圈处就是均线系统首次交叉向上发散处,画B圈处就是均线系统再次交叉向上发散处。从技术上来说,均线再次向上

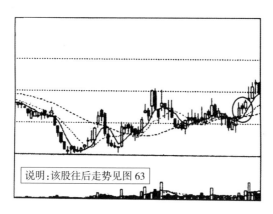

说明:该股往后走势见图 63

图 61

发散是对均线首次向上发散的再一次确认。从技术上说,这是一个比较安全的买进点,投资者在此买进风险相对较小一些。因此,稳健型投资者常常把均线再次交叉向上发散处,作为自己建仓的点位,当然,激进型投资者也可以在此点位积极做多。

移动平均线再次交叉向上发散形示意图

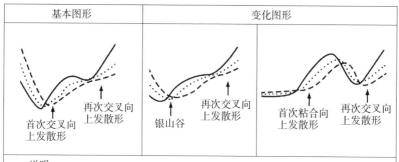

说明:

①短期移动平均线用"——"表示,中期移动平均线用"……"表示,长期移动平均线用"---"表示。

②变化图形中的首次粘合向上发散形、银山谷,与基本图形中的首次交叉向上发散形图形作用类似,故它后面的向上发散形可看成再次交叉向上发散形。

图 62

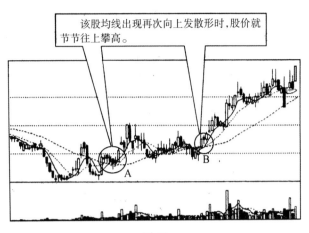

该股均线出现再次向上发散形时,股价就节节往上攀高。

A

B

图 63

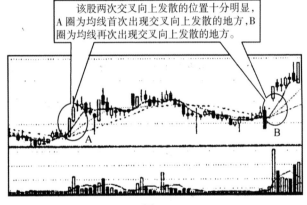

该股两次交叉向上发散的位置十分明显,A 圈为均线首次出现交叉向上发散的地方,B 圈为均线再次出现交叉向上发散的地方。

A

B

图 64

股市操作经验漫谈之十三

你知道吗? 股市筑底过程是投资者,特别是市场主力对大盘或个股跌至某一位置后, 出现的投资价值或投机价值的一种认同过程。在这个过程中,主力为了收集到足以发动行情的大量筹码,夯实股价,就会采取各种不同的方式进行震荡洗筹。均线首次向上发散后回落,以及再次向上发散的兴起,即是主力和中小散户玩的一场"描捉老鼠"的游戏。当主力刚开始促使均线向上发散,散户跟进时,主力就会把股价打压下来,从而迫使一些短线客出逃,等大量筹码回到了主力手中后,敢跟主力玩的投资者少了,主力就会让均线再次向上发散。我们发现,近几年来,在一些个股的日K线走势图,尤其是周K线走势图中,倘若出现均线再次向上发散,并有成交量支持的话,其日后上涨概率要≥80%。可见,均线出现再次向上发散是跟着主力做多,搭顺风船的一个极好机会。作为普通投资者如能把握得好,就能从主力手中分一杯羹,美餐一顿。

习题 14 指出图 65 中画圈处均线形态的名称、特征和技术含义,并说明投资者见此图形应如何操作?

(该股往后走势见图 68)

图 65

参考答案 图 65 中画圈处的均线形态叫"再次交叉向下发散形"。其特征是：均线系统在首次向下发散后，不久出现了收敛现象，当几根均线聚集到某一点后随即开始再次向下发散（见图 66）。例

移动平均线再次交叉向下发散形示意图

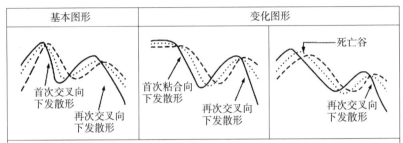

基本图形	变化图形

说明：
①短期移动平均线用"——"表示，中期移动平均线用"……"表示，长期移动平均线用"---"表示。
②变化图形中的首次粘合向下发散形、死亡谷，与基本图形中的首次交叉向下发散形图形作用类似，故它后面的向下发散形可看成再次交叉向下发散形。

图 66

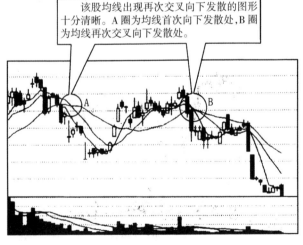

该股均线出现再次交叉向下发散的图形十分清晰。A 圈为均线首次向下发散处，B 圈为均线再次交叉向下发散处。

图 67

如,图 67 中的 A 点就是均线系统首次向下发散处,图中的 B 点就是均线系统再次向下发散处。从技术上说,均线系统出现再次交叉向下发散,是继续下跌的信号(见图 68)。投资者见此图形,可按下面方法操作:如高位买进被套者,应在此时进行减磅操作,退出来的资金,可在该股跌到低位时进行回补,以降低持股成本。如刚买进被套者,则干脆清仓离场,以免越套越深。如空仓者,此时不可贸然建仓,要等该股继续下沉,均线系统走势转好时再买进。

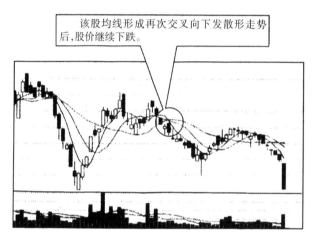

该股均线形成再次交叉向下发散形走势后,股价继续下跌。

图 68

股市操作经验漫谈之十四

不知人们是否注意到,市场主力建仓需要有一个过程,少则几星期,多则半年、一年,甚至几年。那么出货呢?显然也不可能一蹴而就,因为主力手中货多量大,分批出货应是他们的一个主要投资策略。正因为如此,均线在首次向下发散后,常常又会出现再次向下发散。其道理很简单,主力在均线出现第一次向下发散时,出了一批货,下一批货只能等股价"见底回升"或"筑底横盘"时,诱使中小散户进来"逢底吸纳",再把这些货倒给不明就里的普通投资者。一旦主力出货目的基本实现,他们就会利用手中的剩余筹码往下砸盘,有时甚至不用他们自己动手,在主力釜底抽薪后,股价就会像断线风筝一样往下直落,从而出现了均线再次向下发散的现象。可见,只要股价下跌并不太过分[注],投资者见到均线出现再次向下发散的卖出信号时,还是及时退出为妙。

八、上山爬坡形与下山滑坡形的识别和运用

习题 15 指出图 69、图 70 中画圈处均线形态的名称、特征和技术含义,并说明投资者见此图形应如何操作?

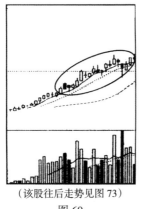

（该股往后走势见图 73）

图 69

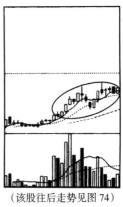

（该股往后走势见图 74）

图 70

参考答案 图 69、图 70 中画圈处均线形态的名称叫"上山爬坡

[注] 在股价下跌幅度很大的情况下,若出现均线再次向下发散,此时,就不宜再盲目做空,以防落入主力设置的空头陷阱中。那么,何谓股价下跌过分呢? 一般认为,前期热门股,或质地优良的股票跌幅已接近 50%,甚至超过 50%,普通股票跌幅已接近 70%,甚至超过 70%,这时股价跌幅就算达到或接近它的下限了。

形"。其特征是：短期、中期均线(日K线图中,主要指5日、10日均线)在长期均线(日K线图中,主要指30日均线)的支持下,沿着一定的坡度往上移动,故名为上山爬坡形(见图71)。均线形态出现上山爬坡形,表明股价将有一段持续的升势。一般来说,具有这种走势的个股上升潜力很大。多年来,沪深股市中的许多大牛股,从底部走向顶峰就是以这种形式出现的(见图72)。因此,投资者见到这种图形,

移动平均线上山爬坡形示意图

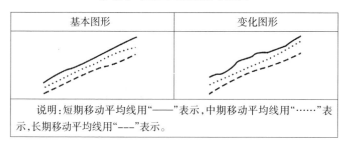

基本图形	变化图形

说明:短期移动平均线用"——"表示,中期移动平均线用"……"表示,长期移动平均线用"---"表示。

图 71

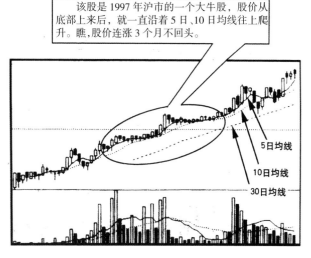

该股是1997年沪市的一个大牛股,股价从底部上来后,就一直沿着5日、10日均线往上爬升。瞧,股价连涨3个月不回头。

5日均线

10日均线

30日均线

图 72

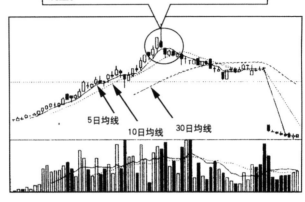

该股均线出现上山爬坡形后，股价一路往上推进，但是，在 5 日均线明显向下弯头之后，股价走势就开始趋弱。此时，投资者应适时做空，退出观望。

5日均线

10日均线

30日均线

图 73

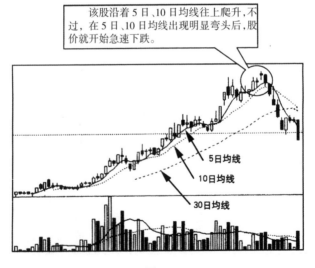

该股沿着 5 日、10 日均线往上爬升，不过，在 5 日、10 日均线出现明显弯头后，股价就开始急速下跌。

5日均线

10日均线

30日均线

图 74

要坚持做多,一路持股,直到短期、中期均线的上山爬坡形的形式有了改变,或短期、中期均线出现明显的弯头时,才可离场观望(见图73、图74)。

股市操作经验漫谈之十五

在股市中,有时大盘或个股走势很复杂,投资者需要用复杂的方式去应对,有时大盘或个股走势很简单,投资者就只能用简单的方法去操作。均线出现上山爬坡形就是属于后一种,操作方法也极为简单,短期、中期均线若能沿着一定的坡度向上移动,你就可放心持股待涨;若短期、中期均线向前延伸时出现明显弯头现象,你就要赶快把股票卖掉。如此简单实用的操作方法,照理人人都会,但实际上很多人没有学会。这是为什么呢?因为股市中大多数个股的走势是以复杂形态出现的,人们已习惯从复杂角度去思考问题,而一旦遇到某些个股的走势以简单形式出现时,人们反而感到不好理解了,思想上也转不过弯来。高抛低吸变成高吸低抛,操作时频频出错,不是卖早了,股价爬到山腰时把它抛了,就是买晚了,股价爬到山顶往下走时还在买进,最后给套住了。所以作为股市中人,一定要学会观察均线的走势图形,是什么样的走势图形,就用什么样的方法去操作,事先心里都要有个谱。这样做起股票来才能得心应手,不会在股市操作中出现张冠李戴的错误。

习题 16　指出图 75、图 76 中画圈处均线形态的名称、特征和技术含义,并说明投资者见此图形应如何操作?

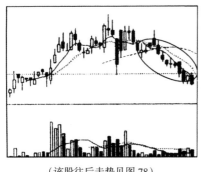

（该股往后走势见图78）

图 75

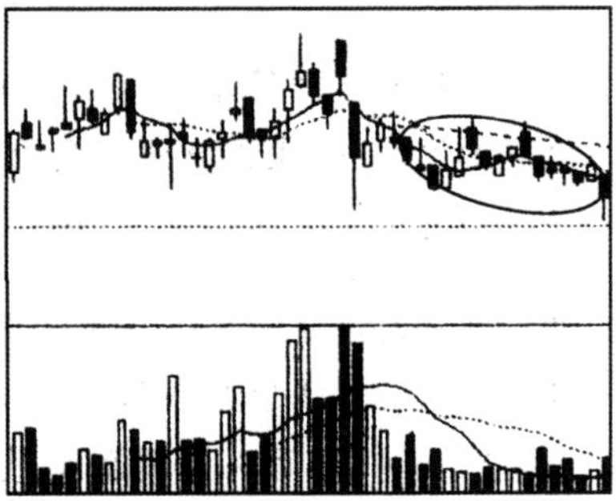

（该股往后走势见图79）

图 76

参考答案　图 75、图 76 中画圈处的均线形态叫"下山滑坡形"。其特征是：短期、中期均线（日 K 线图中，主要指 5 日、10 日均线）在长期均线（日 K 线图中，主要指 30 日均线）的压制下呈一路下滑态势，其状如滑雪者从雪山上滑下来，故名下山滑坡形。均线出现下山滑坡形，表明股价将有一段持续的跌势（见图 77）。在股市中，这是最具杀伤力的图形之一。粗略一看，股价每天或每周跌幅并不大，但它持续不断地向下滑行，使人看不到它下跌的尽头在什么地方。在技术上，下山滑坡形是典型的做空信号。投资者见此图形，持筹者只能认

移动平均线下山滑坡形示意图

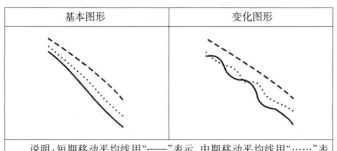

基本图形	变化图形

说明：短期移动平均线用"——"表示，中期移动平均线用"……"表示，长期移动平均线用"---"表示。

图 77

赔出局,早一点出来,损失就少一些;持币者千万要冷静,一定要捂住钱袋,不要以为股票已经很便宜而轻易买进(见图78、图79)。

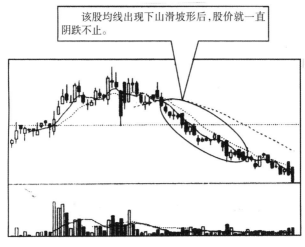

该股均线出现下山滑坡形后,股价就一直阴跌不止。

图 78

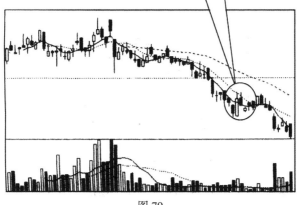

瞧!该股均线出现下山滑坡形走势后,途中虽遭遇多方抵抗,但股价仍义无反顾地往下探底。

图 79

股市操作经验漫谈之十六

股市中有操作经验的人都知道,急跌并不可怕,最怕的是绵绵阴跌,因为阴跌会将投资者的气血耗尽。均线下山滑坡形就是一种阴跌。在沪深股市历史上,几十元的股票跌到几元钱,有很多就是在均线出现下山滑坡形的情况下发生的。故此,投资者在操作时,对均线出现下山滑坡形走势的个股,要躲得远远的,在其均线形态没有实质性改变之前,它跌得再深,也不要轻易去下买单。

九、逐浪上升形与逐浪下降形的识别和运用

习题 17 指出图 80 中画圈处均线形态的名称、特征和技术含义,并说明投资者见此图形应如何操作?

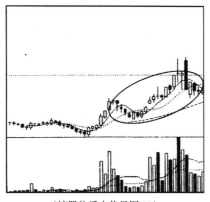

(该股往后走势见图 82)

图 80

参考答案 图 80 中的均线形态叫"逐浪上升形"。其特征是:短期、中期均线(日 K 线图中,一般指 5 日、10 日均线)沿着长期均线

（日K线图中,一般指30日均线)呈波浪形地往上攀升(见图81)。均线出现逐浪上升形,表明股价整体呈上升趋势,并往往按进二退一的方式前进,空方只能小施拳脚(股价小有回落),并无多大打击股价的能耐,多方始终占据着主动地位。从技术上说,逐浪上升形为买进信号。因此,投资者见此均线形态,应保持多头思维,做到不轻易卖出股票,尤其不要频繁地进进出出。一般来说,均线逐浪上升形一旦形成,股价大多会有一个较大的上涨空间,投资者耐心持股,收益一般比跑进跑出要好得多[注 1](见图82、图83)。但是,这里要注意的是,如果股价在波浪式往前推进时,出现了跌破长期均线的现象,这时就要引起警惕。当然,这里所说的跌破是指有效跌破[注 2],偶尔跌破(见图84)不

移动平均线逐浪上升形示意图

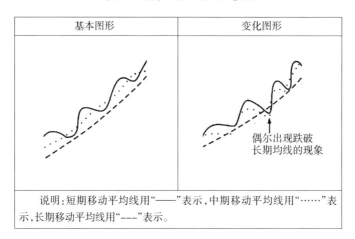

基本图形	变化图形
	偶尔出现跌破长期均线的现象

说明:短期移动平均线用"——"表示,中期移动平均线用"……"表示,长期移动平均线用"---"表示。

图81

[注 1]　"逐浪上升形"一旦形成,耐心持股比频繁进出收益要好得多,这是对一般投资者而言。如果逐浪上升时上下波动超过10%,而你又能踏准它的节拍的话,用少量资金做一些短线未尝不可。其方法是:5日均线往上穿过10日均线准备进货,一旦K线上出现见顶信号即卖出,股价回落到30日均线附近再买进。

[注 2]　有效跌破,指股价连续3日收在30日均线之下,跌幅超过3%。

在此例。因此,投资者见股价下穿长期均线时,只要成交量没有放出,先不必马上卖出,可继续观察,但是,一旦发觉日后几天股价仍不能回到长期均线之上,此时就应该赶紧抛空离场(见图85)。

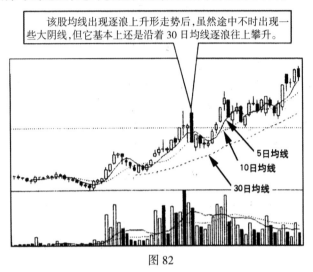

该股均线出现逐浪上升形势走势后,虽然途中不时出现一些大阴线,但它基本上还是沿着 30 日均线逐浪往上攀升。

5日均线
10日均线
30日均线

图 82

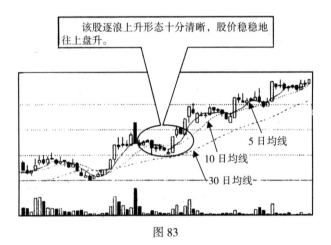

该股逐浪上升形态十分清晰,股价稳稳地往上盘升。

5日均线
10日均线
30日均线

图 83

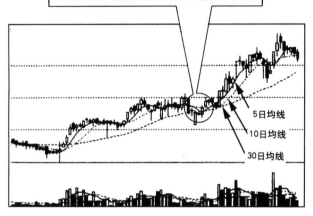

该股均线出现逐浪上升形时，只是偶尔跌破 30 日均线，并很快又回到 30 日均线之上。这是庄家故意打压所为。此图形为逐浪上升形的一种变化图形，投资者应继续采取做多的策略。

5日均线

10日均线

30日均线

图 84

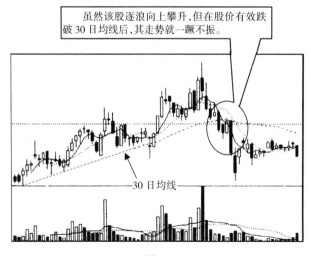

虽然该股逐浪向上攀升,但在股价有效跌破 30 日均线后,其走势就一蹶不振。

30 日均线

图 85

股市操作经验漫谈之十七

在股市中,任何一种技巧都有一个基本操作原则,均线逐浪上升形也不例外。它的基本操作原则是:股价在30日均线上小幅波动,可不必理会,坚持做多,但是,一旦发现股价有效跌穿30日均线,尤其是放量下跌,就应立即斩仓离场。这要作为一条铁的纪律严格遵守执行。有人说,假如一个股票跌穿30日均线之后,又重新站在30日均线之上往上走,卖出这个股票的人不是吃亏了吗?我们认为这无所谓吃亏。从历史经验看,股价跌破30日均线一定要十分小心,尤其是股价有了较大升幅后跌破30日均线更需要高度警惕,因为在很多情况下,这都是主力出货造成的。如果发生了这样的情况,股价一路跌下去,恐怕连你前期赚的钱赔出去还不够。所以我们认为,一旦发现股价有效跌穿30日均线,就应该先退出,日后如果股价仍旧回到30日均线之上,继续往上走,到那时再买进就是了,"损失"[注]的也不过是一点手续费和几个价位而已。而这点小损失,对股市这一高风险市场来说是微不足道的,投资者对此不必斤斤计较。

习题18 指出图86中画圈处均线形态的名称、特征和技术含义,并说明投资者见此图形应如何操作?

参考答案 图86中的均线形态叫"逐浪下降形"。其特征是:短期、中期均线在长期均线(日K线图中,一般指30日均线)的压制下,呈波浪形下滑(见图87)。均线出现逐浪下降形,表明股价整体呈下

[注] 其实,所谓的损失只不过是持股成本和操作次数略微增加而已,它并没有使投资者的资金实际上有什么减少,至多也只是少赚一点罢了,所以这种损失是一种打引号的损失。但如果我们换一个角度看,把资金退出来,反而给投资者多了一次重新选择好股票的机会,这又何乐而不为呢?

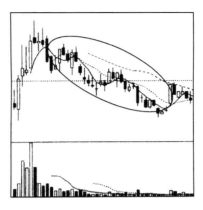

（该股往后走势见图90）

图 86

移动平均线逐浪下降形示意图

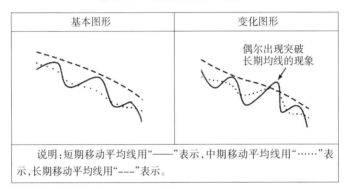

基本图形	变化图形
	偶尔出现突破 长期均线的现象

说明:短期移动平均线用"———"表示,中期移动平均线用"……"表示,长期移动平均线用"---"表示。

图 87

降趋势,并往往按退二进一的方式向下滑行,多方只有招架之功(小有反弹),没有还手之力,空方始终占据着主动地位。逐浪下降形为卖出信号。因此,持币的投资者见此均线形态,应保持空头思维,做到不轻易买进股票,一般不要去抢什么反弹;持股被套者也要看清形势,趁反弹时逢高出局,或干脆采取壮士断臂的办法就地止损,以避免股价继续下跌带来更大的损失(见图88)。有人担心,如果我卖出股票,

71

股价涨上去怎么办？一般来说,均线逐浪下降形一旦出现,股价下跌的空间就很大,只要不是在逐浪下降形的末端[注]抛出,都可以在更低价位将筹码捡回来。

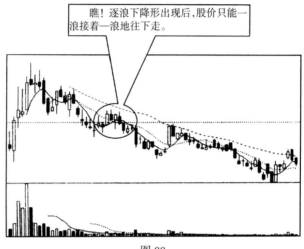

瞧！逐浪下降形出现后,股价只能一浪接着一浪地往下走。

图 88

股市操作经验漫谈之十八

股市涨跌是很正常的，作为普通投资者不可能每一次在股市上涨时都能抓住机会，每一次在股市下跌时都能顺利出逃。这样的要求不要说普通投资者做不到,即使是"股仙""股神"也不可能做到。那么,对普通投资者来说最重要的是什么呢? 最重要的就是在股市涨跌中看清大盘或个股究竟是涨多跌少,还是跌多涨少,说白了就是大盘或个股究竟是进二退一,还是进一退二。进二退一自然

[注] "逐浪下降形"的末端,实际上就是股价的底部。关于股价底部有什么特征,《股市操练大全》第四册、第五册的有关章节中作了详细介绍,这里不再展开。

72

可以放心持股,进一退二就只能以做空为主。这就是逐浪上升形和逐浪下降形的最根本区别。因此,当发觉大盘或个股是进一退二,均线出现逐浪下降形时,持股者要坚决逢高减磅,退出观望,持币者要捂紧钱袋,少参与^[注]或不参与,任其一浪一浪地下跌,直到逐浪下降形走势有了明显改变后,才可考虑选择什么股票及什么价位买进。

十、加速上涨形与加速下跌形的识别和运用

习题 19 指出图 89 中画圈处均线形态的名称、特征和技术含义,并说明投资者见此图形应如何操作?

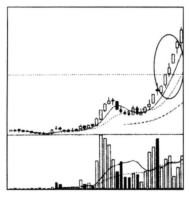

(该股往后止势见图 91)

图 89

参考答案 图 89 中画圈处的均线形态叫"加速上涨形"。其特征是:短期移动平均线(日 K 线图中,主要是指 5 日移动平均线),起先

[注] 少参与,指在大盘或个股逐浪下降时,少抢反弹。因为,在大盘或个股总趋势向下的情况下,抢反弹的风险很大,如果抢得不好,很容易被套住。

移动平均线加速上涨形示意图

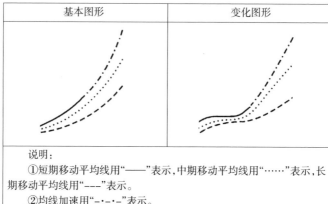

基本图形	变化图形

说明：
①短期移动平均线用"——"表示,中期移动平均线用"……"表示,长期移动平均线用"---"表示。
②均线加速用"–·–·–"表示。

图 90

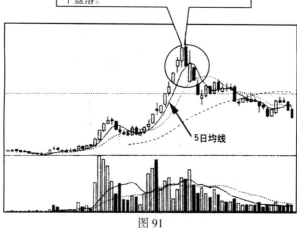

该股在均线出现加速上涨形时,在高位出现"穿头破脚"K线组合[注]的见顶信号,5日均线向下弯头,之后股价就逐级往下盘落。

5日均线

图 91

[注] 关于"穿头破脚"K线组合的特征和技术含义,详见《股市操练大全》第一册(修订版)第64页～第66页。

处于缓慢上升状态,后来突然间开始加速,且上升速率越来越快(见图90)。加速上涨形是一种转势信号,它会引发股价急促掉头下行。因此,投资者见此图形应保持一份警觉,持币的不应再盲目跟进;持股的要密切注意均线加速上涨时,是否有 K 线见顶信号(如螺旋桨、吊颈线、穿头破脚等)出现,特别要留意 5 日均线是不是向下弯头,一旦 5 日均线向下弯头,尤其是下穿 10 日均线的现象发生时,就应该马上停损离场(见图91)。

股市操作经验漫谈之十九

世界上很多事情都是相通的,股市也不例外。譬如,一部高速运行的列车,突然减速甚至停下来,那么十有八九是前面碰到了故障或车子内部出了什么问题。其实,股市大盘或个股加速上涨,也可把它看成是一部高速运行的列车。如某股原来是加速上涨的,但突然之间,股价上涨一下子减速,或停了下来,那么这时乘在股市这部高速列车上的投资者就要想到,该股上涨一定遇到了什么问题,此时应该考虑下车了。如果发现股价不涨反跌,那就更加不能犹豫了,要立即下车,停损离场。通常,投资者掌握了这个原则,乘上股市高速列车也就不用担心,什么时候应该减磅操作,什么时候应该抛空出局,只要看看"车速"如何,就知道下一步应该怎么做了。若按此原则操作,基本上不会错,胜算率非常高。

习题20 指出图92中画圈处均线形态的名称、特征和技术含义,并说明投资者见此图形应如何操作?

参考答案 图92中画圈处的均线形态叫"加速下跌形"。其特征是:短期移动平均线(日 K 线图中,主要指 5 日移动平均线)起先处于缓慢下降状态,后来突然间出现加速,且下跌速率越来越快(见图93)。从技术上说,加速下跌形是一种止跌信号。它表示大盘或个股的

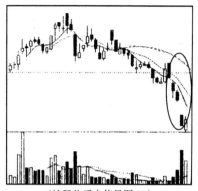

（该股往后走势见图95）

图 92

下跌能量一下子得到了较充分的释放，因而会出现止跌现象。当然，这种加速下跌后出现的止跌现象，并不能保证大盘或个股已经跌到底了，有时它确实是真正止跌了，大盘或个股就此开始筑底回升，但

移动平均线加速下跌形示意图

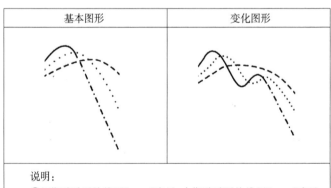

说明：
①短期移动平均线用"——"表示，中期移动平均线用"……"表示，长期移动平均线用"– – –"表示。
②均线加速用"–·–·–"表示。

图 93

移动平均线加速下跌形走势演变示意图

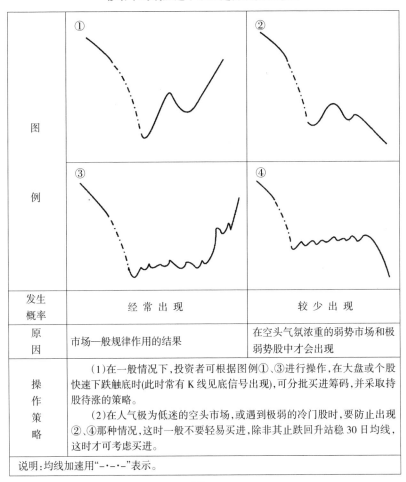

图 例	①	②
	③	④
发生 概率	经 常 出 现	较 少 出 现
原 因	市场一般规律作用的结果	在空头气氛浓重的弱势市场和极 弱势股中才会出现
操 作 策 略	（1）在一般情况下,投资者可根据图例①、③进行操作,在大盘或个股 快速下跌触底时(此时常有 K 线见底信号出现),可分批买进筹码,并采取持 股待涨的策略。 　　（2）在人气极为低迷的空头市场,或遇到极弱的冷门股时,要防止出现 ②、④那种情况,这时一般不要轻易买进,除非其止跌回升站稳 30 日均线, 这时才可考虑买进。	
说明:均线加速用"–·–·–"表示。		

图 94

有时止跌也只是暂时性的,在一轮反弹后,指数或股价还会再次下跌
（见图 94）。但不管是真正止跌还是暂时止跌,它是个止跌信号应该
是没有什么疑问的（见图 95、图 96）。因此,当投资者看到均线出现加
速下跌形时,就不应再继续看空,持股者不能再盲目地抛售股票,持

该股在下跌后期,5日均线下跌速率加快,直到低位出现"曙光初现"K线组合[注1]后,股价才开始止跌回升。

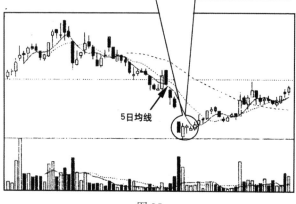

5日均线

图 95

该股5日均线加速下跌,直到低位出现"平底"K线组合[注2]后,才算着底,又经过一段时间低位盘整,股价才开始往上弹升。

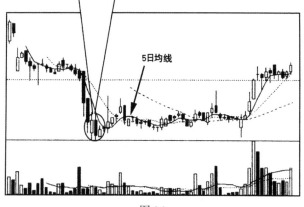

5日均线

图 96

[注1] 关于"曙光初现"K线组合的特征和技术含义,详见《股市操练大全》第一册(修订版)第47页、第48页。

[注2] 关于"平底"K线组合的特征和技术含义,详见《股市操练大全》第一册(修订版)第67页~第69页。

该股走势很弱，它在 5 日均线加速下跌，并在低位出现"身怀六甲"K 线组合[注]后，形成了一轮小幅反弹行情，但时间不长，股价又步入了一个新的跌势。

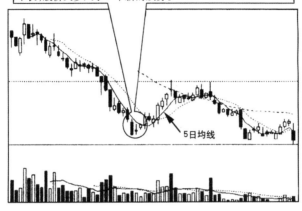

5日均线

图 97

该股走势极弱，在 5 日均线出现加速下跌后，仅仅构筑了一个小平台，然后很快又继续杀跌，股价越跌越惨。

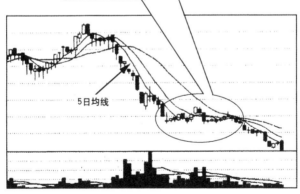

5日均线

图 98

[注] 关于"身怀六甲"K 线组合的特征和技术含义,详见《股市操练大全》第一册(修订版)第 62 页 ~ 第 64 页。

币者可适量买进一些筹码。稳健型投资者可等日后股价真正见底回升时再加仓跟进。但要警惕的是,在弱势情况下,股价加速下行止跌后,或稍有反弹,或构筑一下平台,然后开始大幅杀跌。这种现象虽不多见,但也不得不防(见图97~图98)。

股市操作经验漫谈之二十

"山重水复疑无路,柳暗花明又一村。"这是中国很有名的一句古诗,用它来形容均线加速下跌再恰当不过了。不是吗? 当股价大幅下挫,又连续出现暴跌时,空方施虐也算到了极点。此时, 谁会想到行情会发生戏剧性变化呢? 不知多方从何处借来一股神力,唏哩哗啦反过来一阵猛打猛攻,直把空方打得晕头转向,无力还手,股价呼地一下又涨了上去。这种现象并不鲜见,在10多年来的沪深股市中屡屡发生。对此,你感到奇怪吗? 其实,一点也不奇怪,因为行情本来就是在绝望中产生的。所以,作为一个理性的投资者,越是看到均线出现加速下跌,众人感到绝望时就越是要冷静,这时,千万不要随大流,如能适当地进行一些反向操作,或许就能从中逮住一匹大黑马,给自己带来一份意外的收获。

十一、快速上涨形与快速下跌形的识别和运用

习题 21 指出图99中画圈处均线形态的名称、特征和技术含义,并说明投资者见此图形应如何操作?

参考答案 图99中画圈处的均线形态叫"快速上涨形"。其特征是:短期移动平均线(日K线图中,主要指5日移动平均线)由盘整状态,突然发力快速向上,且坡度很陡(见图100)。快速上涨形是个转势信号,往后走势下跌居多(见图101)。一般来说,无沦是大盘还是个股,均线出现快速上涨形,短期见顶或中期见顶的概率较大(见图102、图103)。投资者对此要有高度警惕,持股者应该在其急拉时

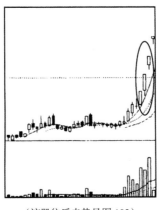

（该股往后走势见图102）

图 99

移动平均线快速上涨形示意图

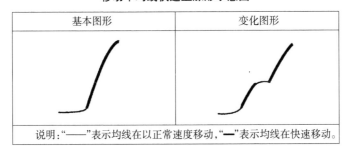

图 100

进行减磅操作。如果发现 5 日均线出现弯头现象,应及时离场观望,持币的应经受得住股价连续拉升的诱惑,不宜盲目在高位追涨。当然,并不是所有均线出现快速上涨形的个股都会下跌。有少数个股在均线出现快速上涨形后,进入横盘状态(见图 104),日后上、下均有可能。投资者见此图形可先离场观望,等其突破方向明确后再作定夺。另外, 还有极少数个股在均线出现快速上涨形后继续上涨 (见图105)。投资者见此图形,可采取谨慎做多的策略。具体操作方法详见图 101"操作策略"一栏。

移动平均线快速上涨形走势演变示意图

	① 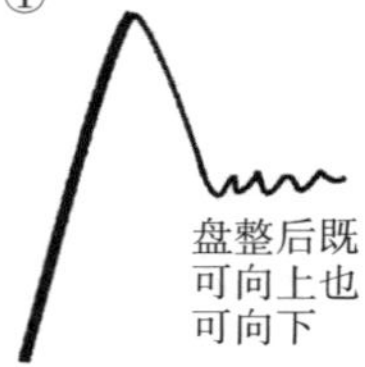	② 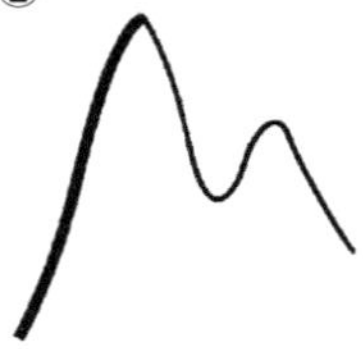	③ 	④ 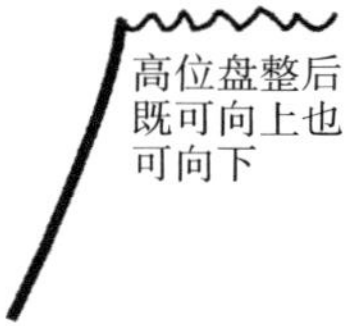	⑤ 
图形	盘整后既可向上也可向下			高位盘整后既可向上也可向下	
发生概率	出现次数最多	经常出现	出现次数不多	较少出现	偶尔出现
原因	市场一般规律作用的结果。	短线庄家所为，在任拉升一波行情就结束。	中线或长线庄家所为，在消化获利筹码后继续往上升。	庄家有心要把股价做上去，但能否做上去与大势、庄家实力和投资技巧有密切关系。	快速拉升后变成减速、匀速以及仅发生在有大资金整盘的超级强庄股上。
操作策略	(1) ①、②出现情况最多，约占整个均线快速上涨图形比例的70%-80%。因此，投资者见到均线出现快速上涨形，随时要作好出局的准备。一旦发现K线的见顶信号出现，如螺旋桨、吊颈线等要提高警惕。如看到5日均线向下拐头，尤其是5日均线与10日均线成死叉，即应果断停损离场。 (2) ③为短期见顶，经回调后再度上冲时，投资者可在它快速上冲时先退出，待回升突破前一高点，升势确立后再买进。			先退出观望，等股价有效突破后再跟进。	激进型投资者可适量参与，只要5日均线不向下拐头，不管涨幅多大，都可持股不放，但当5日线向下拐头时，无论输赢都要立即卖出规避风险。
备注	(1) 发生概率一栏中的"出现次数最多"、"经常出现"、"出现次数不多"、"较少出现"和"偶尔出现"，是根据沪深股市放开股价后的个股资料统计得出的。 (2) 图例中，"——"表示均线在快速移动，"——"表示均线以正常速度移动。				

图101

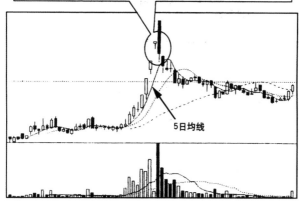

该股 5 日均线快速上涨,在高位出现"穿头破脚"K 线组合[注1]后,股价见顶回落,转入横向整理状态。

5日均线

图 102

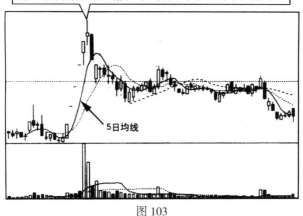

该股 5 日均线快速上涨,在高位拉出一根"螺旋桨"K 线[注2]后,股价见顶回落,一段时间下来,又几乎跌回原地。

5日均线

图 103

[注 1] 关于"穿头破脚"K 线组合的特征和技术含义,详见《股市操练大全》第一册(修订版)第 64 页 ~ 第 66 页。

[注 2] 关于"螺旋桨"K 线的特征和技术含义,详见《股市操练大全》第一册(修订版)第 45 页 ~ 第 46 页。

该股 5 日均线快速上涨，在高位出现一根"螺旋桨"K 线后，股价进行了长时间的盘整，是上是下方向不明。

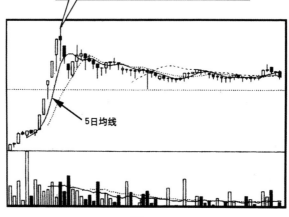

5日均线

图 104

该股 5 日均线快速上涨后，股价稍作回落，继续上升。不过，这样的情况很少出现，碰到的机会不多。

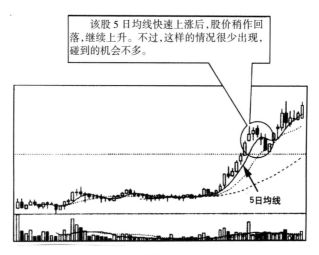

5日均线

图 105

股市操作经验漫谈之二十一

现在一些主力、庄家操盘手法十分凶悍,底部吸足筹码后,往上拉升时,常常采用高举高打,连续逼空的办法,迫使跟风者连连踏空,等这些跟风者真的能买进时,股价也开始见顶了。据我们调查,一些缺乏实战经验的投资者,最容易受到这些主力、庄家的伤害。其实,要不陷入主力、庄家的圈套并不难,因为主力、庄家再凶狠、狡猾也会露出马脚的。譬如,当一个股票均线处于快速上涨状态时,有经验的投资者就知道主力、庄家又在玩花招了。因此,无论当时舆论把该股吹得怎样天花乱坠,他们都不会动心,盲目地买进这些股票。即使他们当中有人看好该股的发展前景,也会避开该股疯狂拉升的势头,等该股拉升结束,经过充分调整,且往上突破,方向明朗时再买进。这样操作取胜的把握就大多了。

习题 22 指出图 106、图 107 中画圈处均线形态的名称、特征和技术含义,并说明投资者见此图形应如何操作?

参考答案 图 106、图 107 中画圈处的均线形态叫"快速下跌形"。其特征是:短期移动平均线(日 K 线图中,主要指 5 日移动平均线)由上升或盘整状态,突然快速向下,且坡度很陡(见图 108)。快速下跌形是一种看跌信号,日后走势以继续下跌为主(见图 109)。一般来说,无论大盘还是个股,均线出现快速下跌形,表明前期已积聚了相当大的下跌能量,短期趋势转弱或中期趋势转弱的可能性很大(见图 110、图 111)。当然,因为均线下跌的速率较快,中间也常会走出一波小幅反弹行情。投资者见此图形,在快速下跌的头两天可及时做空,但在连续几天大跌后,不宜马上出局,可等反弹后再停损离场(见图 112)。最后,这里要提醒投资者的是,有时在多头气氛极浓的强势市场或超级强庄股中,均线快速下跌后会引发"V 形"[注]反转走势（见图 113），不过，从沪深股市的历史资料统计来看，这种情况很少出现。因此，我们建议，普通投资者在无法对大势或个股是否处于超强势状态作出准确判断之前，不要抱侥幸心理，还是应该把均线出现快速下跌形后的回升当反弹行情来操作，先逢高减磅，等均线形态走好时再加入也不迟。

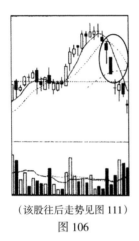

（该股往后走势见图 111）

图 106

（该股往后走势见图 112）

图 107

移动平均线快速下跌形示意图

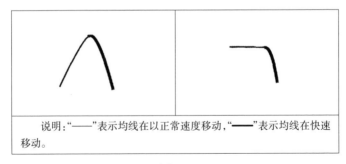

说明："——"表示均线在以正常速度移动，"——"表示均线在快速移动。

图 108

[注]　关于"V 形"走势的特征和技术含义，详见《股市操练大全》第一册（修订版）第257 页～第 259 页。

移动平均线快速下跌形走势演变示意图

	① 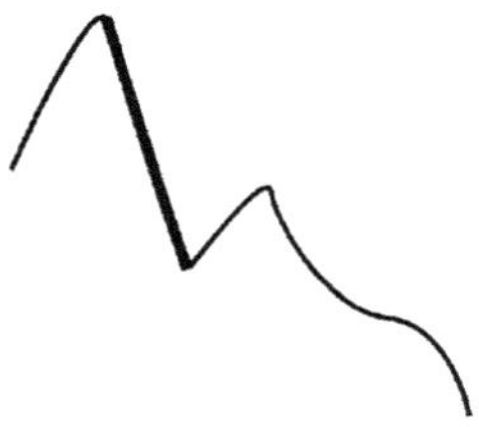	② 	③ 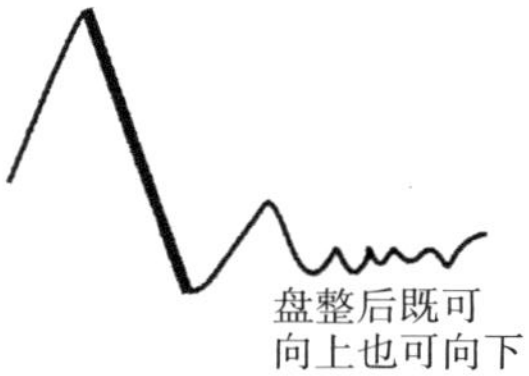	④ 
图形			盘整后既可向上也可向下	
发生概率	经常出现	出现较多	较少出现	很少出现
原因	市场一般规律作用的结果			主力绝对控盘的强庄股
操作策略	(1) 一般情况下，可根据图①进行操作，在快速下跌中操作。 (2) 在快速下跌后，迟迟不见反弹，均线转入慢跌状态，此时投资者可根据图②进行操作，在均线由快跌转为慢跌的初始阶段停损离场。 (3) 只有在了解该股是主力控盘的超级强庄股之后，方可在其快速下跌时，采取持股待涨的策略。			
备注	(1) 发生概率一栏中说的"经常出现"、"出现较多"、"较少出现"和"很少出现"，是根据沪深股市放开股价后的个股资料统计得出的。 (2) 图例中，"——"表示均线在正常速度移动，"——"表示均线在快速移动。			

图 109

87

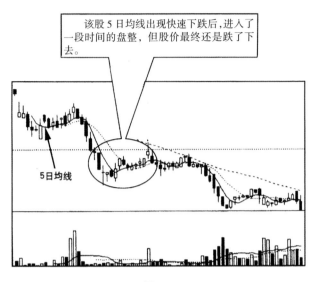

该股5日均线出现快速下跌后,进入了一段时间的盘整,但股价最终还是跌了下去。

5日均线

图 110

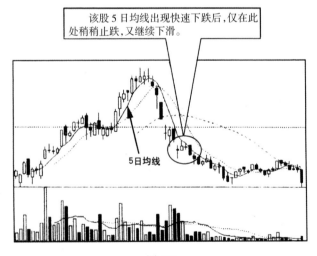

该股5日均线出现快速下跌后,仅在此处稍稍止跌,又继续下滑。

5日均线

图 111

该股 5 日均线快速下跌后，出现过一轮小幅反弹，但反弹很快就夭折，随后进入了横向整理状态。

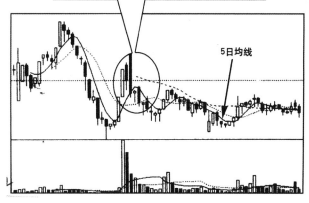

5 日均线

图 112

反弹变成反转，该股均线快速下跌后，形成了 V 形走势。这种情况很少出现，一般只发生在主力绝对控盘的强庄股上。

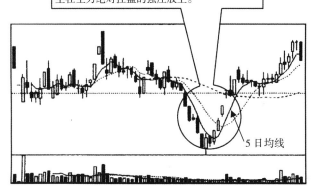

5 日均线

图 113

十二、烘云托月形与乌云密布形的识别和运用

习题 23　指出图 114 中画圈处均线形态的名称、特征和技术含义,并说明投资者见此图形应如何操作?

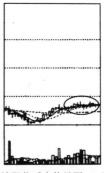

(该股往后走势见图 116)

图 114

参考答案　图 114 中画圈处的均线形态叫"烘云托月形"。其特

征是：股价沿着短期、中期均线（日 K 线图中，主要指 5 日、10 日均线）略向上往前移动，长期均线（日 K 线图中，主要指 30 日均线）在下方与它们始终保持着一定距离。该图形看上去，长期均线犹如一个大托盘托着短期、中期均线和股价往前飘浮，仿佛为"烘云托月"，故得此名（见图 115）。在技术上，均线出现烘云托月形，表明多方蓄势待发，为买进信号。它常常暗示有主力在悄悄建仓，一旦主力建仓完毕，股价就会往上拉升（见图 116）。一般来说，烘云托月形维持的时间越长，日后上涨的空间就越大。因此，投资者见此图形，可积极作好做多的准备，原来已买进股票的，应继续持股，原来空仓的，可在均线系统

移动平均线烘云托月形示意图

基本图形	变化图形
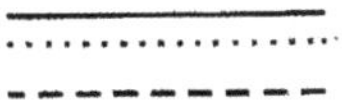	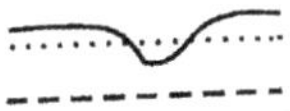

说明：①短期移动平均线用"——"表示，中期移动平均线用"……"表示，长期移动平均线用"---"表示。
②上面 2 根横线紧贴在一起，与下面 1 根横线保持一定距离。

图 115

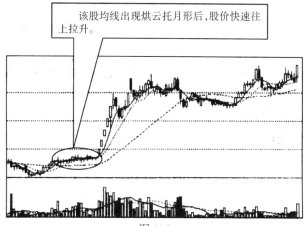

该股均线出现烘云托月形后，股价快速往上拉升。

图 116

向上发散时买进。

　　习题 24　指出图 117、图 118 中画圈处的均线形态的名称、特征和技术含义,并说明投资者见此图形应如何操作?

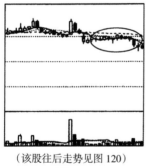

（该股往后走势见图 120）

图 117

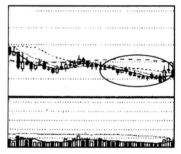

（该股往后走势见图 121）

图 118

　　参考答案　图 117、图 118 中画圈处的均线形态叫"乌云密布形"。其特征是:股价沿着短期、中期均线(日K线图中,主要指 5 日、10 日均线)略向下往前移动,长期均线(日K线图中,主要指 20 日、30 日均线)紧紧压着股价,不让它抬头(偶尔抬头也很快给打了下去)。从图形上看,这 20 日、30 日均线像一层层乌云罩在股价上方,故名为乌云密布形(见图 119)。从技术上说,均线出现乌云密布形,

移动平均线乌云密布形示意图

基本图形	变化图形

说明:短期移动平均线用"——"表示,中期移动平均线用"……"表示,长期移动平均线用"---"表示。

图 119

该股均线在形成乌云密布形走势后,股价终于支撑不住,出现了暴跌。

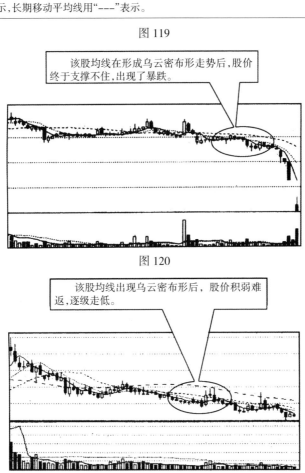

图 120

该股均线出现乌云密布形后,股价积弱难返,逐级走低。

图 121

表明股价走势很弱,是一种典型的卖出信号。因此,投资者见此图形,如有该股的应尽早出局观望;如无该股的,千万不要因其股价便宜而轻易买进,以免遭受长期套牢之苦(见图120、图121)。

股市操作经验漫谈之二十四

在股市中,均线出现乌云密布形的个股并不多。但一旦出现,你就要注意它,尤其是在周 K 线、月 K 线走势图中出现这种图形,则更要引起高度警惕,要想到该股可能会长期处于弱势。投资者对这类股票最好不要碰,因为一旦被它粘住,就很难脱身。当然我们并不排斥这些股票当中的少数个股会在某种因素的作用下,突然冲破均线的压制往上攀升。但这样的机会实在太少。因此,我们建议中小投资者在见到均线出现乌云密布形时,要记住中国人的一句老话:惹不起,躲得起,躲得远远的为好。

十三、蛟龙出海与断头铡刀的识别和运用

习题 25　图 122 中箭头 A 所指的 1 根长阳线,一连向上穿过 3

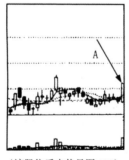

(该股往后走势见图 125)

图 122

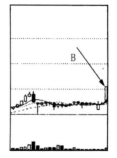

(该股往后走势见图 126)

图 123

根均线;图 123 中箭头 B 指的 1 根长阳线,一下子把几根均线都踩在脚下。请问:这 2 根长阳线在均线分析中叫什么名称? 它的特征和技术含义是什么? 投资者见此图形应如何操作?

参考答案 图 122 箭头 A 和图 123 箭头 B 所指的长阳线,在均线分析中叫"**蛟龙出海**",意即它像一条久卧海中的长龙,一下子冲天而起。其特征是:阳线实体较长,往上突破时,一下子把短期、中期、长期几根均线全部吞没[注],大有一种过五关、斩六将的气势(见图 124)。

蛟龙出海示意图

基本图形	变化图形
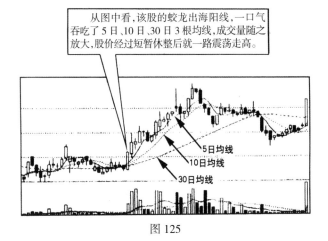	
说明:短期移动平均线用"——"表示,中期移动平均线用"……"表示,长期移动平均线用"---"表示。	

图 124

从图中看,该股的蛟龙出海阳线,一口气吞吃了 5 日、10 日、30 日 3 根均线,成交量随之放大,股价经过短暂休整后就一路震荡走高。

5日均线
10日均线
30日均线

图 125

[注] 日 K 线走势图中,蛟龙出海吞吃的短期、中期、长期均线,一般指 5 日、10 日、30 日均线;周 K 线走势图中,蛟龙出海吞吃的短期、中期、长期均线,一般指 5 周、10 周、30 周均线。

蛟龙出海是典型的上升信号,如成交量也随之放大,说明前期主力已吸足筹码,现在要大刀阔斧地往上拉抬了(见图 125、图 126)。这时持币的投资者应果断地先买进一批筹码,跟着主力做多,如日后股价重心往上移动,可再加码追进。持筹的投资者此时不宜再盲目看空,去搞什么逢高减磅,因为,在此情况下轻易抛出筹码,一般很难在更低的价位上把它捡回来。

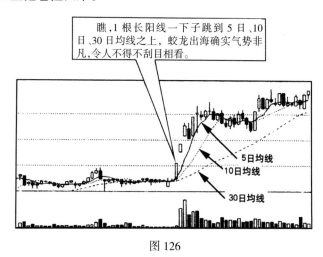

瞧,1 根长阳线一下子跳到 5 日、10日、30 日均线之上,蛟龙出海确实气势非凡,令人不得不刮目相看。

5 日均线
10 日均线
30 日均线

图 126

股市操作经验漫谈之二十五

中国有一句古语:"山不在高,有仙则名;水不在深,有龙则灵。"当平时波澜不兴的股海突然跃出一条蛟龙时,则往往预示着一轮行情的兴起,尽管其中有曲折,但在多数情况下,它是朝上走的。此时,前期被深套的投资者,最容易犯的错误就是在行情刚刚兴起时,随着股价上下震荡,随便将筹码抛掉了,当初他们可能觉得没有什么,但事后肯定要懊悔。因此,已经深套的投资者,看到蛟龙出海时,一定要认清方向,除非股价连续飚升,或者市场上有什么意外情况发生,致使上升趋势发生逆转,一般情况下不要轻易把手中筹码卖掉。耐心持股可能是一种最好的选择。

习题26 图127个股前段时间一直在走上升通道,某天突然拉出了一根长阴线(见图中箭头A所指处)。证券班张老师说这是断头铡刀,对多方来说是一种危险信号。请问:什么是断头铡刀?为什么看到断头铡刀投资者应退出为佳?

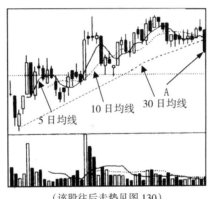

5日均线
10日均线
30日均线
A

(该股往后走势见图130)

图127

断头铡刀示意图

基本图形	变化图形
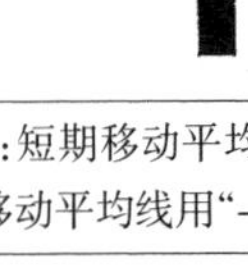	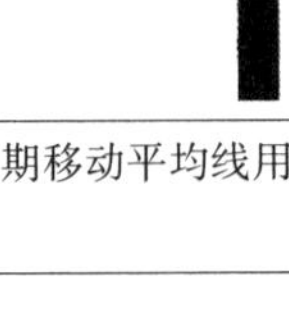

说明:短期移动平均线用"——"表示,中期移动平均线用"……"表示,长期移动平均线用"- - -"表示。

图128

97

参考答案 看过包青天戏的人都知道，铁面无私的包大人在公堂上放着三把铡刀，分别是龙头铡、虎头铡和狗头铡，无论是皇亲国戚、贪官污吏还是刁民，犯了死罪就要问斩，铡刀之下再硬的脖子也无法抵挡，可见其威力之大。股市上人们想象力是非常丰富的，也不知何时何地何人，将一根阴线跌破 5 日、10 日、30 日，甚至更多均线的现象称为"断头铡刀"（见图 128）。后来，这个生动形象的比喻一传

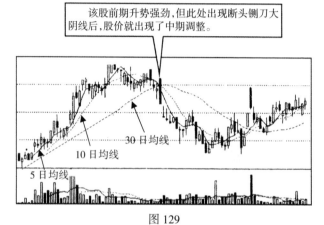

图 129

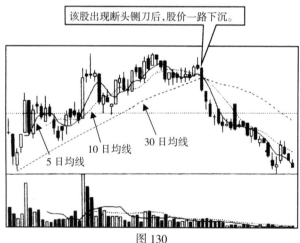

图 130

十、十传百,广泛流传,现在它已被市场高度认可。在技术上,"断头铡刀"是典型的做空信号。一般来说,大盘或个股在上升及盘整期间,只要出现"断头铡刀"的图形,继续下跌的可能性就很大(见图129)。有时,它会引发一轮大的跌势,对多方造成很大的伤害(见图130)。因此投资者遇到这种"断头铡刀"一定要引起高度警惕。做短线的要立即减仓,甚至全部抛空离场;中长线投资者可以先进行一些减磅操作,并密切注意60日均线、120日均线的变化,如果60日均线、120日均线也走坏,此时应果断停损离场。

股市操作经验漫谈之二十六

　　人们常说,做股票最重要的是要学会防范风险。那么,如何来防范股市风险呢?最简单、最实用的方法就是要学会看技术图形,因为股市上很多风险都可从走势图上反映出来。具体来说,投资者对走势图上的风险信号,第一要能识别,第二在信号出现后行动要快,该卖出时马上卖出,只有做到这两点才算合格。譬如,当你看到K线图上的1根阴线一下子吞吃几根均线,这时你就要想到这是1根"断头铡刀"线,是一个强烈的卖出信号,其日后下跌的概率≥80%。"断头铡刀"如出现在涨势中或高位横盘时,常常预示着股价已到了一个顶部或阶段性顶部,一旦形成跌势,杀伤力就非同一般。因此,投资者见此图形,应及时抛空离场,以此来回避风险。

第四节　移动平均线操作难题分解练习

一、真假黄金交叉与真假死亡交叉的识别和练习

　　习题27　最近,小王操盘频频出错,同室的几个股友问他是怎

么回事,他指了指图 131 中的个股对股友说:"近来我的运气太差,也不知怎么搞的,明明是均线出现了黄金交叉,我买进后股价就掉头向下,明明是均线出现了死亡交叉,我卖出后股价就掉头向上"。对此,他感到百思不解。请问:为什么会出现这种情况?你能帮助小王分析一下他在操作上存在什么问题吗?

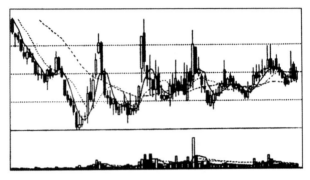

(该股走势分析见图 140)

图 131

参考答案 在本书前面的习题中我们已经分析过,均线出现黄金交叉(以下简称金叉),是买进信号,均线出现死亡交叉(以下简称死叉)是卖出信号。那么,为什么小王按此方法操作却屡屡失误呢?其原因是:金叉或以金叉买进,死叉或以死叉卖出,都是有条件的。小王疏忽了这些条件或者还根本不知道有这样的使用条件,在操作上自然会发生差错。那么,如何避免犯小王这样的错误,构成金叉和死叉的条件又是什么呢? 一般来说,形成金叉的条件是:快速移动平均线和慢速移动平均线[注]出现交叉之前和交叉时,两根均线要同时向上倾斜,如果只有快速移动平均线向上倾斜而慢速移动平均线走平,甚至向下倾斜, 这只能说快速移动平均线和慢速移动平均线出现了交叉,并不是什么金叉(见图 132)。反之,形成死叉的条件是:快速移动

[注] 快速移动平均线是指时间短的一根均线,慢速移动平均线是指时间长的一根均线。

平均线和慢速移动平均线出现交叉时,两根均线要同时向下倾斜,否则,只能看成它们之间出现了交叉,而不是什么死叉(见图133)。第二,即使均线出现了金叉,也不一定就可买进(见图134、图135)。如在一个短期均线组合中,最长的一根均线,如30日均线在向下走,而时间较短的两根均线,如5日、10日均线出现金叉,原则上中长线投资者要保持空头思维,持币观望,而做短线的也只能在时间较短的两根均线出现金叉时适量买些股票,抢一个反弹。为什么操作上有这样的要求呢?因为在短期均线组合中,30日均线往下运行,那么5日、10日均线金叉所提供的买进信号就很不可靠,股价随时会在30日均线向下运行的压制下,重新掉头下行(见图138)。反之,即使均线出现死叉,也不一定就可卖出(见图136、图、137)。如在一个短期均线组合中,最长的一根均线,如30日均线在向上走,而时间较短的两根均线出现死叉,原则上中长线投资者应保持多头思维,持股观望,而做短线的也只能在时间较短的两根均线出现死叉时,适量卖掉些股票,做一个短差。其原因也是股价随时会在30日均线向上运行的支撑下,重新掉头上行(见图139)。第三,当股价处于盘整状态时,无论是均线出现金叉,还是均线出现死叉都存在失真现象。此时投资者就应该放弃"均线出现金叉买进"、"均线出现死叉卖出"的操作方法,而另

移动平均线黄金交叉与普通交叉区别示意图

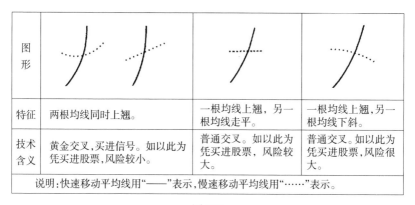

图形			
特征	两根均线同时上翘。	一根均线上翘,另一根均线走平。	一根均线上翘,另一根均线下斜。
技术含义	黄金交叉,买进信号。如以此为凭买进股票,风险较小。	普通交叉。如以此为凭买进股票,风险较大。	普通交叉。如以此为凭买进股票,风险很大。
说明:快速移动平均线用"——"表示,慢速移动平均线用"……"表示。			

图132

找其他方法代替。当我们知道辨别真假金叉和真假死叉的这些窍门后,就会知道小王的操作失误究竟在哪里。这里也不需要再作什么解

移动平均线死亡交叉与普通交叉区别示意图

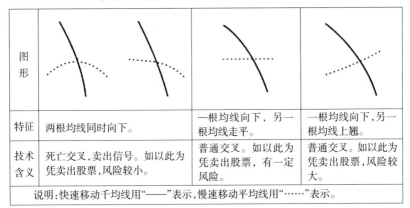

图形			
特征	两根均线同时向下。	一根均线向下,另一根均线走平。	一根均线向下,另一根均线上翘。
技术含义	死亡交叉,卖出信号。如以此为凭卖出股票,风险较小。	普通交叉。如以此为凭卖出股票,有一定风险。	普通交叉。如以此为凭卖出股票,风险较大。
说明:快速移动千均线用"——"表示,慢速移动平均线用"……"表示。			

图 133

移动平均线黄金交叉可靠信鉴别示意图(一)

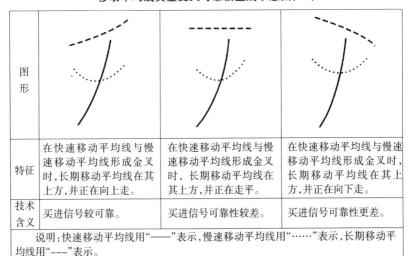

图形			
特征	在快速移动平均线与慢速移动平均线形成金叉时,长期移动平均线在其上方,并正在向上走。	在快速移动平均线与慢速移动平均线形成金叉时,长期移动平均线在其上方,并正在走平。	在快速移动平均线与慢速移动平均线形成金叉时,长期移动平均线在其上方,并正在向下走。
技术含义	买进信号较可靠。	买进信号可靠性较差。	买进信号可靠性更差。
说明:快速移动平均线用"——"表示,慢速移动平均线用"……"表示,长期移动平均线用"- - -"表示。			

图 134

移动平均线黄金交叉可靠信鉴别示意图(二)

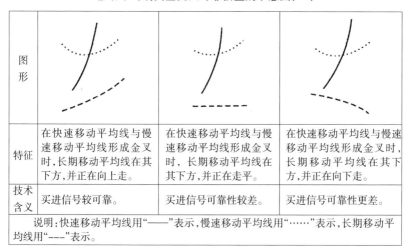

图形			
特征	在快速移动平均线与慢速移动平均线形成金叉时,长期移动平均线在其下方,并正在向上走。	在快速移动平均线与慢速移动平均线形成金叉时,长期移动平均线在其下方,并正在走平。	在快速移动平均线与慢速移动平均线形成金叉时,长期移动平均线在其下方,并正在向下走。
技术含义	买进信号较可靠。	买进信号可靠性较差。	买进信号可靠性更差。
说明:快速移动平均线用"——"表示,慢速移动平均线用"……"表示,长期移动平均线用"---"表示。			

图 135

移动平均线死亡交叉可靠信鉴别示意图(一)

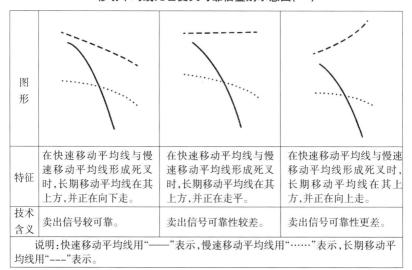

图形			
特征	在快速移动平均线与慢速移动平均线形成死叉时,长期移动平均线在其上方,并正在向下走。	在快速移动平均线与慢速移动平均线形成死叉时,长期移动平均线在其上方,并正在走平。	在快速移动平均线与慢速移动平均线形成死叉时,长期移动平均线在其上方,并正在向上走。
技术含义	卖出信号较可靠。	卖出信号可靠性较差。	卖出信号可靠性更差。
说明:快速移动平均线用"——"表示,慢速移动平均线用"……"表示,长期移动平均线用"---"表示。			

图 136

释,读者已完全可以对此作出一个准确的分析(见图 140)。

移动平均线死亡交叉可靠信鉴别示意图(二)

图形	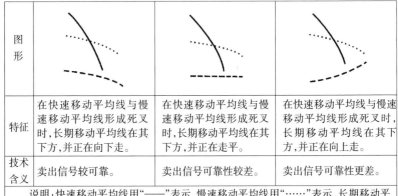		
特征	在快速移动平均线与慢速移动平均线形成死叉时,长期移动平均线在其下方,并正在向下走。	在快速移动平均线与慢速移动平均线形成死叉时,长期移动平均线在其下方,并正在走平。	在快速移动平均线与慢速移动平均线形成死叉时,长期移动平均线在其下方,并正在向上走。
技术含义	卖出信号较可靠。	卖出信号可靠性较差。	卖出信号可靠性更差。
说明:快速移动平均线用"——"表示,慢速移动平均线用"……"表示,长期移动平均线用"---"表示。			

图 137

> 该股 5 日均线与 10 日均线在这里出现了金叉,但由于 30 日均线在往下走,5 日、10 日均线金叉仅让投资者空欢喜一场,股价在 30 日均线压制下,仍继续下滑。

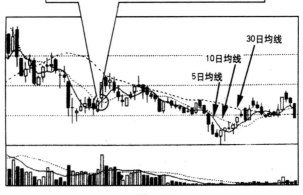

图 138

该股 5 日均线与 10 日均线在这里出现了死叉,但由于 30 日均线在往上走,因此,5 日、10 日均线死叉仅让投资者虚惊一场而已,股价在 30 日均线支持下,仍一路上行。

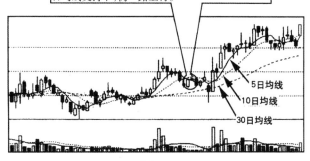

5日均线

10日均线

30日均线

图 139

虽然这里 5 和 10 日均线出现了"金叉",但最上面的一根 30 日均线呈明显向下状态,因此,这种"金叉"发出的买进信号,骗线可能性极大,股价略作反弹即重归跌势。投资者如稍不留神,或动作慢了一点,买进即套也就不足为怪了。

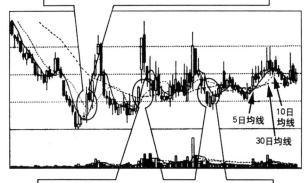

5日均线

10日
均线

30日均线

该股在窄小范围里进行波动,均线"金叉"、"死叉"的信号都处于失真状态,如以"金叉"买进,"死叉"卖出,就要犯很大错误。

图 140

股市操作经验漫谈之二十七

　　要认识一样事物而不进行深入研究是无法知道它的奥秘的。学习股市技术分析也是如此。例如,金叉买进,死叉卖出,看似简单,其实不然。有的人只知均线金叉必须是快速平均线上穿慢速平均线,但未必知道这里面有很多仅是普通交叉,并非是真正意义上的黄金交叉;有的人只知死叉必须是快速平均线下穿慢速平均线,但未必知道这里面有很多也仅是普通交叉,而并非真正意义上的死亡交叉。正因为相当一部分投资者对移动平均线黄金交叉和死亡交叉的认识处在一种朦朦胧胧状态,只知其一,不知其二,所以操作起来频频失手。

　　有鉴于此,我们在运用均线金叉和均线死叉这种技术分析手段时,一定要对它们各自的特点、使用条件,有一个全面、正确的理解。这样操作起来,才能减少失误,发挥出它们应有的作用。

二、黄金交叉买进信号强弱的识别和练习

　　习题 28　一天素有稳健型高手之称的毛女士,在观察图 141、图

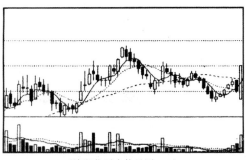

(该股往后走势见图 144)

图 141

106

142 中的个股走势后,决定买进图 141 中的个股。同室的股友问她为什么这样做? 她指着图 141、图 142 对大家说:"虽然图中这两个股票都在调整后再次向上,但从它们几根均线交叉情况来看,图 141 中的个股走势比图 142 中的个股走势要强。"后来的事实证明,毛女士的观点是正确的。请问:毛女士是如何从均线交叉中看出这两个股票走势强弱的?

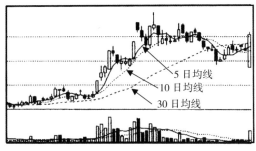

（该股往后走势见图 145）

图 142

参考答案 从表面上看,图 141、图 142 中的个股是在第一轮升势调整结束后,开始第二轮向上攻击的,并且都拉出了一根蛟龙出海的大阳线。按理说稳健型投资者在这个当口买进它们是不成问题的,但如仔细观察这两个股票几条均线交叉时的走势, 就会觉得图 141

移动平均线黄金交叉力度强弱对比示意图

图形				
力度强弱	很 强	较 强	较 弱	最 弱
买进信号	可 靠	较可靠	不可靠	最不可靠
操作策略	买 进	适量买进	少量买进或观望	观 望

图 143

中的个股比图 142 中的个股走势要强。为什么这样说呢？因为图 142
个股中的 5 日均线上穿 10 日均线时，是以一种比较平坦的形式出现
的。而图 141 个股中的 5 日均线上穿 10 日均线时角度较陡。一般来
说，在同样条件下，两线相交出现金叉时，其上升力度与两条均线相
交角度大小成正比。相交时角度越大，上升力度也就越强（见图

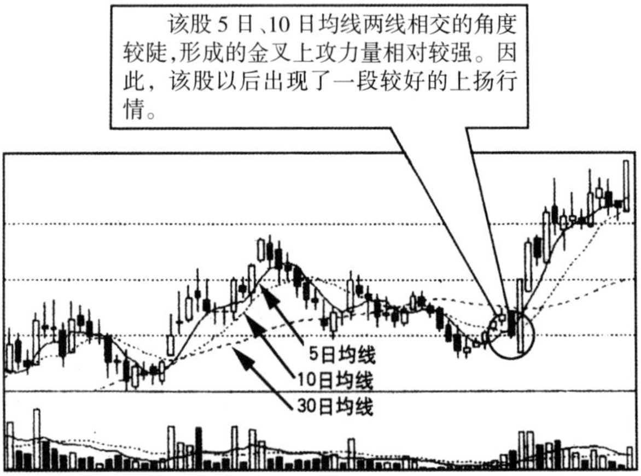

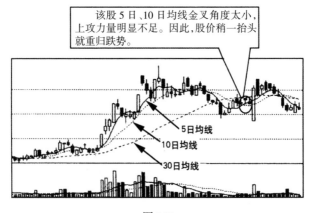

该股 5 日、10 日均线两线相交的角度
较陡，形成的金叉上攻力量相对较强。因
此，该股以后出现了一段较好的上扬行
情。

5日均线
10日均线
30日均线

图 144

该股 5 日、10 日均线金叉角度太小，
上攻力量明显不足。因此，股价稍一抬头
就重归跌势。

5日均线
10日均线
30日均线

图 145

143）。毛女士正是根据这一技术原理,选中均线金叉角度较陡的个股建仓（见图 144）,从而避免因买进不当而带来的风险（见图 145、图 146）。

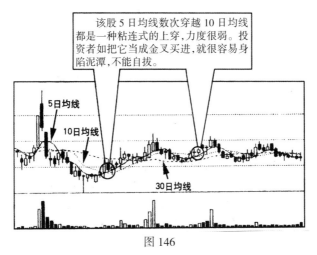

该股 5 日均线数次穿越 10 日均线都是一种粘连式的上穿,力度很弱。投资者如把它当成金叉买进,就很容易身陷泥潭,不能自拔。

5日均线
10日均线
30日均线

图 146

股市操作经验漫谈之二十八

据说,在同样环境下买股票,女人赢钱的机会要比男人多。为什么呢?有人把它归结为女人眼明心细,这个说法虽不能令人心悦诚服,但细想起来也有些道理。譬如,女人上街买东西,不走几家商店,不东挑西拣,反复比较,是不会轻易把东西买下的。而大多数男人就做不到,大大咧咧,东西买了就走。因此,上街买东西,女人绝对比男人棋高一着。我们在想,如果投资者买股票也像女人上街买东西那样仔细,赢钱的机会就会大得多。例如,当某股均线出现黄金交叉时,先不忙买进,眼明心细地观察均线相交时的角度变化。若上穿的角度较陡,显示买进信号准确率较高;反之,平坦型、粘连式的上穿,其力度往往较弱。对这种上穿力度较弱、形态不明显的黄金交叉,要耐心地观察几天,并根据价量关系变化再作决策。若价升量增,再考虑买进;若价升量减、价跌量增或价量关系无明显变化,几根均线仍呈粘连状态,则应继续观察,决不可贸然建仓。如此等等,男人做股票时把女人上街买东西那几招都用上了,真的在股市上和女人比起高低来,也就不会输给女人了。

三、多头陷阱和空头陷阱的识别和练习

习题29 从图147走势看,股价经过一段时间调整后,又开始重拾升势,现在5日均线已和10日均线产生金叉,股价也站在10日均线之上。请问:现在投资者是否应该继续做多,为什么?

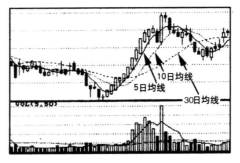

(该股往后走势见图149)

图 147

参考答案 不宜盲目做多。因为从图147整个均线走势看,主力很可能在这个区域营造一个"多头陷阱"。那么,什么是多头陷阱呢?说白了就是主力在某个区域设下一个圈套,引诱投资者做多,然后把做多的投资者一网打尽。从技术上说,多头陷阱有以下几个主要特征:①股价前期已有较大升幅,均线系统出现了明显的头部,短

110

期、中期、长期均线(日 K 线图中,主要指 5 日、10 日、20 日或 30 日均线)出现死叉;②股价下跌幅度不大即开始回升,均线系统虽得到局部修复,但均线系统整体向下的趋势无实质性改变(见图 148);

移动平均线多头陷阱示意图

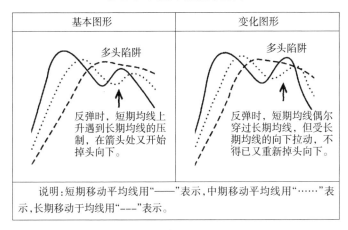

图 148

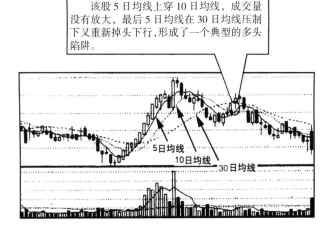

图 149

③股价回升时成交量出现萎缩。当我们了解多头陷阱的特征后,再回过头来看图 147 的走势,就知道应该是做多还是做空了。为什么这样说呢? 因为该股自 5 日、10 日、30 日均线形成死叉后, 即开始

该股头部出现后不久, 即出现了一轮反弹, 但 5 日均线始终没有突破 30 日均线,并且反弹时成交量也没有放大, 多头陷阱的特征表现得十分明显。谁买进,谁吃套也就不足为怪了。

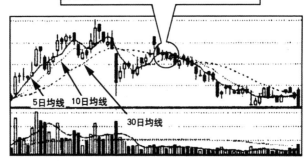

图 150

该股形成头部后不久, 即出现了一轮反弹走势,5 日均线一度冲过 30 日均线,但反弹时量能萎缩, 均线系统整体向下的趋势无实质性改变。投资者对这种变异的多头陷阱要当心, 否则很容易落入庄家设置的圈套中。

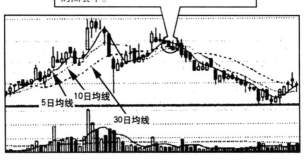

图 151

112

"筑底反弹",但下跌幅度并不大;反弹时成交量与前期上攻时的成交量相比出现了大幅萎缩;在股价回升时,5日均线上穿10日均线,构成"金叉",但30日均线还在弯头向下,整个均线系统的下降趋势没有实质性改变。因此根据该股当时的均线态势,我们可以推断,该股这次"见底回升",是主力故意为市场做多者设下的一个圈套,对此投资者必须提高警惕,持筹者应趁早离场为妙,持币者要坚持空仓观望(见图149)。另外,再请大家看两个类似的案例(见图150、图151)。

股市操作经验漫谈之二十九

　　无论是大盘或个股,在一轮行情刚结束时,均线系统常常会出现多头陷阱。为什么会有这样的现象发生呢?因为庄家的货还没发完。他们需要制造做多的假象,把投资者诱骗进来,然后逃之夭夭,实现他们胜利大逃亡的目的。一些投资者因耐不住寂寞,既不熟悉庄家的操盘手法,又不了解均线多头陷阱的特征,盲目买进,结果很容易在高位套牢。这样的例子在沪深股市中比比皆是,教训十分深刻,我们一定要引以为戒,那么,如何才能不陷入庄家设置的多头陷阱呢?这里教大家一个方法:对升幅已经很大,下跌时有效击破20日或30日均线的个股,在其"见底回升"时,要多留个心眼,先不要去碰它,看看其股价能否再创新高,如果日后股价不能创新高,或创新高时没有得到成交量的支持,就不宜盲目做多,以免被套牢。

　　习题30　图152显示该股在前期大幅下跌后,出现了一轮反弹行情。但这几日,5日均线和10日均线形成了死叉,且股价已连续几天收在5日均线之下。请问:现在投资者是否应该做空,为什么?

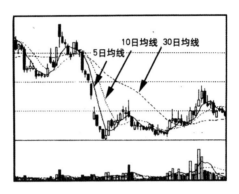

（该股往后走势见图 154）

图 152

参考答案 不宜盲目做空。因为从图 152 整个均线走势看,主力很可能在这个区域营造一个"空头陷阱"。那么,什么是空头陷阱呢?说白了就是主力在某个区域设下一个圈套,引诱投资者做空,最后让做空的投资者休想在更低的价位把筹码补回来。从技术上看,均线空头陷阱有如下几个特征:①股价前期出现过大幅下跌;②近期均线形态开始向好,上升趋势已经初露端倪,但均线系统在修复过程中局部又遭到破坏(见图 153);③上升时成交量放大,下跌时成交量缩小。当我们了解均线空头陷阱的特征后, 再回过头来看图 152目前均线状况, 就会发现该股近几天虽然 5 日、10 日均线出现了死叉,股价连续几天收在 5 日均线下方,但均线拐头的低点比原来低点要高,30 日均线还在支撑股价往上走,且上涨时放量,下跌时缩量。种种现象表明:到目前为止,该股经过前期大幅下跌,空方能量得到充分释放后,做多的力量开始慢慢积聚,均线系统得到修复之后,重新向好的趋势并没有什么实质性的改变。在这种情况下怎么能随意做空呢? 虽然现在股价走势疲弱,但使人不得不怀疑这是主力故意制造的一个空头陷阱。根据以上的分析判断,我们认为现在最好的办法是:持股者可持股不动,持币者则可密切观察均线的变化,如果日后几天 5 日、10 日均线仍旧沿着 30 日均线往上走,就可大胆买进(见图 154)。另外再请大家看两个类似的案例(见图 155、图 156)。

移动平均线空头陷阱示意图

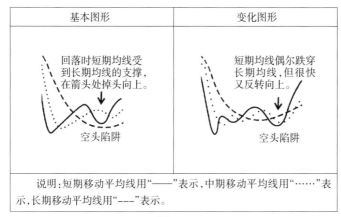

基本图形	变化图形
回落时短期均线受到长期均线的支撑,在箭头处掉头向上。 空头陷阱	短期均线偶尔跌穿长期均线,但很快又反转向上。 空头陷阱

说明:短期移动平均线用"——"表示,中期移动平均线用"……"表示,长期移动平均线用"---"表示。

图 153

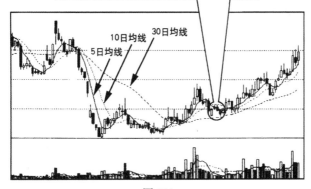

该股上升时成交量放大,5 日、10 日均线出现死叉时,成交量大幅萎缩,且 5 日均线明显地受到 30 日均线的支撑,整个均线系统的上行趋势并没有改变,这是一个比较典型的空头陷阱。

10日均线　30日均线
5日均线

图 154

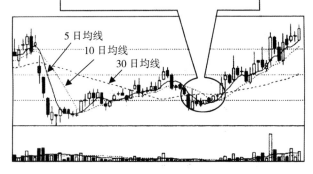

该股见底回升后不久,均线系统就出现了一个"死亡谷",但对投资者来说仅是虚惊一场,空头陷阱只维持了一二个星期,均线系统又开始往上发散,股价继续上行。

5日均线

10日均线

30日均线

图 155

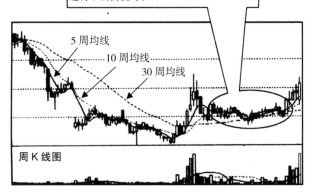

这是某股的周K线走势图。从图中可看出,主力往上做时,先对该股刻意打压,设置了一个空头陷阱。瞧,主力在这个区域进行了震荡洗筹。

5周均线

10周均线

30周均线

周K线图

图 156

四、移动平均线高位转势信号的识别和练习

　　习题 31　图 157、图 158 中两个股票,近两天连续下跌。甲认为它们已跌破 5 日均线,跌势已形成,投资者应及早停损离场;乙认为这两个股票虽然跌破了 5 日均线,但仍受 10 日均线支撑,成交量又

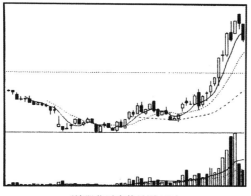

（该股往后走势见图 161）

图 157

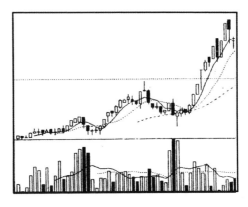

（该股往后走势见图 162）

图 158

不大，属正常回调，后市仍可看好。请问甲、乙两人谁的意见正确？投资者究竟应该如何操作？

参考答案 我认为甲的意见正确。为什么这样说呢？因为，从图形上看这两个股票前期连续上攻升幅较大，都是强势股。既然是强势股，那么就要按强势股方法操作。一般来说，强势股上涨大致有两种形态：一是基本上沿着 5 日均线往上爬升；二是沿着 10 日或 20 日、30 日均线往上爬升。根据沪深股市实战经验，原来沿着 5 日均线上升的股票，大幅上涨后又跌破 5 日均线，或原来沿着 10 日、20 日、30 日均线上升的股票，大幅上涨后，又跌破 10 日、20 日、30 日均线的股票，后市大都不妙（见图 159、图 160）。下跌和再次上涨的比例为 3：1，而且这类强势股下跌并不一定要放量[注]。可见，强势股大幅上涨后，突然跌破支持它上升的均线，就是一个典型的做空信号。投资者对此一定要高度警惕。当我们明白这个道理后，再来看图 157、图 158 中的个股走势，就会发现这两个强势股前期都沿着 5 日均线在往上

[注] 下跌时不放量，是因为庄家在前期股价拉升时，边拉边撤，已经抛掉了很多筹码，等到下跌时，庄家手中的筹码已为数不多了。庄家留着这些筹码，主要也是为了砸盘时用。在下跌趋势形成后，用少量筹码就能把股价砸得很深，所以造成了下跌时成交量不大或无量下跌的现象。

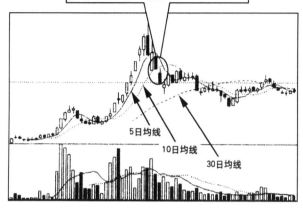

该股沿着 5 日均线持续上升,强势特征十分明显,但跌破 5 日均线后行情就发生了逆转,股价开始转弱。

5日均线

10日均线

30日均线

图 159

该股沿着 10 日均线上升,数次跌破 5 日均线都有惊无险,但跌破 10 日均线后就一路向下滑落。

5日均线

10日均线

30日均线

图 160

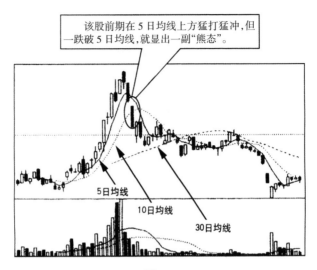

该股前期在 5 日均线上方猛打猛冲,但一跌破 5 日均线,就显出一副"熊态"。

5日均线

10日均线

30日均线

图 161

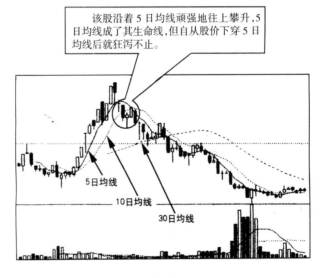

该股沿着 5 日均线顽强地往上攀升,5 日均线成了其生命线,但自从股价下穿 5 日均线后就狂泻不止。

5日均线

10日均线

30日均线

图 162

120

攀升,涨幅较大,近两天下跌时跌破了 5 日均线,这自然不是一个好兆头。尽管现在我们尚不能肯定这两个股票跌势已成,但是,作为一个理性投资者不能再盲目乐观,千万不要把它们跌破 5 日均线仅仅看成是短期回调,而要意识到图 157、图 158 中的两个股票的局势已十分严峻,继续下跌可能性很大,此时应该及时调整投资策略,改做多为做空。具体可这样操作:先卖出 2／3 筹码,如果股价 3 天内不能重返 5 日均线,或者股价跌破了 10 日均线,到那时就不能再举棋不定了,而要下决心全部抛空离场(见图 161、图 162)。

股市操作经验漫谈之三十一

一些投资者追逐强势股时得心应手,而在卖出强势股时常常出错,或是卖早了,错失了一段行情;或是卖晚了,又给套住了。为什么这些投资者操作时会频频出错呢?其中一个重要原因,就是对强势股的特性不了解,不懂得止损点究竟应设在何处?海内外一些投资大师经过对均线深入研究后发现,原来沿着某条均线上升的股票,当股价涨幅较大时,跌破该均线就是一个转势信号。例如,一些沿着 10 日均线上升的强势股,跌破 5 日均线可不必理会,只要受到 10 日均线支撑,仍可上涨;而一些沿着 5 日均线上升的强势股,跌破 5 日均线形势就变得严峻了。可见,对于不同的强势股,要采取不同的卖出策略,这点投资者在进行股票买卖时,一定要多加研究和注意。

习题 32 图 163 中的个股在连续上攻后出现了回调,但总体调幅不深,近几天股价在 10 日均线下方企稳,并出现了"两红夹一黑"的 K 线组合(见图中画圈处)[注],股价开始小幅上扬。有人认为该股强

[注] 关于"两红夹一黑"K 线组合的特征和技术含义,详见《股市操练大全》第一册(修订版)第 105 页、第 106 页。

势特征依旧,应该继续做多,也有人认为该股已从强势转为弱势,应该做空。请问:如果你见到这个图形,你认为应该是做多还是做空,为什么?

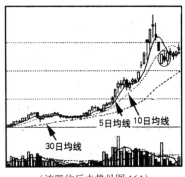

（该股往后走势见图164）

图 163

参考答案　应该做空。因为该股 5 日、10 日均线在高位发生了死叉。一般来说,当一个股票在连续不停上攻情况下,突然出现 5 日均线下穿 10 日均线发生死叉,其下跌的概率是很大的。再则,看一个股票运行趋势不能忽略它整个 K 线走势,从图 163 中可看出,早在该股 5 日均线掉头之前,K 线上已出现了明显的头部形态, 其标志是:①股价最后上攻呈加速上扬走势;②股价冲顶时拉出了 1 根 "螺旋桨" K 线[注]。而这两种 K 线形态,都是见顶信号。因此,综合上面分析,我们有理由相信,该股现在的下跌仅仅是开始,后面很可能还有一轮较大跌势。此时投资者应及早停损离场,以避免股价继续下跌带来的风险。有人可能要问,该股前几天出现了两红夹一黑的 K 线组合,而在这之后股价也开始了小幅上扬。这应该是做多的时候,那又为何要做空呢?持有这种观点的人,请不要忘了,任何 K 线图形,如果完全撇开股票具体的走势,是很难说清它是买进信号,还是卖出信号的。现在图 163 中的两红夹一黑,既不是出现在上涨趋势中,也不是出现在

[注]　关于 "螺旋桨" K 线的特征和技术含义,详见《股市操练大全》第一册(修订版)第 45 页、第 46 页。

大幅下跌之后,因此,它表示的上涨信号就很不可靠。从其现在所处的位置来看,它紧挨着 5 日、10 日均线高位出现死叉的下方,在这种地方出现两红夹一黑,充其量也只能是个暂时止跌的信号,它并不能改变整个股价的下跌趋势。况且,从该股走势图上看,两红夹一黑后的冲高上扬,并没有得到成交量的支持,这种反弹走势能维持多久很值得人们怀疑。因此,我们认为投资者最多也只能趁该股出现两红夹一黑后股价暂时止跌反弹之机,进行逢高减磅操作,而切不可把两红夹一黑看作是见底回升展开新一轮升势的信号,并以此作为买进股票的理由。否则,就很有可能发生认识上的错误,明明该做空的时候却去做多,从而导致重大的投资失误(见图 164)。

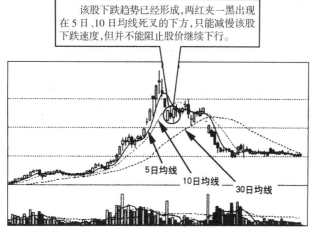

该股下跌趋势已经形成,两红夹一黑出现在 5 日、10 日均线死叉的下方,只能减慢该股下跌速度,但并不能阻止股价继续下行。

5日均线　　10日均线　　30日均线

图 164

股市操作经验漫谈之三十二

透过现象看本质,这是马克思主义哲学的一个重要观点。它对股市操作也具有重要指导作用。譬如,图 163

中出现两红夹一黑,显示的止跌回升仅是一种现象,但股价运行的真正本质是什么呢?这个问题必须深入思考。其实,该股的下跌趋势已经出现,两红夹一黑只能属于一种下跌抵抗形态,过后股价仍会按照内在规律继续下调。为什么这样说呢? 因为图163中两红夹一黑是在股价连续大幅上涨见顶后,股价出现回落,5日均线和10日均线刚刚发生死叉的情况下出现的,这就不能把它看成是一个做多的信号了。在这里投资者应看清市场的主流——K线图形和均线图形上都出现了明显的头部形态,下跌已不可避免。此时我们应顺势而为,趁两红夹一黑后暂时止跌回升的机会及时停损离场,保存实力,以利再战。

五、移动平均线向上发散后走势变化的识别和练习

习题33 一天,证券班张老师拿来下面3幅图,问大家这几幅图的均线走势共同之处是什么? 它们日后均线走势会出现哪几种变化? 投资者应该分别采取一些什么投资策略? 现在请你来回答这个问题。

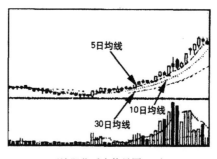

(该股往后走势见图169)

图165

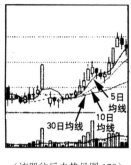

（该股往后走势见图170）

图 166

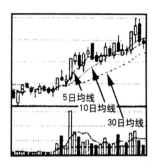

（该股往后走势见图173）

图 167

参考答案 图165～图167这3张图的均线走势相同之处是：5日、10日、30日3根均线前半部分都处于向上发散状态。它们日后均线走势，有的将继续保持发散状态（见图169），有的可能会出现均线往下交叉现象（见图170），有的均线可能会被重新粘合在一起（见图173）。具体来说，短期均线系统向上发散后将会出现以下6种情况：①5日、10日、30日线继续向上发散；②5日均线下穿10日均线，但10日均线、30日均线仍朝上走；③5日均线下穿10日均线，10日均线也掉头向下，但30日均线仍朝上走；④5日、10日、30日均线重新粘合在一起；⑤5日均线下穿10日、30日均线，3根均线同时向下；⑥5日均线下穿10日、30日均线，5日、10日均线向下，但30日均线仍朝上走。对这6种不同情况投资者应该采取做多、做空、观望等不同的投资策略（见图168）。下面我们举一些实例，就均线向上发散后的6种不同情况所采取的不同应对策略，分别作出说明：

第一种情况 均线系统前半段向上发散后，后半段继续向上发散，此时投资者可继续积极做多，持筹的可持股等涨，持币的可继续买进。

125

移动平均线系统向上发散后的变化示意图

时间	第一种情况		第二种情况		第三种情况		第四种情况		第五种情况		第六种情况	
	前半段	后半段	前半段	后半段	前半段	后半段	前半段	后半段	前半段	后半段	前半段	后半段
特点	向上发散	继续向上发散	向上发散	5日均线下穿10日均线，但10日、30日均线仍朝上走。	向上发散	5日均线下穿10日均线，但10日均线朝下，30日均线仍向上走。	向上发散	5日、10日、30日均线重新粘合在一起。	向上发散	5日均线下穿10日、30日均线，3根均线同时向下。	向上发散	5日均线下穿10日、30日均线，5日、10日均线向下，但30日均线仍朝上。
操作策略	做多	继续做多	做多	谨慎做多	做多	短线适量做空，中长线仍继续做多。	做多	观望	做多	做空	做多	短线观望，中长线可谨慎做多。

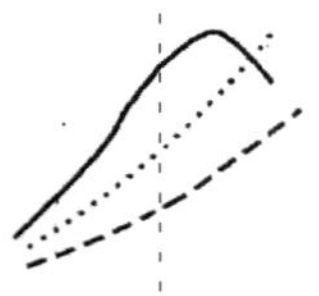

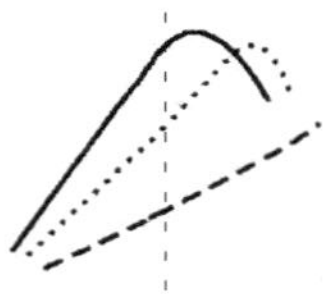

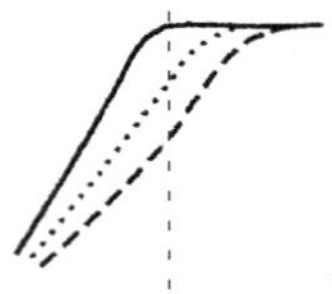

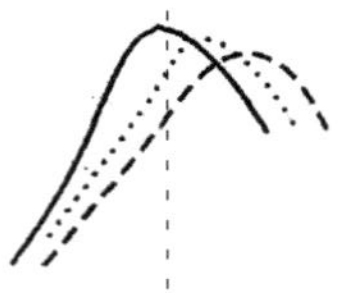

图 168

126

实例一：

该股均线系统向上发散后,前半段拉升幅度过大,出现了获利回吐,接连拉出 3 根小阴线,但这之后几根均线仍保持向上发散状态,股价一路上行。

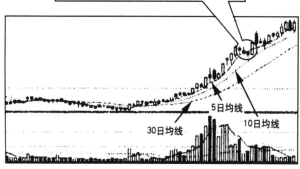

5日均线

30日均线   10日均线

图 169

第二种情况 均线系统前半段向上发散后, 后半段出现 5 日均线下穿 10 日均线的现象,但 10 日、30 日均线继续朝上走。此时投资者可谨慎做多。所谓的谨慎做多,是指持股者仍可持股待涨,持币者则先看一看再说, 如日后几天 5 日均线重返 10 日均线之上就可买进,否则继续采取观望态度。

实例二：

5 日均线下穿 10 日均线, 接连拉出 5 根小阴线,样子挺吓人的,但熟谙均线分析的人知道,只要 10 日、30 日均线在往上走,大势就不会坏。瞧!后来股价果然又继续向上攀升。

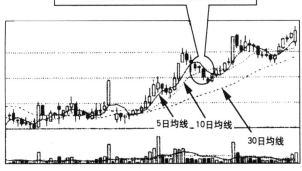

5日均线 10日均线

30日均线

图 170

第三种情况 均线系统前半段向上发散后，后半段出现 5 日均线下穿 10 日均线，10 日均线同时向下的现象，但 30 日均线仍朝上走。此时，投资者短线可适量做空，中长线可继续做多。为何要采取这样的策略呢？因为，现在毕竟 5 日均线下穿 10 日均线，两根均线同时向下形成了死亡交叉。短线自然不能再看多、做多了。通常，5 日、10 日均线出现死叉会有两种结果：一是继续向下，再击穿 30 日均线，3 根均线都出现死叉；二是 5 日、10 日均线掉头下行，在 30 日均线处止跌回升。正是考虑到这一点，所以做短线要规避一些风险可适量做空。但与此同时，我们也应当看到 30 日均线这个时候还在往上走。一般来说，30 日均线向上时，5 日、10 日均线出现死叉的可靠性要大打折扣。从这个意义上说，日后一段时间内，股价继续向上的可能性比继续向下的可能性要大。故而，我们主张在这个当口中长线投资者仍可继续做多。

实例三：

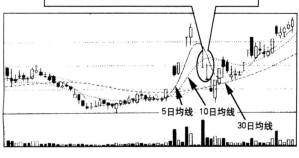

该股主力操盘手法凶狠，在均线系统向上发散后快速回落，并跌到前期高点的下方，造成突破失败的假象。但是主力行动再诡秘，也会露出马脚的。此时，30 日均线在往上走，说明主力的打压目的是为了震仓，是要继续往上做，而不是出货。看不明白这一点，就要吃大亏。

图 171

第四种情况 均线系统前半段向上发散后，后半段 5 日、10 日、30 日均线又重新被粘合在一起。此时，投资者应采取观望态度。为什么要这样做呢？因为均线系统向上发散后被搅和在一起，这时向上向下的可能性都有。当然就绝对数来说,在涨势中向上的比向下的要多,但是在其方向没有明确之前,向上向下毕竟还是个未知数。在这种情况下,贸然做多或做空都是不适宜的。此时,投资者别无他路可走,只能采取观望态度。如粘合后向上发散,就继续做多(见图172),粘合后向下发散就及时做空(见图173)。

实例四:

该股均线系统向上发散后,又重新被粘合在一起,经过一段时间盘整蓄势,几根均线再次向上发散。这时投资者应该跟着做多。

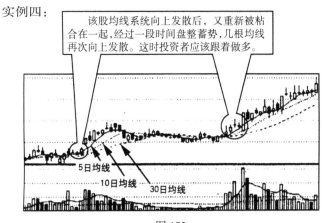

5日均线
10日均线　30日均线

图 172

实例五:

从图中看,该股均线系统出现向上发散,后又被重新粘合在一起。该股就没有图172中的个股那样幸运了,股价稍作盘整就往下突破。这时投资者应该顺势做空。

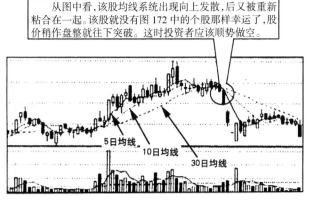

5日均线
10日均线
30日均线

图 173

第五种情况　均线系统前半段向上发散后，后半段 5 日均线下穿 10 日、30 日均线,3 根均线同时向下。此时,投资者应坚决做空。之所以要这样做,是因为 5 日、10 日、30 日均线之间都出现了死叉。一般来说,均线系统向上发散后不久就出现这种现象,继续下跌的可能性极大。所以,三十六计,走为上计,及时停损离场为佳。

实例六:

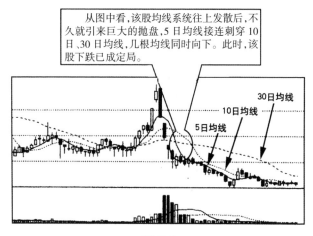

从图中看,该股均线系统往上发散后,不久就引来巨大的抛盘,5 日均线接连刺穿 10 日、30 日均线,几根均线同时向下。此时,该股下跌已成定局。

30日均线

10日均线

5日均线

图 174

第六种情况　均线系统前半段向上发散后,后半段 5 日均线下穿 10 日、30 日均线,5 日、10 日均线向下,但 30 日均线仍朝上走。此时,投资者可短线做空,中长线谨慎做多。为何要这样操作呢?因为,从短线角度看,做空是没有疑问了,但从中长线角度看,30 日均线还在往上走。这时,我们反过来想一想,5 日均线击穿 10 日、30 日均线,会不会是主力为了减轻上行压力,进行一次震仓洗筹呢?如果真是这样,短线看空可以,中长线看空就不应该了。所以,我们认为中长线投资者在这个时候可采取谨慎做多的策略，并密切关注均线走势未来的变化。如日后 30 日均线继续向上，可持股不动;30 日均线也掉头向下,那只能认赔出局。

实例七：

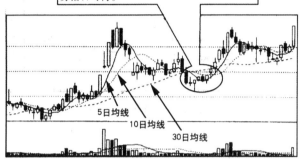

该股均线系统向上发散后,5日均线跌破了10日、30日均线,形势一下子变得严峻起来,所幸的是30日均线还继续往上走。只要30日均线不弯头,该股化险为夷,重返升势指日可待。

5日均线
10日均线
30日均线

图 175

股市操作经验漫谈之三十三

古人说："凡事预则立,不预则废。"移动平均线向上发散是做多信号,这当然没错。但移动平均线向上发散后的走势会怎么样呢?是继续向上,还是平台整理,或掉头向下?继续向上它的形态会怎么样? 如掉头向下,又会有什么变化?等等。面对这些问题,投资者预先心中都要有个数,才能未雨绸缪, 做好各种应对的准备。这样移动平均线向上发散后,不管未来的走势如何变化,你都能见机行事,或是做多,或是做空,或是观望,处处主动,就能做到先人一步。

六、根据移动平均线发散状况选择中长线买卖点练习

习题34　图176是深圳某大牛股最近一年来的走势图。从均线系统分析,中长线投资者有4次明显的买点和1次明显的卖点可寻,

如投资者能找准这些买点和卖点进行顺势操作,无疑是个大赢家。现在,请你把这些买点、卖点用圆圈标出来,并说明其中的理由。

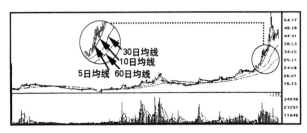

(该股往后走势分析见图 177)

图 176

参考答案　从图 176 中可以看出该股 5 日、10 日、30 日、60 日这 4 根均线有几次处于明显向上发散状态。按均线理论分析,当几根均线粘合后向上发散,就是买进信号。根据这个理论,我们可以为中长线投资者找到 4 个明显的买点。这就是:图 176 均线系统首次向上发散的初始点(见图 177 画 A 圈处)和均线系统再次向上发散,即第 2 次、第 3 次、第 4 次向上发散的初始点(见图 177 画 B 圈、画 C 圈、画 D 圈处)。那么,中长线的卖点又应该设在何处呢? 这也很简单,图 177 中画 E 圈处就是中长线的卖点。把卖点设在此处,主要是考虑到

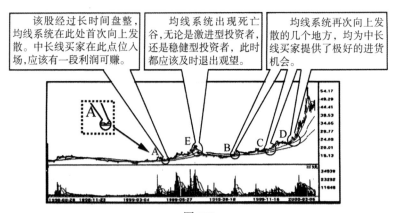

图 177

132

均线系统首次向上发散后,并没有维持住一个持续的上升势头,该处股价短期见顶,均线系统整体走势已经趋弱。根据均线理论,均线系统在上升途中掉头向下,出现了死亡谷,那就是一个出货信号。为了规避风险,中长线投资者在均线系统出现死亡谷,特别是短期均线击穿60日均线后,就应该及时止损,出局观望,等待日后均线系统再次向上发散时再加入。可见,如果我们熟谙均线发散理论,并按其规则进行顺势操作,捕捉到一匹大黑马,并能享受到骑大黑马的乐趣,这也不是一件很难的事。

股市操作经验漫谈之三十四

天变,道亦变。过去国家经济形势向淡时,大资金做股票热衷于快进快出,整个股市短线成风。而当国家经济形势向好时,大资金操盘也开始打起太极拳来,快进快出逐渐让位于慢牛碎步。于是,股市中做长线的庄家也就多了起来。既然是做长线,他们就不在乎股价短期的涨涨跌跌,股价不翻一番,甚至二番、三番是不会出局的。庄家要做长线,自然有他们的理由,他们或许掌握了该股潜在的利好题材,因此,他们才敢于这样做。当然做长线也不容易,吸筹、震仓、拉高、派发这几个过程是少不了的。而这一切庄家不会告诉他人,普通投资者也休想知道。庄家如此狡诈,那么中小投资者难道就没有办法对付他们吗?其实不然,庄家做得再隐蔽,在均线图形上还是能找到蛛丝马迹的。例如,图176中庄家做的就是长线。从图中看,均线系统出现过几次向上发散。而且每一次向上发散的位置都比前一次向上发散的位置要高,这说明庄家的炒作意在长远。均线系统为什么会屡次三番向上发散呢?这是因为,庄家只有通过发散——

回落——再发散——再回落的方式，才能洗清浮筹,夯实股价,达到往上拉升的目的。可见,投资者只要认清国家经济形势,看清大资金操盘之道的变化,仔细分析个股的均线走势,就能对庄家的目的、操作手法有个大致了解。我们坚信,谁在这方面功夫下得深,谁就能早日实现与庄家共舞,把资金蛋糕做大的梦想。

七、根据移动平均线与股价细微变化识别个股强弱练习

习题 35　某天大盘受利空消息的影响,指数狂泻,满盘皆绿。图178 中的个股也遭到打击,收了一根中阴线,成交放出大量,5 日均线被击穿。原来看好该股的许多大户都纷纷斩仓出局,而唯独新进大户室的小施仍然持股不动,继续做多。后来事实证明,小施的做法是正确的。之后别人问他为什么不逃? 他回答说,主力不逃我为什么要逃。请问:大户室里大多数人为何不再看好这个股票? 为什么小施在大盘暴跌的情况下仍然敢对该股继续做多,其理由是什么? 这一案例能给我们什么启发?

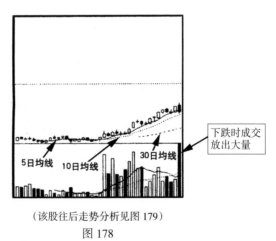

（该股往后走势分析见图 179）

图 178

参考答案 大户室里大多数人之所以不再看好该股主要是出于以下两方面的考虑：①大盘暴跌势必要影响到个股，覆巢之下，岂有完卵；②该股虽然收了 1 根中阴线，但已跌破 5 日均线，下跌时又放出大量，说明盘中有人大量出逃。但是，小施在深入分析盘面情况后，觉得该股未来走势并不像许多大户想象得那样糟糕。首先，该股均线系统整体向好的局面并没有受到破坏，5 日、10 日、30 日均线仍在向上发散；其次，在大盘狂泻，该股放出大量时，也仅仅收了 1 根中阴线。这根中阴线虽然已跌破 5 日均线，但在股价刺探 10 日均线处被拉起。这说明 10 日均线对它有很强的支撑作用。

俗话说：跌势中方显出英雄本色。小施经过对该股走势仔细观察研究后得出一个大胆结论：在大盘暴跌情况下该股有如此强的抗跌能力，且均线系统仍在继续往上发散，这说明做这个股票的主力实力非常强，他们非但没有出逃，反而趁大盘暴跌时乘机进行了一次漂亮的洗盘，从做空的投资者那里抢到了大量廉价筹码，从而为今后拉升该股扫清了障碍。正是根据这样的分析和推论，小施才敢对该股继续

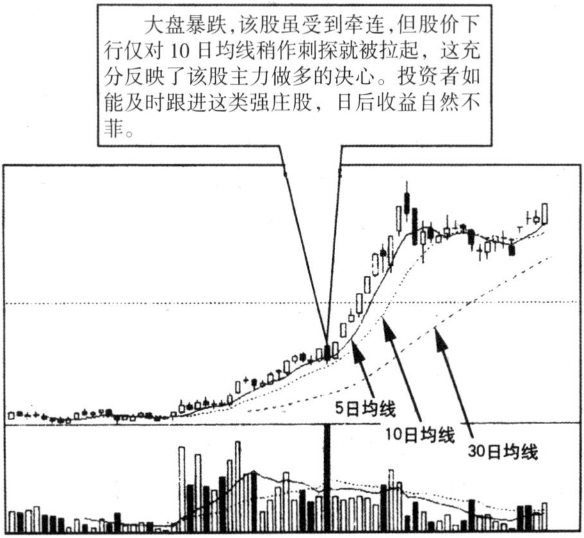

> 大盘暴跌，该股虽受到牵连，但股价下行仅对 10 日均线稍作刺探就被拉起，这充分反映了该股主力做多的决心。投资者如能及时跟进这类强庄股，日后收益自然不菲。

5日均线

10日均线

30日均线

图 179

做多(见图179)。这一案例给我们投资者一个重要启发是:在强势行情中始终受 5 日均线支持的强庄股,如在大盘暴跌情况下,股价出现小幅下跌,调整至 10 日均线便被托起,这充分反映出主力向上做多的信心。后市这类股票的机会很大,大家应对它重点加以关注。

股市操作经验漫谈之三十五

毛泽东同志说过:"分析好,大有益。"[注]小施能在大盘狂泻,众人不看好的情况下,坚持做多,持股不动并取得丰厚的投资回报。这仅靠勇气是不行的,关键是他对手中的股票动向作出了正确的分析。当小施运用均线理论,深入剖析大盘和个股的走势后,自然就看清了主力的意图,随后他跟着主力做多也就是顺理成章的事了。可见,要做好股票一定要学会分析,而要学会分析,首先要学好股票操作的基本理论。这一点,在小施身上得到了证明,在别的股市高手身上也同样得到了证明。因此,我们建议一些中小散户,尤其是新股民,与其整天泡在股市里瞎猜瞎碰,不如先静下心来把股市操作的基本理论学深学透。在这里我们可以大胆预言:如果你把《股市操练大全》中的习题反复做上几遍,对其中的操作技巧做到心领神会,那么用不了多久,你的资金卡上就会拉出一根长长的大阳线。

习题 36 下面两张图走势有点微妙,图中个股的股价已连续 3 天收在 10 日均线之下,但 K 线实体都很小。另外,值得人们注意的是,今天图 180 中的个股收出 1 根小阳线,图 181 中的个股收出 1 根螺旋桨 K 线,并且它们都得到 30 日均线的支撑。面对这种该跌不跌,

---

[注] 摘自河南人民出版社《毛泽东诗话》1999 年 8 月第 1 版。

想涨又涨不了的个股,请问:应该如何操作? 为什么?

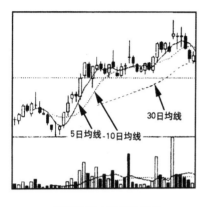

（该股往后止势见图182）

图 180

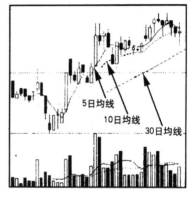

（该股往后走势见图183）

图 181

　　参考答案　从表面上看,这两个股票的走势确实涨跌两难,这也是许多中小投资者, 特别是新股民碰到这类走势的个股时常有的一种感觉。但是,熟谙均线技术分析的人就不这样看了。首先,这两个股票 K 线已连续 3 天收在 5 日均线之下, 下跌的最大幅度都超过了3%。按均线理论,5 日均线已属有效跌破,这至少是一个短期卖出信号。其次,这两个股票在前面都形成过两波幅度较小的上攻行情,而这两波上攻行情走得也颇为曲折,每涨一段都要付出很大代价,这说明做这两个股票的庄家实力并不强。从图中看,这两个股票前面也有 K 线收在 5 日均线下方的情况, 但还没有发现股价连续 3 天收在 5 日均线下方的现象,这似乎在暗示投资者,当时庄家正控制着整个局势。但这一次为什么会出现股价连续 3 天收在 5 日均线下方的现象呢? 这是不是说明:由于目前庄家实力不济对盘面已经失去了控制,或是本来小庄家干的就是小打小闹的活计, 他们在前两波小幅上攻行情中已经顺利出逃,剩下的就让继续看好该股的小股民们去"举杠铃"[注]了。再仔细看它们图形情况就更不妙,5 日均线已下穿 10 日均

　　[注]　在股市中,人们把高位追涨而被套牢的现象,称之为"举杠铃"。

线形成死叉,这就使人们对其未来的走势又多了一层疑虑。要说这两个股票的股价至今仍受到 30 日均线的支撑,这也是靠不住的,因为这两个股票在冲顶时放出过巨量,天量天价,且图 180 拉出的是一颗"射击之星"[注 1],图 181 拉出的是一组"平顶"K 线组合[注 2],而射击之星、平顶在 K 线中都是见顶信号。沪深股市中许多类似其走势的个股,在股价下跌时 30 日均线很难起到它的支撑作用。因此综合以上分析,我们认为现在对这两个股票应以做空为主,有股票的先卖出 2 / 3 筹码,如明后日股价继续下跌,则全部抛空离场,没有这个股票的,现在不能买进,持币观望是最好的选择(见图 182、图 183)。

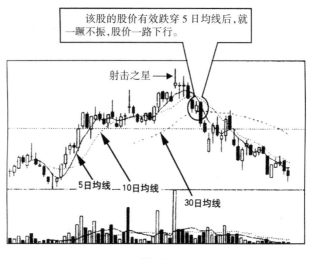

该股的股价有效跌穿 5 日均线后,就一蹶不振,股价一路下行。

射击之星 →

5日均线   10日均线

30日均线

图 182

[注 1] 关于"射击之星"K 线的特征和技术含义,详见《股市操练大全》第一册(修订版)第 32 页、第 33 页。

[注 2] 关于"平顶"K 线组合的特征和技术含义,详见《股市操练大全》第一册(修订版)第 70 页 ~ 第 72 页。

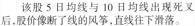

该股 5 日均线与 10 日均线出现死叉后,股价像断了线的风筝,直线往下滑落。

平顶 ➡

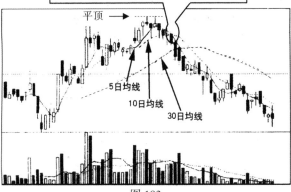

5日均线

10日均线

30日均线

图 183

股市操作经验漫谈之三十六

　　股市下跌有两种基本形态:一种是急跌,一种是缓跌。急跌容易让人看清楚,而缓跌却常常不被人注意。但正是这种不知不觉的缓跌对投资者伤害最大。那么,我们如何来防范缓跌对自己的伤害呢?这就要记住股谚中的一句话:"宁可错过,不可做错。"譬如,当一个股票股价连续 3 天收在 5 日或 10 日均线之下时,你就要多问几个为什么,尤其是这种现象发生在上攻走势颇为曲折,已有明显的一波或二波上攻行情的个股身上,那就更要引起高度警惕。在这个时候保持空头思维,进行减磅操作不失为是一个明智的选择。此时,投资者特别要注意的是,不可寻找各种理由来为自己继续做多进行自我安慰,我们宁愿止损出错(注:这种概率并不大),等均线走好后再加点钱买进,也不要麻木不仁,眼睁睁地看着股价一步步滑落下去,造成巨大亏损。

八、根据移动平均线与股价异常变化进行做多做空练习

习题 37　前一阵子大盘形势很好,但图 184 中的个股,股价一直在小涨小跌,始终未有好的表现,今天该股成交量突然放大,股价也收在 5 日均线之上。请问:该股下一步走势会朝什么方向发展? 你若遇到这种走势的股票准备如何操作?

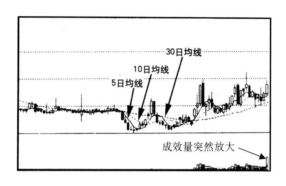

（该股往后走势见图 185）

图 184

参考答案　根据沪深股市实战经验,在多头市场中,对那种始终沿着 30 日均线横着行走,前期未有很好表现的个股,如果某天成交量突然放大, 股价脱离 30 日均线支持, 改受 5 日均线支持的个股,未来很可能有一段较好的涨升走势。投资者如遇到像图 184 这样的个股,应当顺势而为,坚决买进[注]。投资者可能要问:为什么我们这样看好这些个股未来的走势呢? 因为在多头市场中,这些涨跌不明显,但股价能得到 30 日均线支持的个股,说明有庄家在关照。它前期股价未有很好的表现, 很可能是因为庄家建仓任务还没有完成,尚处在吸筹阶段。如某日成交量突然放大,股价站到 5 日均线之

[注]　坚决买进也要讲究一些投资策略。据我们掌握的图像资料,一些庄家在拉升前还会进行再次打压,股价将出现短期回调。此时投资者可采用分批建仓的办法来控制风险。

上,表明庄家要开始拉升了,如这时果断买进,将来获利机会就很大(见图185)。

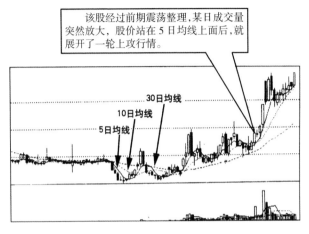

该股经过前期震荡整理,某日成交量突然放大,股价站在5日均线上面后,就展开了一轮上攻行情。

30日均线

10日均线

5日均线

图185

股市操作经验漫谈之三十七

中国有一句成语叫"大器晚成",意即担当大事的人物要经过长期的锻炼,所以成就比较晚。有意思的是,股市中也有大器晚成的现象。只要查查近年来沪深股市涨幅居前的股票,就会发现有很多股票因早先并无什么突出表现,只是后来居上,成了超级大牛股后,才令市场刮目相看的。可见,当一轮行情兴起时,没有赶上头班车的投资者,千万不要心急,不要去追逐那些已经涨得过高的股票(它很容易把你套在高位)。这时你不妨转变一下思路,把注意力集中在大器晚成的股票上面,本书习题37介绍的案例只是其中的一种。其实,大器晚成的股票品种有很多,从"头肩底"、"潜伏底"[注]中脱颖而出的都是。如果你是有心人,又熟悉股票操作技巧,说不定每轮行情都能找到几个。你不妨可以试一试。

习题 38　图 186 中的个股经历了很长一段时间横盘,某天突然放量下跌,收了一根中阴线。证券班张老师一看该图走势,就对大家说从均线和成交量关系看,该股必跌无疑。后来该股的走势证实了张老师的判断。请问:张老师是如何从均线和成交量上看出该股要大跌的?

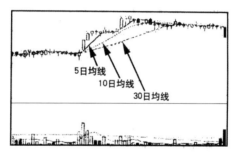

5日均线
10日均线
30日均线

(该股往后走势见图 187)

图 186

参考答案　张老师判断图 186 中的个股要大跌有两个依据:第一,该股的 3 根短期均线,即 5 日、10 日、30 日均线前期一直粘合在一起,现在收了一根中阴线,那 3 根均线必定向下发散,我们在前面习题中已讲过,均线粘合后向下发散是一种转势信号;第二,无论是大盘还是个股,在长时间盘整后,突然放量下挫,其日后形势就十分危险。证券班张老师正是凭着这两点理由,大胆判断图 186 中的个股日后必跌无疑(见图 187)。因此,投资者如果遇到这种情况,就要赶

[注]　关于"头肩底"、"潜伏底"的特征和技术含义,详见《股市操练大全》第一册(修订版)第 224 页~第 226 页,第 271 页~第 274 页。

快停损离场,撤退越早损失也就越小。

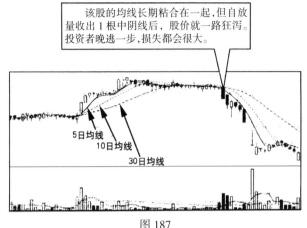

该股的均线长期粘合在一起,但自放量收出1根中阴线后,股价就一路狂泻。投资者晚逃一步,损失都会很大。

5日均线
10日均线
30日均线

图187

股市操作经验漫谈之三十八

　　股市中有一句格言:"下跌容易上涨难。"一个股票要上涨,或许要等半年甚至几年,但是跌下去,几个星期,甚至几天就会跌得面目全非。因此,有经验的投资者在制定股市操作策略时,买进和卖出的做法是不一样的。买进时要反复研究、仔细观察,看准了再买。如准备买进某一个股票时,若研究后认为,对均线出现首次向上发散的股票把握不大,就找均线再次向上发散的股票。总之,买进必须谨慎。但卖出的时候,就不容自己多想,等想明白了,股价或许已跌去大半,因而卖出一定要快,要果断。在操作时,一看大势不妙,均线系统向下发散,或盘整期间突然放量下挫,就要拔脚开溜,对涨幅已经很大的个股尤其要这样。这也就是股市中人们常说的,善于买进只能当个好徒弟,善于卖出才能做个好师傅的道理所在。

九、根据移动平均线之间价差研判股市中期走势练习

习题 39 在用移动平均线分析股价走势时，除了从图形上进行研判外，还有什么比较好的方式能用来预测股价走势吗？请举例说明。

参考答案 现在市面上有一种"3 日均线减 10 日均线"预测法，据说效果很好，有兴趣的投资者不妨试一试。其操作要领是：①先确定 3 日均线价。具体方法如下：以今日、昨日、前日的 3 日的收盘指数（价格）平均值为 3 日均线价（10 日均线价，则依此类推）。②列出计算公式。具体方法如下：以 3 日均线价减 10 日均线价作为两者的价差。例如，1997 年 7 月 31 日 3 日均线为 1174.17 点，10 日均线为 1182.86 点，两者的价差为 1174.17 点 −1182.86 点 =-8.69点。③对大盘或个股走势作出研判。具体方法如下：当股价持续上涨，而 3 日均线减 10 日均线（此时为正值）却下降时，是见顶信号，宜迅速获利出场；当股价持续下跌，而 3 日均线减 10 日均线（此时为负值）却悄悄上升时，为见底信号，反弹（或反转）即将开始，应从速择股建仓。

现在，我们以 1997 年 5~7 月 3 个月的上证指数为例，介绍本指标的使用方法：

（1）1997 年 5 月 7 日上证指数最高摸到 1499 点，收于 1495 点，当日 3 日均线减 10 日均线的价差为 84.64 点。然而第二天，5 月 8日，上证指数虽创出 1504 点新高，但 3 日均线减 10 日均线的价差已减至 60.31 点，大盘表现上攻乏力，此时，投资者应减磅操作（至少减掉 50% 以上的仓位），及时退出观望；5 月 12 日，上证指数虽创出1510 点的新高，但已是强弩之末，3 日均线减 10 日均线的价差仅为39.73 点；5 月 15 日，3 日均线减 10 日均线的价差降为负值，大盘收于 1417 点，可谓市道彻底改变，这是最后逃命机会。

（2）自 1997 年 5 月 12 日上证指数 1510 点见顶下跌，到 1997 年5 月 26 日创下 1213 点新低时，3 日均线减 10 日均线的价差已达−116.5 点，真是升得快，跌得猛，"满街套牢"，一片悲哀绝望。然而，行情在绝望中产生。第二天，5 月 27 日，大盘小幅攀升，3 日均线减 10日均线的价差迅速变为 −79.53 点，表明大盘反弹开始。此时，空仓者

可以建仓抢反弹,重仓者可以低位补仓摊低成本。果然到 6 月 5 日,上证指数最高摸至 1369 点,比 1213 最低点涨 12.9%。

当然,上述计算方法也并非百分之百正确,它也常有出错的时候,但总的说来,对的多,错的少,对投资者预测股价中期走势有一定帮助。正因为如此,我们才把这个方法推荐给大家,希望读者在实战中对它作出不断改进,逐步加以完善。最后,我们建议读者在使用该方法时,同时能辅以 K 线形态、MACD 等指标,其实际效果将更佳。

股市操作经验漫谈之三十九

随着科技的进步和人们观念的改变,现在越来越多的人认识到创新的重要性。一个民族要进步,需要创新;一个股市要发展,也必须创新。那么,我们在学习股市操作理论时是不是也要创新呢?答案当然是肯定的。就像某人发现的"3 日均线减 10 日均线"预测法,以前别人没有涉及过,他涉及了,这就是一种创新。自然,这种创新还很幼稚,存在着许多缺点和不足,但毕竟他给别人提供了一种新的思路和新的方法,这对大家多少有点帮助。我们希望投资者在学习股市操作理论时,也不光只是学和练,要解放思想大胆地进行一些创新,把书中的理论放到实践中去反复检验,看看它们还存在什么问题,并对所存在的问题作一次脱胎换骨的修正和改造。这种创新活动非常有意义,于人于己都有利。你在这方面做多了,股市操作水平自然会产生一个质的飞跃。

最后顺便说一声,如果你在创新过程中有什么发现和体会,请不要忘了告诉我们。届时,我们一定将你的宝贵经验转告给广大读者,让它发挥出更大的作用。

十、日均线组合与周均线、月均线组合混合使用技巧练习

习题 40　下面两张图,反映的是同一个股票的走势情况。图 188 是该股最近的日 K 线走势图,图 189 是该股周 K 线走势图。《股市操练大全》编写组的赵老师对证券班学员说,如果我们看了该股周 K 线图后,再看日 K 线图,就可以相当有把握地说,无论你是激进型投资者还是稳健型投资者, 都可以把图 188 画 A 圈处作为一个最佳买进点。请问:赵老师作出这样判断的根据是什么? 他这样把稳健型投资者和激进型投资者的买进点混为一谈是否合适? 通过这一案例给我们投资者有何启示?

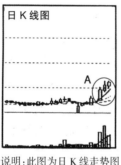

说明:此图为日 K 线走势图
（该股往后走势见图 190）

图 188

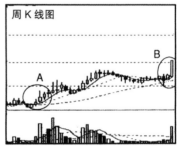

说明:此图为周 K 线走势图
（该股往后走势见图 191）

图 189

参考答案　本书在前面的习题中已经分析了在观察日 K 线走势图时,如发现均线第一次向上发散,激进型投资者即可买进,但作为一个稳健型投资者应在均线出现再次向上发散时买进。前者这样做,是在高风险下追求高额利润;后者这样做,是在低风险下追求较稳妥的利润。那么为什么《股市操练大全》编写组的赵老师现在却违背这个宗旨,竟然把均线出现第一次向上发散的 A 圈处,看成既是激进型投资者,又是稳健型投资者的最佳买进点呢? 这种说法与本书观点是否矛盾呢? 确实粗一看,赵老师现在的说法和书中的观点有矛盾,但仔细一推敲并非如此,因为光从图 188 看,其 A 圈处仅是均线出现第一次向上发散的地方,它的确不适宜稳健型投资者买进,但如果从图

189看,形势就大不相同。图189的周K线走势图非常明确地显示,画B圈处(注:这个地方与图188画A圈处于同一位置)的周均线系统,已开始出现2次向上发散。一般来说,周均线系统发出的信号比日均线系统发出的信号要稳定和可靠。既然如此,稳健型投资者就不必再等日均线系统出现2次向上发散了,在图188画A圈处就可大胆买进。可见,赵老师对该股走势的判断和买进点的选择,与本书一贯倡导的稳健型投资者,必须在均线出现再次向上发散时买进的观点并不矛盾(见图190、图191)。

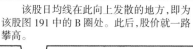

该股日均线在此向上发散的地方,即为该股图191中的B圈处。此后,股价就一路攀高。

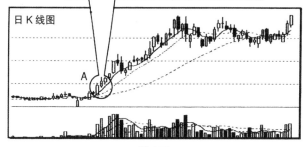

图190

从该股周K线走势图中可看出,该股周均线出现过2次向上发散,如在周均线第二次向上发散处买进,仍有一段较为可观的利润。

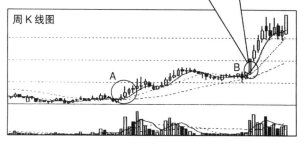

图191

通过这个案例,给我们投资者的启示是:今后当我们对个股或大盘的走势没有充分把握时,将日均线系统和周均线系统,甚至月均线系统结合起来使用,应该是个非常好的方法。它能更加明确地显示出大盘或个股的运行方向,从而帮助我们制定出一个正确的买卖策略,取得理想的投资回报。

股市操作经验漫谈之四十

在股市分析中,有时光看日K线走势图对股价运行的整个趋势不一定能看清楚,如果把日K线走势图和周K线走势图,甚至月K线走势图[注]结合起来观察,就能看清它的全貌,较准确地把握股价运行的未来走势。这种结合实际上就是一种双向验证。经过多方面都验证过的走势分析,自然比单看日K线走势图或周K线、月K线走势图要准确得多。因此,作为一个聪明的投资者,在观察日K线均线状况时,千万不要忘了观察周K线,甚或月K线均线状况。

十一、日均线组合与分时均线组合混合使用技巧练习

习题41 股市操练强化训练班张老师在讲课时说,观察股市或股价是否真正形成头部时, 如果将日均线系统和分时均线系统结合起来分析,往往能收到事半功倍的效果。现请你以图192、图193为例,说说这方面的具体操作技巧。

参考答案 从图192、图193走势看,这两个股票前一时期都出现过一轮上涨行情。现在投资者关心的问题是,这两个股票的上涨行情有没有走完?如果把这个问题弄清楚了,下一步做多做空就好解决

[注] 周K线、月K线的走势图的查阅方法,详见本书第422页、第423页。

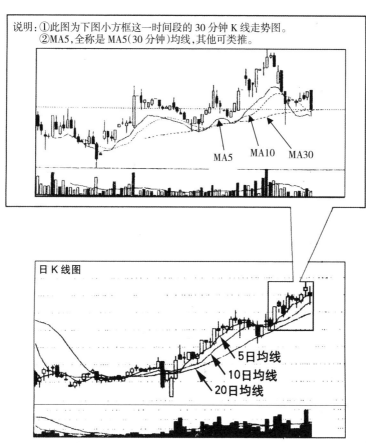

说明:①此图为下图小方框这一时间段的 30 分钟 K 线走势图。
　　　②MA5,全称是 MA5(30 分钟)均线,其他可类推。

MA5　　MA10　　MA30

日 K 线图

5日均线
10日均线
20日均线

说明:此图为日 K 线走势图(该股往后走势见图 195)

图 192

了。下面我们对这两个股票的日均线和分时均线走势作些分析,看看
情况如何? 首先,我们看图 192,从该股的日 K 线走势看,它今天收了
一根阴线,但还没有触及 20 日均线,5 日、10 日、20 日均线仍为多头
排列。另外,图 192 的日 K 线走势表明,该股前期基本上是沿着 20 日
均线往上攀升, 因此后面只要不跌破 20 日均线, 就应坚持看多、做
多。那么,这样分析是否准确呢? 我们不妨再用该股近几个交易日的

30 分钟 K 线走势图来验证。从该股 30 分钟 K 线走势图可以看出[注]，该股 MA5、MA10 均线虽然已掉头向下，但 MA30 均线仍在朝上走，

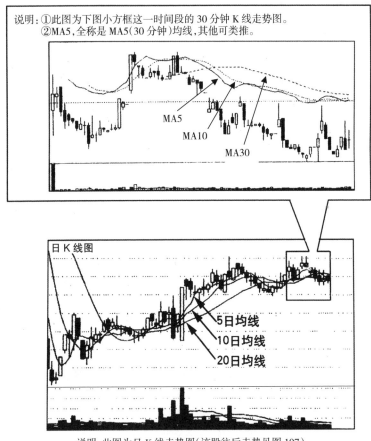

说明：①此图为下图小方框这一时间段的 30 分钟 K 线走势图。
②MA5，全称是 MA5(30 分钟)均线，其他可类推。

MA5

MA10

MA30

日 K 线图

5日均线

10日均线

20日均线

说明：此图为日 K 线走势图（该股往后走势见图 197）

图 193

[注]　用分时 K 线走势图和日 K 线走势图相互对照，既可选用 30 分钟 K 线走势图也可选用 5 分钟、15 分钟、60 分钟 K 线走势图，或几种分时 K 线走势图同时使用，这里没有什么硬性规定，实际效果也差不多。关于 K 线分时走势图的查阅方法，详见本书第 422 页、第 423 页。

并且股价下跌时成交量呈萎缩状态,这说明空方打压的力度有限,做空能量非常小(见图 194)。这样两方面一对照,心里就有底了,图 192 中的个股今天 K 线收阴,显然是主力刻意洗盘所为,再往下深跌的可能性很小,此时就应该继续持股做多(该股往后走势见图 195)。

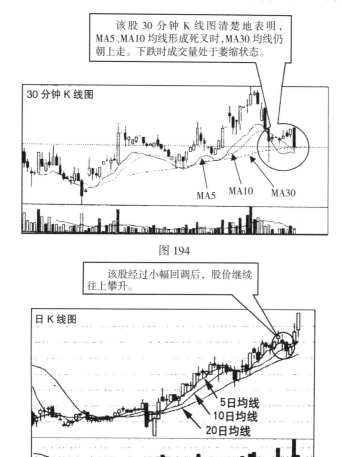

该股 30 分钟 K 线图清楚地表明,MA5、MA10 均线形成死叉时,MA30 均线仍朝上走。下跌时成交量处于萎缩状态。

30 分钟 K 线图

MA5   MA10   MA30

图 194

该股经过小幅回调后,股价继续往上攀升。

日 K 线图

5日均线
10日均线
20日均线

深圳某股日 K 线图

图 195

151

接着,我们再来看图193,从该股的日K线走势看,它近几天走得并不好,先是在头部拉出了2根带有较长上影线的小阳线和小阴线,构成了一个"平顶"的K线组合[注1]。平顶是K线图形中的见顶信号。另外,我们再来看它的均线走势,5日、10日、20日均线又重新粘合并出现向下倾斜的苗头,这使人不得不怀疑它是否在构造"双顶"[注2],近期要往下突破。

那么,这样分析是否准确呢?我们也不妨打开该股近几个交易日的30分钟K线走势图来验证。真是不看不知道,一看吓一跳,该股30分钟K线走势图上的3根均线就像3把利剑横在K线上面,直压得30分钟K线不敢抬起头来,K线上方出现了一个乌云密布的均线图形(见图196)。均线乌云密布是一个典型的卖出信号,这说明目前该股做空能量很大,股价只能往下走。这样我们将该股日K线走势和

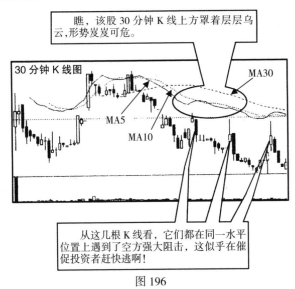

瞧,该股30分钟K线上方罩着层层乌云,形势岌岌可危。

30分钟K线图

MA30

MA5

MA10

从这几根K线看,它们都在同一水平位置上遇到了空方强大阻击,这似乎在催促投资者赶快逃啊!

图 196

[注1] 关于平顶K线组合的特征和技术含义,详见《股市操练大全》第一册(修订版)第70页~第72页。

[注2] 关于双顶技术图形的特征和技术含义,详见《股市操练大全》第一册(修订版)第231页~第233页。

30 分钟 K 线走势状况一对照,就可以八九不离十判断出该股上涨动力已衰竭,正在形成一个头部(见图 197)。此时作为一个理性的投资者,就不能再抱有什么幻想,三十六,走为上计,赶快停损离场。

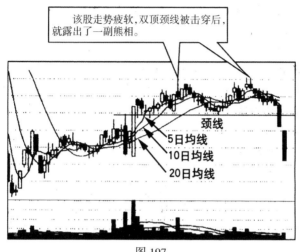

图 197

股市操作经验漫谈之四十一

现在的手机、电脑的功能比过去强多了。当你从其屏幕上看到一个画面后,发觉某一部位非常重要,你就可以把它定格放大,仔细地瞧个够。其实,我们用均线分析股市走势时,也可以仿照这样做。比如某一天,当你打开日 K 线走势图,感到光用日均线观察头部还看不太清楚的话,你就可以把这一部分日 K 线走势图换成 5 分钟、15 分钟、30 分钟或 60 分钟 K 线走势图,实现股市画面的“定格放大”。这样,把日均线和分时均线结合起来对照分析,就可以收到事半功倍的效果。

十二、单根均线使用技巧练习

在股市实战中,有人喜欢用均线组合来分析股价运行趋势,有人则习惯于用单根均线来分析股价运行趋势,对此我们不必强求。说实在的,单根均线用得好,效果也很不错。本节几道习题都是围绕单根均线的使用而展开的。考虑到日子太短的单根均线,信号失真情况较多,因此,本节对 5 日、10 日均线不作介绍,只介绍市面上常用的 20 日、30 日、120 日 3 种均线操作方法,供读者参考。

习题 42 证券班张老师在讲述 20 日均线的意义和使用技巧后,要求学员讲出 20 日均线的作用及使用 20 日均线时要注意哪些问题。现在请你来回答这个问题,并以图 198 为例,说明 20 日均线的具体操作方法。

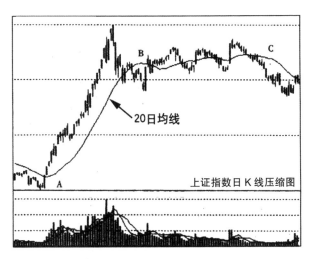

(该盘面走势分析见图 199)

图 198

参考答案 现在沪深股市每周交易时间为 5 天。因此,20 日均线实际上就是一个月平均交易成本线。20 日均线所选取的交易时间,比 10 日均线多 10 个交易日,故 20 日均线运行中的变动频率比

10 日均线要小,它能更好地反映股价(指数)运行的趋势,这对注重中短期走势的投资者具有很大的实战指导作用。

一般来说,投资者在使用 20 日均线时,应注意以下两点:

第一,20 日均线由于选取的交易时间较长,故其尽管属于短期均线的范畴,但已经开始接近中期均线了。其上升表示中短期趋势向上,下行则表示中短期趋势向下。所以在实战中,投资者如注意不到这点,将会出现操作上的失误。

第二,20 日均线在行情处于箱形运行时参考价值会大大降低。因为行情的波动幅度不大,20 日均线可能出现接近平行的运行状态。此时就很难根据 20 日均线对未来大盘或个股的中短期趋势作出有效判断。如要改变这种状况,只能放弃 20 日均线,求助于均线分析中的其他方法。

下面我们以图 198 为例,说说 20 日均线的具体操作方法:

图 198 是上证指数 1997 年 4 月 19 日~1999 年 11 月 10 日的日 K 线走势压缩图(注:压缩图看不清具体 K 线形状,但能大致看出股指运行的方向)。在图中我们清楚地看到,20 日均线由 A 点上至 B 点,产生了一段较大的上升行情,此时投资者应以做多为主。而在 B 点到 C 点之间,20 日均线形成了一段平行的走势,市场进入了较长时间的箱形整理,此时投资者应以观望为主,并可用少量资金在 20 日均线上下 7%~8%范围内作高抛低吸,赚取一定的短线差价。而在 C 点之后,20 日均线向下调整,行情也伴随下调,此时投资者应果断抛空离场,以避免股价下滑带来的损失。

从历史数据看,虽然以 20 日均线为中短期操作依据,总体上是赢多输少。但毋庸讳言,以 20 日均线走势作为买卖依据也有很大的不足之处。如图 199 划圈处显示,大盘见顶后很长时间 20 日均线都没有发出卖出信号,投资者因此要遭受一定损失,这是令人十分遗憾的。

那么,有无办法来避免 20 日均线这方面的缺陷呢?当然有,读者可将 K 线、技术图形逃顶技巧,以及 5 日、10 日均线逃顶技巧等结合起来使用,就能很好地解决这个问题。关于 K 线、技术图形逃顶技巧,以及 5 日、10 日均线逃顶技巧,本书第一册和第二册有关章节都有详细介绍,这里就不再展开了。

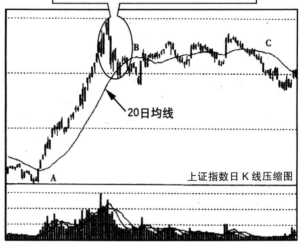

大盘见顶,20日均线迟迟不发出卖出信号。因此,投资者如单凭20日均线操作,势必要在这里吃很多亏,遭受一定损失。

B

C

20日均线

A

上证指数日K线压缩图

图199

股市操作经验漫谈之四十二

在商场蹲久了，就会发现一些精于世故的商人有两桩生意是坚决不做的：一是不熟悉的生意不做，二是大部分人都亏本的生意不做。其实，从某种意义上说，做股票也就同做生意一样。不是吗？第一，要做就做自己了解的股票。不熟悉的股票，无论别人怎样吹得天花乱坠，坚决不碰。第二,20日均线是市场一个月的持股成本线。当某个股票跌破20日均线，说明最近一个月内买进这个股票的人基本都亏了,如遇到这种情况就坚决不买。只有当股价日后重新站在20日均线之上时，才考虑买进。如果投资者能坚持这两条，离开赢家之门也就不远了。

习题 43 在股市中,一旦大盘形成向上或向下的趋势后,作为个人投资者只能顺而为,切不可逆市操作。现在请你说说什么是顺势而为?另外以图 200 中的 30 日均线为例,说明投资者如何根据大盘中的 30 日均线运行趋势进行顺势操作?

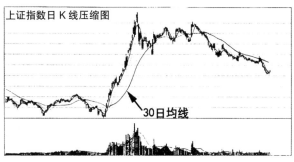

（该图具体操作方法见图 201）

图 200

参考答案 这里所指的顺势而为,不逆市操作,是指在大盘指数安全运行的前提下操作个股,否则就空仓等待机会的来临。按照这个

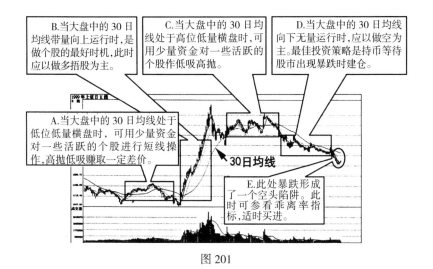

图 201

思路操作，顺势而为就必须以 30 日均线得失作为买进或卖出的依据。因为 30 日均线是股市中期的生命线，它的拐头代表中期趋势的初始改变。例如，在 30 日均线带量向上运行时，应重仓中线出击个股（见图 201 方框 B）；再如，在 30 日均线低量横盘震荡时，可用少量资金做短线，对一些股性活跃的个股进行低吸高抛（见图 201 方框 A、方框 C）；又如，在 30 日均线向下无量运行时，应空仓等待暴跌机会（见图 201 方框 D）。一般来说，股价在 30 日均线之下出现暴跌，很多前期的热门股出现大跳水，往往是投资者的最佳买进时机。此时买进的安全系数反而要比往日大，获利机会也更多（见图 201 方框 E）。

股市操作经验漫谈之四十三

在中国，30 是个重要数字。例如，古人说的"三十而立"，这里"30"表示成熟的意思；又如，武打小说里描写的"大战三十回合"，这里"30"表示多的意思。由于国人对"30"数字的偏爱（也可能还有其他原因），因而，在股市中 30 日移动平均线特别受人关注。市场上许多做庄主力往往就以 30 日移动平均线作为他们震仓、打压的底线；一些深谙技术分析之道的人士，也常常把股价（股指）是否站在 30 日移动平均线之上，作为看多、做多或看空、做空的一个重要参考指标。更有意思的是有人统计过，很多以 30 日移动平均线作为买卖依据的投资者，平均胜率为 70%，失败率为 30%。可见，不管从哪一方面说，投资者要想全面掌握移动平均线操作技巧，一定要对 30 日移动平均线的特征和使用方法多学习，多研究，这样才能在股市中进退自如。

习题 44　在股市实战中，中长线投资者非常关心 120 日均线的变化。现在，请你说说 120 日均线的作用，以及中长线投资者以 120 日均线买卖股票的操作原理和操作方法（请结合图 202 进行说明）。

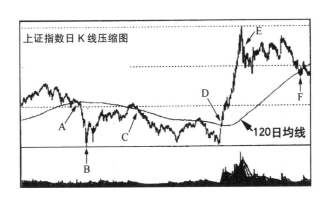

图 202

　　参考答案　120 日均线又称"半年线",由于其跨度时间较长,在实际走势中波动不大,比较适宜用来观察股价长期运行趋势,因而它能为中长线投资者提供较准确的买卖建议。其操作原理是:①股价有效跌破 120 日均线后做空 ;②股价在 120 日均线下方原则上持币观望(除非股价下跌的位置离 120 日均线距离太远,这时可适量买点股票做一些短期差价);③股价向上有效突破 120 日均线后做多;④股价在 120 日均线上方原则上持股待涨(除非股价上涨离 120 日均线太远,可适量卖出股票做一些短期差价)。一般来说,长线投资者按120 日均线操作方法买卖股票获胜概率要远大于失败概率。这也就是中长线投资者为什么特别偏好 120 日均线的最主要原因。

　　现在我们以图 202 为例,说明中长线投资者按 120 日均线买卖股票的具体操作方法:①图中的 A 点表明股指已有效跌破 120 日均线,是卖出点。投资者应在此点位抛空离场。②图中的 B 点表明股指经过连续大幅下挫,与 120 日均线距离已很大。根据格兰维尔均线操作法[注],可考虑适量买进,抢一个反弹。③图中 C 点表明股价反弹受120 日均线压制,该线在此已明显地掉头下行,是卖出点。投资者应将在 B 点买进的股票在此点位卖出。④图中 D 点为买进点,因股指

　　[注]　格兰维尔操作法详见本书第 437 页、第 438 页。

已连续几天(至少 3 天)在 120 日均线上方的 3%处站稳,成交量也支持股指上行,这是一种有效突破。此时,长线投资者应在这个点位大胆买进。⑤图中 E 点为卖出点,因为股指上行与 120 日均线距离拉得太大,随时都可能出现调整。尤其 E 点处已表明股指开始向下弯头,此时投资者应顺势而为,卖出股票,等股指与 120 日均线靠拢时,看 120 日均线能否守住,再考虑要不要回补[注]。⑥图中 F 点为卖出点,因为股指已有效击穿 120 日均线。此时投资者应将手里剩下的股票统统卖出,等日后股指下一次有效上穿 120 日均线时再考虑买进。

股市操作经验漫谈之四十四

在美食世界,有一招鲜吃遍天之说。例如,美国的麦当劳以它几十年不变的菜谱、风味、模式,风靡世界,大有一招鲜吃遍整个地球的气势。在股市中,有没有一招鲜吃遍天的绝技呢? 我想,你如果不是个短线客,而是个长线买家,并且又不是那种患得患失的人,这样的"绝技"还是有的。例如,以 120 日均线作为入市出市的依据,就能算得上是长期投资者"一招鲜吃遍天"的一个绝技。根据我们不完全统计,如长线投资者完全按 120 日移动平均线进行操作,每年赢利在 15% 左右。这样每年获利虽不多,但积小胜为大胜,数年下来利润也很可观。该操作方法适用于没有时间关心短期盘面变化的工薪族, 或注重长期投资回报的投资者,有心者不妨一试。

十三、移动平均线参数修正练习

习题45 一天证券班张老师拿来下面两张 K 线走势图,他对大家说,这两张图的均线都是逐浪上升形态。其中的一张图显示,每当

[注] 将前期高位卖出的股票在相对低位买进,这在股市中称为"回补"。

股价下探离 30 日均线尚有一点距离时就停住了。另一张图显示，每次股价下探时总要稍稍刺破 30 日均线后再返身向上。请问：为何产生这种现象？投资者面对这样的图形应如何操作？

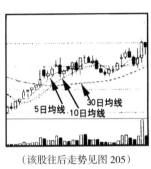

（该股往后走势见图 205）

图 203

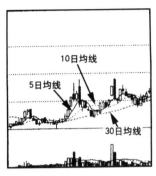

（该股往后走势见图 206）

图 204

参考答案 现在懂技术分析的投资者越来越多，一些庄家也挖空心思寻找对付中小投资者的办法。例如，在 30 日均线处打提前量或有意击穿 30 日均线，就是某些庄家搞的一个新花招。那么庄家为何要这样做呢？其实道理很简单，庄家这样做的目的就是要让别人对他们的行动摸不着头脑，这样他们操盘起来就能做到声东击西，掌握股市运行的主动权。一些庄家在炒作一只股票震仓洗筹时故意将 10 日均线击穿，但在离开 30 日均线尚有一定距离时，就停止打压，这使得一些胆小的中小投资者看见 10 日均线被击穿，形成破位之势，一般不敢轻易买进，而当胆大的中小投资者在 30 日均线处挂单准备买进时又买不到（见图 203）。除此之外，还有一些庄家在做一个股票时，他们知道很多人把 30 日均线看成是多头的生命线，在股价回调时就故意将 30 日均线击穿（见图 204），使得一些投资者不敢再看多，而当这些投资者放弃做多时，庄家忽而又反手做多将股价拉到 30 日均线之上，从而使这些投资者处处被动，两头挨打。庄家这一招是很厉害的，很多股民在这方面都吃过大亏。

那么，我们中小投资者有什么办法来对付庄家的这一花招呢？这里我们教大家一个办法，即修改均线参数，化被动为主动。具体可以这样做：对付类似图 203 中的庄家，可将 20 日或 30 日均线改为 25 日均线（或再增加一条 25 日均线，见图 205），5 日、10 日两根均线保持不变。这样每到庄家打压时，在 25 日均线处就可以挂单先买进一

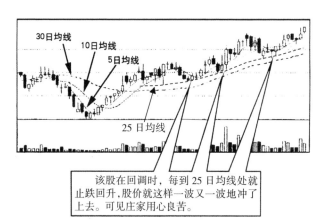

该股在回调时，每到 25 日均线处就止跌回升，股价就这样一波又一波地冲了上去。可见庄家用心良苦。

图 205

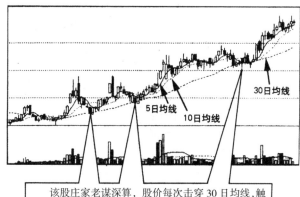

该股庄家老谋深算，股价每次击穿 30 日均线，触及 40 日均线时就不再下探。此时，投资者将 30 日均线改成 40 日均线，或另外再增加一条 40 日均线（可参考图 205 做法）就能识破庄家的计谋，作出相应的对策。

图 206

些筹码,如庄家打压后股价仍沿着25日均线上移,再加码买进。对付图204中的庄家,可将30日均线改为40日均线(或再增加一条40日均线)。为什么要改成40日均线呢?因为40日均线是两个月的平均成本线,这往往也是一些庄家的建仓成本线。因此很多庄家在震仓洗筹时,会有意将30日均线击穿,但到了40日均线处就停止打压(见图206)。据我们调查,这两种方法经人使用后效果很好。今后投资者如遇到图203、图204这样的庄家,可试着做做看。

最后要提醒大家的是,使用上述方法时,被操作的个股应具有以下几个特征:(1)经过长时间低位平台整理,越平越好。(2)前期缩量整理后,成交量突然开始增加。(3)为当前的热点,最好是领头羊。如果跟踪的股票能符合上面这几个条件(至少两个),那么在25日均线处,或在40日均线处买进,获胜的概率就相当大。

股市操作经验漫谈之四十五

记得以前在上军事训练课时,教官讲了敌变我变的作战经验。这条经验对我们今天操作股票也很有用处。在股市中,真正的敌人是没有的,但假想的敌人还是存在的。这个"敌人"就是隐蔽在后面的主力、庄家。主力、庄家手法变了,你不变怎么行?例如,在设置均线参数时,将30日均线改为25日均线或40日均线,尽管这是个很不起眼的变动,但是这个变动对研判一些个股的走势和选择买进时机却起到了相当重要的作用。当然,今后主力、庄家的手法可能还会变。但这也没有什么了不起的,主力、庄家变,我们也变,只要多琢磨,总能找到对付他们的办法。这其中适时修改均线参数,重新设计均线组合,就是一种对付那些狡诈多变庄家的有力武器。

第五节　移动平均线综合练习

一、移动平均线基本图形识别综合练习

习题 46　依照均线理论分析,均线上涨有 4 种基本形态,即:快速上涨形、加速上涨形、上山爬坡形、逐浪上升形。现在请你将下

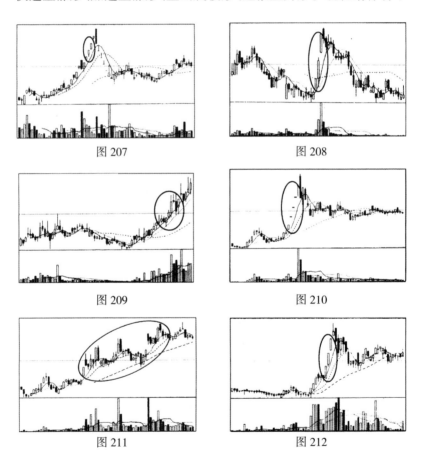

图 207　　　　　　　　　　　图 208

图 209　　　　　　　　　　　图 210

图 211　　　　　　　　　　　图 212

面表示均线上涨走势的图形(见图 207~ 图 214 中的画圈处),按上述 4 种情况进行分类。

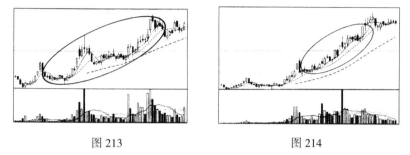

图 213　　　　　　　　　　　　图 214

参考答案　图 208、图 210 是快速上涨形;图 207、图 212 是加速上涨形;图 209、图 214 是上山爬坡形;图 211、图 213 是逐浪上升形。

习题 47　从均线下跌形态看,均线下跌无非是 4 种情况:即快速下跌形、加速下跌形、下山滑坡形、逐浪下降形。现在请你将下面表示均线下跌走势的图形(见图中画圈处),按上述 4 种情况进行分类。

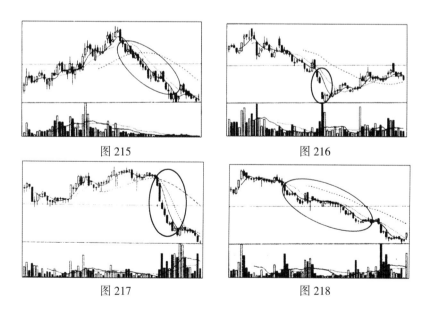

图 215　　　　　　　　　　　　图 216

图 217　　　　　　　　　　　　图 218

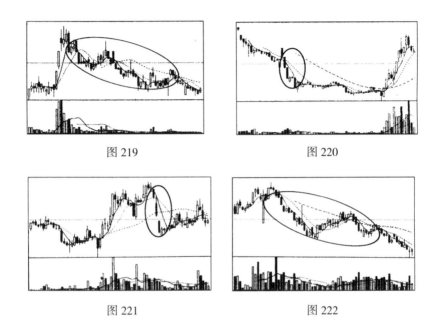

图 219　　　　　　　　　　　图 220

图 221　　　　　　　　　　　图 222

参考答案　图 217、图 221 是快速下跌形；图 216、图 220 是加速下跌形；图 215、图 218 是下山滑坡形；图 219、图 222 是逐浪下降形。

习题 48　当几根均线发生相互交叉现象时，会形成不同的"谷"。人们根据其不同作用，把它们形象地称为"银山谷"、"金山谷"和"死亡谷"。现请你找一找下面两张图中有没有这些"谷"，如有，请用箭头指出来，并说出它们的名称。

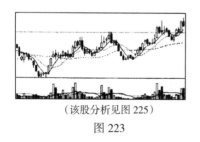

（该股分析见图 225）

图 223

（该股分析见图 226）

图 224

参考答案 图 225 箭头 A 指的是银山谷，箭头 B 指的是金山谷；图 226 箭头 A 指的是死亡谷。

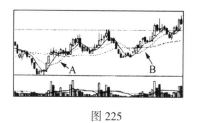

图 225   图 226

习题 49 股市中人们想象力是很丰富的，投资者把有助涨作用的均线交叉，称为黄金交叉（简称金叉），把有助跌作用的均线交叉，称为死亡交叉（简称死叉）。现在请你说出下面两张图箭头所指处，是什么均线与什么均线之间发生了黄金交叉，是什么均线与什么均线之间发生了死亡交叉。

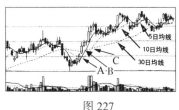

图 227   图 228

参考答案 图 227 箭头 A 所指处是 5 日均线和 10 日均线发生了黄金交叉，箭头 B 所指处是 5 日均线和 30 日均线发生了黄金交叉，箭头 C 所指处是 10 日均线和 30 日均线发生了黄金交叉。图 228 箭头 A 所指处是 5 日均线和 10 日均线发生了死亡交叉，箭头 B 所指处是 5 日均线和 30 日均线发生了死亡交叉，箭头 C 所指处是 10 日均线和 30 日均线发生了死亡交叉。

习题 50 均线发散在实战中具有十分重要意义。但要知道它的作用和操作技巧，首先要知道均线发散有哪几种形式。现在，请你说出图 229~ 图 232 中画圈处均线发散的名称。

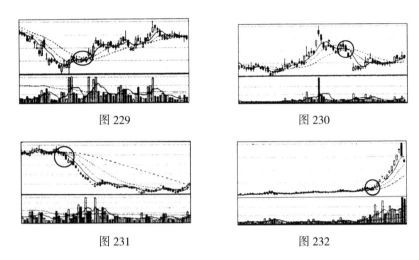

图 229   图 230

图 231   图 232

参考答案　图 229 是均线交叉向上发散形；图 230 是均线交叉向下发散形；图 231 是均线粘合向下发散形；图 232 是均线粘合向上发散形。

习题 51　下面这张图中画圈处的几根均线都在向上发散,但它们情况有所不同,因而叫法也不一样。请问:圆圈 A 和圆圈 B 处的均线形态各叫什么名称? 稳健型投资者买点应设在何处?

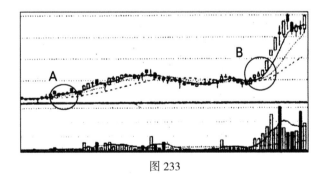

图 233

参考答案　图 233 圆圈 A 处的均线形态叫首次粘合向上发散形,圆圈 B 处的均线形态叫再次粘合向上发散形。一般来说,均线再次粘合向上发散形,比均线首次粘合向上发散形的成功概率要大。所以,稳健型投资者应把买进点设在均线出现再次粘合向上发散处。

习题 52 在证券类文章中,经常有人提到均线多头排列和均线空头排列的概念。现在请你以图 234、图 235 中画圈处为例,说明什么是均线多头排列?什么是均线空头排列?并说出它们各自的作用是什么?

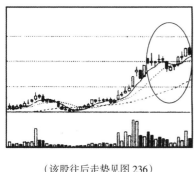

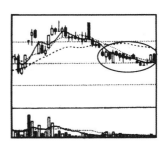

（该股往后走势见图 236）

（该股往后走势见图 237）

图 234

图 235

参考答案 所谓均线多头排列是指短期均线在上,中期均线居中,长期均线在下,几根均线同时向上缓缓发散的一种均线排列方

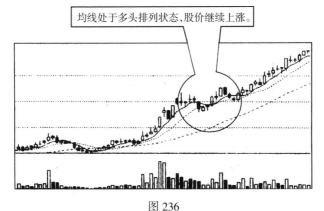

图 236

式,如图 234 中画圈处的几根均线正处于多头排列状态。所谓均线空
头排列是指长期均线在上,中期均线居中,短期均线在下,几根均线
同时向下缓缓发散的一种均线排列方式, 如图 235 的几条均线正处
于空头排列状态。

均线呈多头排列时表明多方在市场中占主导地位, 日后股价继
续上涨的可能性较大,这时投资者应以持股为主(见图 236)。均线呈
空头排列时表明空方在市场中占主导地位, 日后股价继续下跌的可
能性较大,这时投资者应以持币为主(见图 237)。

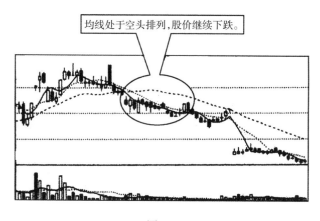

均线处于空头排列,股价继续下跌。

图 237

习题 53 在 K 线与均线关系中,有两种情况是最值得投资者关
注的:一种是蛟龙出海,这是一个典型的买进信号;一种是断头铡刀,
这是一个典型的卖出信号。现在请你以图 238、图 239 为例,说明什
么是蛟龙出海? 什么是断头铡刀? 并用箭头把它们指出来。

参考答案 图 240 箭头所指的这根 K 线就叫蛟龙出海。其特征
是:1 根大阳线一下子吞吃了短期(5 日)、中期(10 日)、长期(30 日)
几根均线,其形状如蛟龙从海底跃出海面,故名蛟龙出海。图 241 箭
头所指的这根 K 线叫断头铡刀。其特征是:一根大阴线一下子吞吃了
短期(5 日)、中期(10 日)、长期(30 日)几根均线,其形状如一把铡刀
把 3 根均线拦腰斩断,故名断头铡刀。

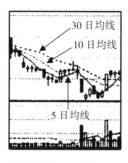

（该股往后走势见图240）

图 238

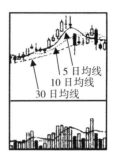

（该股往后走势见图241）

图 239

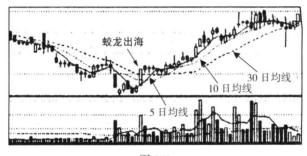

图 240

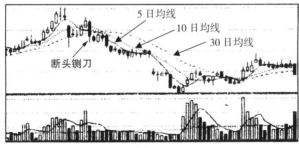

图 241

习题 54　看图识图是炒股的基本功。若连图都看不明白,那么下一步如何操作就麻烦了。请问:从均线形态看,下面图 242、图 243 中画圈处的图形叫什么名称,它们各自的名称、特征和技术含义是什么?

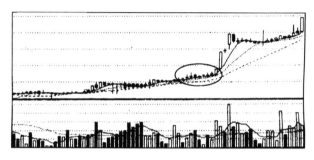

图 242

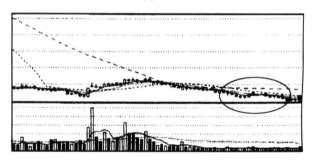

图 243

参考答案　图 242 中画圈处的均线形态叫烘云托月形。其特征是:股价沿着短期、中期均线略向上往前移动,长期均线在下面与短期、中期均线保持一定距离。烘云托月形是看涨信号,投资者见此图形可积极做多。图 243 中画圈处的均线形态叫乌云密布形。其特征是:股价沿着短期、中期均线略向下往前移动,长期均线紧紧地在上面压着。乌云密布形是看跌信号,投资者见此图形应积极做空。

二、移动平均线操作技巧综合应用练习

说明 下面综合练习主要以移动平均线操作技巧应用为主,但为了巩固前面所学到的知识,本节将适当地选用《股市操练大全》第一册里所介绍的一些操作技巧,请读者注意。

习题 55 该股在连续下跌后,某天在低位拉出 1 根放量小阳线。一些人认为该股调整已到位,盘中出现放量阳线,说明多方在积极反攻,所以现在应该逢低吸纳。请问:这个观点对吗?为什么?

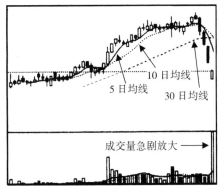

(该股往后走势见图 245)

图 244

参考答案 这个观点不对。其理由是:①该股均线 5 日、10 日均线与 30 日均线已形成死叉,右上方出现了死亡谷;②该股向下破位时,K 线图形出现了"三连阴"[注 1]的走势;③该股在连续下跌后,今日虽然收了 1 根小阳线,但又形成了 1 个"向下突破缺口"[注 2]。如日后两日这个缺口不被回补,那么这个向下突破缺口就属有效,它对股价的下压作用就非常大。上述理由中的①、②、③都是卖出信号。我们认为该股在 3 种卖出信号的共同作用下,继续下跌的可能性极大(见图

[注 1] 关于"三连阴"K 线组合的特征和技术含义,详见《股市操练大全》第一册(修订版)第 130 页、第 131 页。

[注 2] 关于"向下突破缺口"的特征和技术含义。详见《股市操练大全》第一册(修订版)第 263 页、第 264 页。

245）。因此，在这个时候逢低吸纳的做法绝对是错误的。

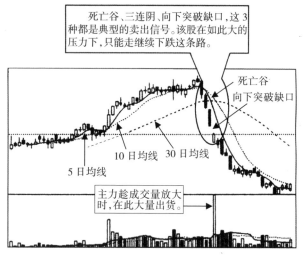

死亡谷、三连阴、向下突破缺口，这3种都是典型的卖出信号。该股在如此大的压力下，只能走继续下跌这条路。

死亡谷

向下突破缺口

10日均线　30日均线

5日均线

主力趁成交量放大时，在此大量出货。

图 245

习题 56　图 246 中的个股自从低位拉出 1 根长阳线后，就好像无戏可唱，这几天老是小阴小阳在横盘。有人说照这样不温不火地盘整下去，迟早要跌回原地，现在应该早点做空。请问：这种说法对不对？为什么？

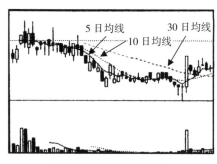

5日均线　　　　30日均线

10日均线

（该股往后走势见图 247）

图 246

参考答案 这种说法是错的。现在不应该做空,而要做多。其理由是:①该股低位放量拉出的 1 根长阳线,一连吞吃了 5 日、10 日、30 日 3 根均线,成交放出大量,这是 1 根典型的蛟龙出海大阳线,这根标志性的大阳线是积极看涨信号。②在蛟龙出海大阳线的右下方又出现了一个银山谷。③目前该股虽然小阴小阳不断,但它始终在 30 日均线之上盘整。显然,上述理由中的①、②是买进信号。第③条中的所说的盘整,因股价始终在 30 日均线之上运行,从技术上说,这样的盘整可以看成是一种盘中夯实股价的强势盘整。

综合上述因素,依照目前该股的均线走势,继续看多做多的理由是充分的,看空做空的理由是站不住脚的。因此,投资者现在不能做空,而应该先逢低买进一些股票,如股价整理后往上突破时再加码追进[注](见图 247)。

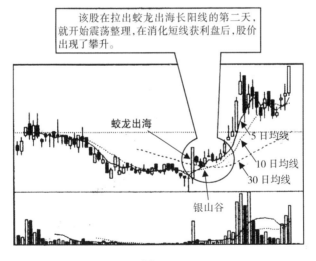

> 该股在拉出蛟龙出海长阳线的第二天,就开始震荡整理,在消化短线获利盘后,股价出现了攀升。

蛟龙出海

5 日均线

10 日均线

30 日均线

银山谷

图 247

[注] 既然做多理由非常充分,为什么预先不全部买进,而一定要等股价往上突破时再加码追进呢? 这是因为股市中存在着许多不确定的因素,为安全起见,只能采取分批建仓的策略,先逢低捡一些筹码,等股价往上突破时再加码追进。

习题 57　最近该股出现渐渐往下沉的趋势,不过这两天收了两根小十字线,又有一种跌不下去的感觉。请问:面对目前该股的走势应该做多还是做空? 为什么?

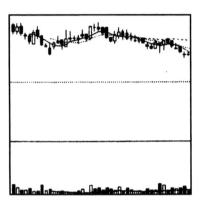

(该股往后走势见图 249)

图 248

参考答案　应该做空。其理由是:①近期该股 K 线是个"下跌不止形"[注],这是一个卖出信号;②从均线系统看,其短期、中期、长期 3 根均线前期一直粘合在一起,现已开始向下发散,这是一个停损离场的信号。因此无论从 K 线形态还是均线形态看,该股下跌仅仅是个开始,日后下跌空间还很大(见图 249),投资者应及时做空退出为佳。

[注]　关于"下跌不止形"K 线组合的特征和技术含义,详见《股市操练大全》第一册(修订版)第 94 页、第 95 页。

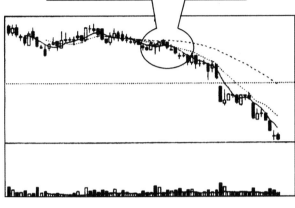

均线长期粘合后一旦向下发散,下跌的空间就很大。那种希望靠 K 线图上出现一些小小的十字星来阻挡股价的下跌是不现实的。

图 249

习题 58 该股前期均线系统向下发散后,股价出现了一轮跌势,这几天止跌企稳后进行横向盘整,股价有企稳的迹象。请问:现在能不能买进?为什么?

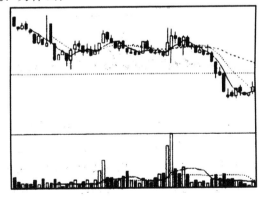

(该股往后走势见图 251)

图 250

参考答案 不能买进。其理由是：①该股3根均线呈典型的空头排列，整个均线系统向下态势没有任何实质性的改变。②该股下跌后进入横向盘整，成交量处于萎缩状态，并不表示真正止跌企稳，它很可能是下跌途中暂时止跌的一个中继形态。综上所述，我们认为该股下一步继续向下的可能性很大，投资者对它不宜看多、做多（见图251）。

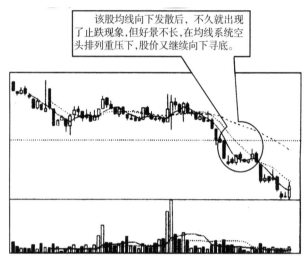

该股均线向下发散后，不久就出现了止跌现象，但好景不长，在均线系统空头排列重压下，股价又继续向下寻底。

图251

习题59 近几天该股在回调后又开始上攻，但仅拉出1根长阳线，就在上一轮高点位置遇到了强大的阻力，接着，一连开出4根小阴线。有人说，按此疲弱走势，股价仍然要向下调整，现在应该做空。请问：你对这个问题是如何看的？如果你遇此图形应如何操作？

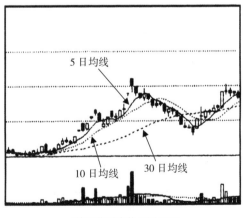

5日均线

10日均线

30日均线

（该股往后走势见图253）

图252

178

参考答案 我不认为该股走势已开始转弱，虽然近几天拉出了几根小阴线，但无碍大局，整个均线系统向上攻击的态势依旧十分明显，现在该股仍处于强势之中。为何这样说呢？从图252走势看，该股均线在出现首次粘合向上发散后，即展开了一轮幅度较大的升势，随后见顶回落，调整半月有余，之后又开始往上，5日、10日、30日均线之间出现了黄金交叉，迄今为止在图252中右下方处已形成了一个封闭型不规则的三角形。这个封闭型不规则三角形是在前面均线向上发散后产生的，技术含金量较高，这样我们就不能把它看成是普通的银山谷，而要把它看成是金山谷的一种变化形态。根据均线理论，当均线系统出现金山谷，其日后上涨的概率要大于银山谷，因此，它不仅可作为激进型投资者的买进点，也可作为稳健型投资者的买进点。在此情况下，怎么能随意做空呢？如果我遇此图形，假如手里有这个股票，就持股待涨；假如手里没有这个股票，就先买进一些，只要以后股价重心往上移，成交量也跟上的话，再加码跟进（见图253）。可能有人要问，人算不如天算，万一该股往后不涨或下跌怎么办？首先，我认为这样的情况出现概率较小，如果真的出现了，损失也不大。可先停止做多观望一下再说，或是改做多为做空，及时停损离场。具体可按下列方法操作：第一，股价不涨就继续持股观望；第二，股价下

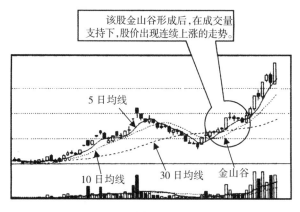

图253

跌,也要看怎么跌法。要分清是股价真的下跌还是庄家故意打压设置的"空头陷阱"[注]。是前者只能认赔出局,是后者就捂股不放。至于如何辨别是真的下跌还是空头陷阱,因不是本习题所要回答的问题,这里就不展开了。

习题 60 一天,股民老马和小王看了下面个股走势图后,发表了自己的看法。老马说,该股已向下破位,均线形成了向下发散走势,应赶快出局离场。小王不同意老马的看法,认为虽然该股这两天下跌了,但从近 3 天 K 线走势上看,下跌时出现了一个早晨之星的 K 线组合。早晨之星是买进信号,在此情况下不应该做空,而应该做多。请问:谁的意见正确? 为什么?

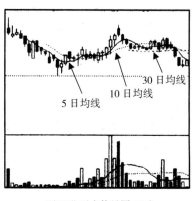

（该股往后走势见图 255）

图 254

参考答案 老马的意见正确。现在 5 日、10 日、30 日均线已开始向下发散,投资者应及时做空,停损离场。至于小王说的图 254 中最后 3 根 K 线是早晨之星的理由是不存在的。一般来说,早晨之星是在股价大幅下跌之后才有可能出现,而该股股价刚刚下跌怎么会出现早晨之星呢? 再说小王讲的"早晨之星"都是一些 K 线实体很小的小

[注] 关于"空头陷阱"的特征和识别方法,详见本书第 113 页 ~ 第 117 页。

阴线和小阳线,它们与真正的"早晨之星"K线组合有很大不同[注1]。正是小王对早晨之星K线的误认,和对均线系统向下发散所形成的杀伤力认识不足,才使他作出了应该做多的错误结论(见图255)。

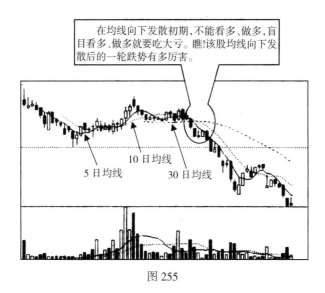

在均线向下发散初期,不能看多、做多,盲目看多、做多就要吃大亏。瞧!该股均线向下发散后的一轮跌势有多厉害。

5日均线

10日均线

30日均线

图 255

习题 61 仔细观察图 256,回答下面问题:①最后两根 K 线构成的 K 线组合叫什么名称?它的技术含义是什么?②最后 1 根 K 线下穿 3 根均线,技术上把这根 K 线称之什么?③投资者面对这种情况应如何操作?

参考答案 ①最后 2 根 K 线构成的 K 线组合叫"穿头破脚"[注2],这是一种见顶信号。②最后 1 根长阴线一连吞吃 5 日、10 日、30 日 3 根均线,在技术上人们把它称为断头铡刀。断头铡刀是一种典型的转势信号。③投资者应认识到最近一段时间以来股价上涨,仅仅是该股

[注1]　关于"早晨之星"K线组合的特征和技术含义,详见《股市操练大全》第一册(修订版)第58页、第59页。

[注2]　关于"穿头破脚"K线组合的特征和技术含义,详见《股市操练大全》第一册(修订版)第64页~第66页。

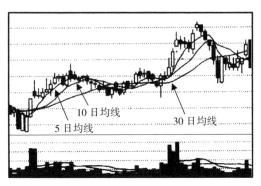

（该股往后走势见图257）

图256

见顶回落以来的一次"反抽"[注]。这样的反抽在穿头破脚、断头铡刀的双重夹击下，很可能就此终止，接下来该股就要继续往下寻底（见图

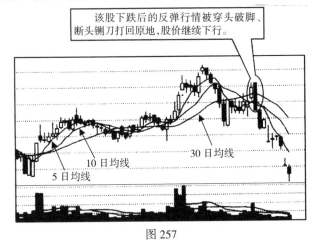

该股下跌后的反弹行情被穿头破脚、断头铡刀打回原地，股价继续下行。

图257

257）。因此,持股的投资者应立即抛空离场,持币的投资者可按兵不动,冷眼观望。

习题 62　该股在见底回升时连拉了 3 根阳线。第三根阳线虽然是 1 根带有较长上影线的 K 线,但 5 日、10 日均线构成了金叉,收盘价已站在 30 日均线之上,成交量也有放大迹象。小张认为该股升势已定,应马上买进;小王认为,该股的弱势反弹已经结束,应该马上卖出。请问:谁的观点正确? 为什么?

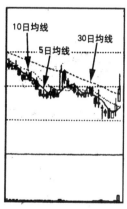

（该股往后走势见图 259）

图 258

参考答案　小王的观点正确,因为该股的均线形态是逐浪下跌形。尽管近几天拉出了一些阳线,但均线的逐浪下跌形态并没有改变,尤其是 30 日均线继续在朝下走。我们知道,均线呈逐浪下跌形是做空信号,虽然今天 5 日均线已往上穿过 10 日均线,股价也收在30 日均线之上,但 30 日均线仍在向下。这说明 5 日均线上穿 10 日均线构成的“金叉”,很可能是一个假金叉。另外,今日的阳线上出现了 1 根长长的上影线,暗示该股上档抛压很大,做空能量还有待于进一步释放。根据目前该股 K 线和均线走势,我们可以推断:其股价在 30 日均线之上是很难站住脚的,如日后几日股价仍不能往上走,下跌也就在所难免了（见图 259）。因此,投资者见此图形应该趁早离场为佳。

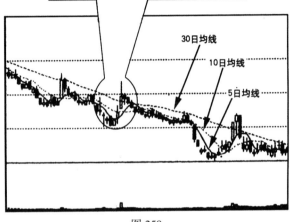

均线一旦形成逐浪下跌形,它就会以进一退二的方式渐渐沉底。在逐浪下跌的态势没有得到根本改变之前,就不必看多、做多。否则,套你没商量。

30日均线

10日均线

5日均线

图 259

习题 63 下图中某股近几天小阴不断,股价重心在下移。请问:从均线角度分析,你认为现在应该是做多还是做空? 为什么?

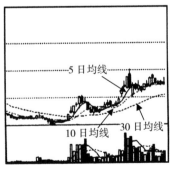

5 日均线

30 日均线

10 日均线

(该股往后走势见图 261)

图 260

184

参考答案 应该继续做多,因为该股均线形态是逐浪上升形。一般来说,逐浪上升形一旦确定,只要 5 日、10 日均线不下穿 30 均线,股价就会以进二退一的形式继续往上涨。因此,此时最佳投资策略应该是持股待涨(见图 261)。

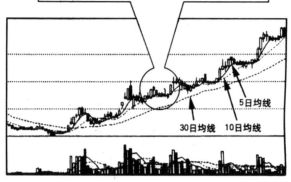

> 股谚说,涨时重势。无论大盘还是个股形成逐浪上升形后,其上升行情就不会短期结束,而要延续一段时期,这就是"势"。故此,在逐浪上升的态势没有根本改变之前,最佳投资策略是持股待涨。瞧!该股下调几天后又涨上去了。

5日均线

30日均线　10日均线

图 261

习题 64 一天,一位在股市中久经沙场的炒股高手,指着图 262 对新入市的股民说:做多的投资者应该在图中 A 点处做空,停损离场;在图中 B 点处,全部抛空出局,持币观望。请问:这位炒股高手下这个结论的根据是什么?

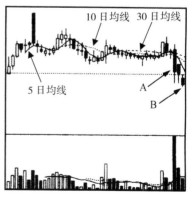

10 日均线　30 日均线

5 日均线

A

B

(该股往后走势见图 263)

图 262

185

参考答案 这位炒股高手作出做空结论的根据是：①图262箭头 A 所指处是 1 根断头铡刀的大阴线，它已连续击穿 5 日、10 日、30 日 3 根均线，为明显的卖出信号。②图262箭头 B 所指处，5 日、10 日、30 日 3 根均线已呈明显的向下发散态势，为典型的做空信号。在这两种转势信号的合力作用下，该股股价只能往下走（见图263）。

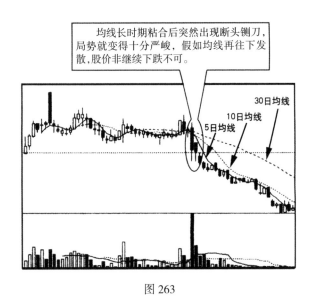

均线长时期粘合后突然出现断头铡刀，局势就变得十分严峻，假如均线再往下发散，股价非继续下跌不可。

30日均线

10日均线

5日均线

图263

习题65 图264中的个股自见顶回落后走势越来越弱，5 日均线与 10 日均线早就出现死叉，现在股价跌破 30 日均线已有 3 天，按理说这是一种有效跌破。请问：投资者见此图形应如何操作？

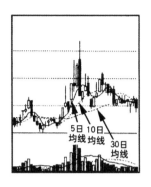

（该股往后走势见图 265）

图 264

参考答案　该股 K 线图形确实比较难看，自顶部出现"穿头破脚"[注 1]以来，股价一直处于回调之中，近来阴线不断，现在股价已连续 3 天收在 30 日均线之下，形势确实很严峻。但值得庆幸的是，其均线系统仍未变坏，30 日均线在往上走，股价跌破 30 日均线后最近 2 次下探的下影线都处在同一位置上，K 线组合呈"平底"之势[注 2]，这是不是告诉人们这次回调已经到位，股价在筑底呢？况且股价下穿 30 日均线的幅度未及 −3％，它还不属有效跌破。因此从总体上看，该股的整个上升趋势并没有遭到大的破坏。在这种情况下，盲目看空、做空，显然是不适宜的。根据均线理论和沪深股市实战经验，当 5 日、10 日均线发生死叉时，如 30 日均线在往上走，这种死叉的可靠性就值得怀疑。股价跌穿 30 日均线很可能是控盘主力蓄意制造的一个空头陷阱。当主力震荡洗盘的目的达到后，股价仍会继续往上走。这种情况在其他个股上曾多次发生过，因此，我们不得不提防着。

根据目前该股 K 线和均线走势，我们认为，日后它上涨的可能性要大于继续下跌，此时最佳投资策略应该是对它谨慎做多。具体地

[注 1]　关于"穿头破脚"K 线组合的特征和技术含义，详见《股市操练大全》第一册（修订版）第 64 页～第 66 页。

[注 2]　关于"平底"K 线组合的特征和技术含义，洋见《股市操练人全》第一册（修订版）第 67 页～第 69 页。

说,套牢者可持股不动,持币者则不妨可先尝试少量买一点。

　　往后,如股价短期内重返 30 日均线之上,成交量也随之增加,那就可以肯定地说前期主力确实是在制造空头陷阱,骗取中小投资者手中的筹码。这时我们就应从谨慎看多、做多转变为积极看多、做多,增加仓位,持股待涨(见图 265)。

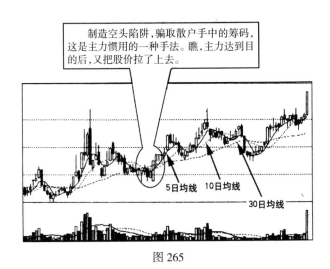

制造空头陷阱,骗取散户手中的筹码,这是主力惯用的一种手法。瞧,主力达到目的后,又把股价拉了上去。

5日均线　　10日均线

30日均线

图 265

习题 66　　一天,中户室小徐对图 266 个股作了仔细观察研究

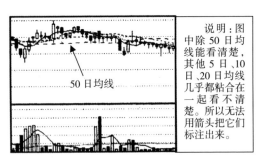

50 日均线

说明:图中除 50 日均线能看清楚,其他 5 日、10日、20日均线几乎都粘合在一起看不清楚。所以无法用箭头把它们标注出来。

(该股往后走势见图 267)

图 266

188

后,开始建仓。同室的几位股友问他发现了什么?他说:该股在经过一轮冲刺后进入横盘整理,成交量不断萎缩,股价低点在抬高,这是在蓄势待涨。现在买一点,将来收益一定很好。请问:小徐这样分析和操作对不对? 为什么?

参考答案 小徐这样分析和操作都不对。为什么这样说呢?因为小徐分析股价走势时,只是表面上看到它的成交量在萎缩,低点在抬高,但却没有注意到均线现在处于什么状态。如果我们从该股均线形态进行分析, 得出来的结论就完全和小徐的看法相反。如图266所示, 目前该股股价正围绕5日、10日均线以小阴小阳方式进行横向整理,但这两根短期均线明显地被20日、50日均线紧紧地压着。这是一个十分典型的乌云密布形图形。一般来说,均线系统出现这种图形,尤其是在高位时发生这种情况,日后股价大跌的可能性很大(见图267)。故此,我们认为这时小徐不但不应该买进该股,如果手中有这个股票,还应该反手做空,赶快把它处理掉。

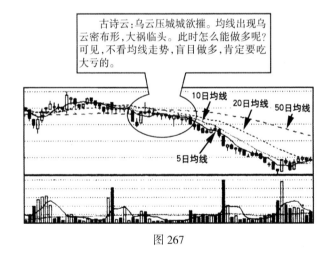

图 267

习题 67 指出图268均线形态名称,并说明多方前后2次买进点应设在何处(用画圈表示)? 稳健型投资者应该如何操作? 为什么?

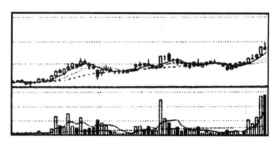

（该股图形分析见图 269）

图 268

参考答案 图 268 均线系统第一次向上发散叫首次粘合向上发散形,如图 269 画 A 圈处;第二次向上发散叫再次粘合向上发散形,如图 269 画 B 圈处。根据均线理论,移动平均线每次向上发散都是做多的信号,因此,多方的前后 2 次买进点都应设在均线向上发散的初始阶段。一般来说,稳健型投资者应在均线再次向上发散处买进,即在画 B 圈处建仓。这是因为均线再次向上发散,往往是多方主力在均线出现首次向上发散时试着做多,经过充分蓄势整理后发动的新一轮上攻行情的征兆,表明主力做多态度比较坚决,成功概率较大。

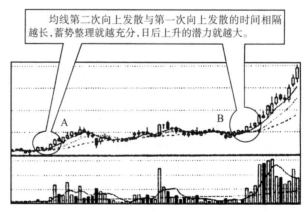

均线第二次向上发散与第一次向上发散的时间相隔越长,蓄势整理就越充分,日后上升的潜力就越大。

图 269

习题 68　图 270 中的个股现在有往上突破迹象,成交量急剧放大,股价已突破前期平台。不过,使人担忧的是,在该股成交放出天量时,出现的阳线实体却很小,并且在这个时候还拉出了一根吊颈线。请问:这是不是表明股价上档抛压沉重,往上突破可能是个假突破?在这种情况下,投资者应该是做多还是做空? 为什么?

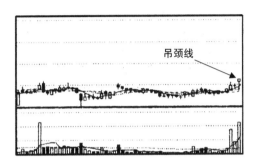

(该股往后走势见图 271)

图 270

参考答案　应该做多。因为该股前期经过了长期筑底盘整,而目前均线系统正处于粘合向上发散的初始阶段。日后,一旦均线系统继续向上发散,上涨空间是很大的。从统计概率看,类似这种图形的个股日后继续上涨和下跌的比例为 7:3[注]。况且该股均线向上发散得到了成交量的有力支持。因此,成功的可能性就更大一些。至于有人担心成交放出“天量”(注:这不能叫天量,只能说放出大量),而拉出的是小阳线,股价是不是会滞涨? 这就要看股价处于什么位置,如果这种情况出现在股价大幅上涨之后,对多方就很不利,说明主力在获利后开始出逃;如果这种情况出现在股价启动阶段,对多方反而有利。试想,在低位放出如此大的成交量,谁有这样大的能耐,不是主力又是谁? 现在股价刚刚上涨,主力还没获利,怎么可能出逃呢? 当然均线系统向上发散的初始阶段, 多空双方争斗会十分激烈, 成交放出大

[注]　上涨和下跌的比例为 7:3 是根据有关资料统计得出的。上涨的原因文中已作了详细论述。下跌原因是:(1)庄家实力较弱,没有能力将股价做上去;(2)庄家认为这次时机还不成熟,第一次放量上攻仅是一次试盘;(3)庄家自拉自唱,市场不响应。

量,拉出的 K 线却是一些小阳线,偶尔也有一些小阴线,这也是常有的事。这是因为,一方面在行情初始阶段,前期被深套的投资者会乘主力拉高之机,急于解套,纷纷抛售手中的筹码;另一方面主力在建仓任务未完成前,也不可能大幅拉抬股价,只能用盘中震荡方法进行打压吸筹。因此,反映到盘面上就会出现成交量放大但拉出来的是小阳线的现象。可以说,这完全是一种正常现象,投资者对此不必多虑。至于图 270 中那根"吊颈线"[注],也不用担心。因为从技术上来说,吊颈线要成为真正的见顶信号,前提是股价已有一段较大的涨幅,而现在该股尚处在涨升初期,出现这样一根所谓的"吊颈线"至多只会引起股价小幅波动,但它不大可能成为见顶信号,改变该股整个上行趋势。根据以上分析,我们认为投资者目前可以试着买一些股票,如果往后几天股价重心上移,就应该大胆跟进,跟着主力做多(见图271)。

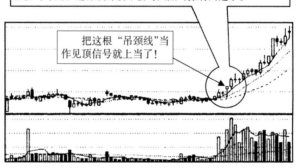

图 271

习题 69　王小姐在上次某股出现双顶时没有出逃,结果将赚到

　　[注]　关于"吊颈线"的特征和技术含义,详见《股市操练大全》第一册(修订版)第29页、第30页。

的钱又全部赔了出去,对此她十分后悔。现在图 272 个股走到今天,又像要形成一个双顶走势。于是,她决定明天集合竞价时将该股全部卖出。请问:王小姐这样操作对不对? 为什么?

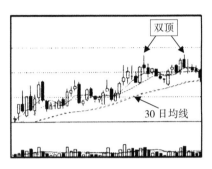

（该股往后走势见图 273）

图 272

参考答案　王小姐这样操作是错误的。首先,作为一个投资者在分析股价走势时,应当仔细观察一下移动平均线状况。从图 272 个股的移动平均线形态看,该股正沿着 30 日均线逐浪往上攀升。目前股价虽有小幅回调,但仍属正常范围,只要日后股价不击破 30 日均线,

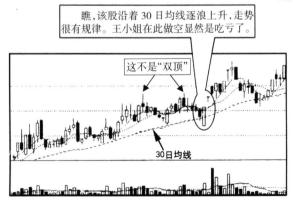

图 273

就应继续持股。可见,王小姐在此做空是十分盲目的(见图273)。其次,王小姐在吃了一次股价"双顶"[注]未逃,结果被深套的亏后,对双顶就特别敏感。往后,只要发现盘中出现双顶,不管是真是假,都会产生一种莫名的恐惧心理。因此,当图272个股近期走势出现两个小山峰时,王小姐就一眼认定它是双顶,并采取了三十六计,走为上计的错误做法。其实,我们知道双顶形成是有条件的,如果连股市中平时的2个小浪顶也算作双顶,那么股市中的双顶就太多了。假如有谁按这种思路和方法去操作,用不了多久就会被股市淘汰出局。

习题 70 某周末,股市操练强化训练班的甲组学员和乙组学员在观察图274的走势后,展开了讨论。甲组学员说该股已连跌几天,现在 K 线图形上已有止跌迹象,应该做多;乙组学员说,股价连续下跌,说明走势转弱,现在止跌回升是暂时的,应该做空。当时因为各方理由都不充分,谁也不能说服谁。后来,张老师引导大家从均线形态上分析,举出了两点必须停损离场的理由。甲方学员和乙方学员都感到有道理,很快就统一了思想,以后的事实证明张老师的分析、判断完全正确。请问:张老师举出两点必须停损离场的理由是什么?

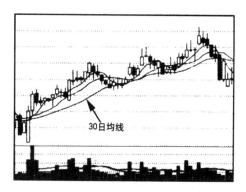

30日均线

(诊股往后走势见图275)

图 274

[注] [注] 关于"双顶"的特征和技术含义,请参阅《股市操练大全》第一册(修订版)第231 页 ~ 第233 页。

参考答案　张老师从均线形态上对该股的走势进行了深入剖析,发觉目前它所处的形势十分严峻,多方必须停损离场。其理由是:①该股原来是沿着 30 日均线逐浪上升的, 现在股价已有效跌破 30日均线[注],逐浪上升形态遭到了破坏。此时,股价已从上升趋势转为下跌趋势。②均线系统的右上方出现了死亡谷。一般来说,移动平均线同时出现这两个下跌信号,继续下跌概率要超过 80%(见图 275)。因此,张老师叫大家见此图形赶紧抛空出局。

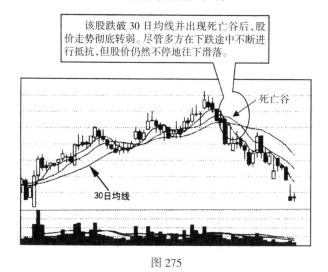

该股跌破 30 日均线并出现死亡谷后,股价走势彻底转弱。尽管多方在下跌途中不断进行抵抗,但股价仍然不停地往下滑落。

死亡谷

30日均线

图 275

习题 71　图 276 中的个股原来沿着 10 日均线往上爬升,不料,某天突然拉出了一根长阴线,一下子把 5 日、10 日、30 日均线全部吞吃了。有人说这是断头铡刀,往后股价一定会大跌,第二天应该一开盘就抛空。请问:这样的操作方法是否正确?

参考答案　从图形上看,这根断头铡刀有很多可疑之处。第一,通常只有股价出现较大涨幅,主力获利丰厚并已派发大量筹码后,才会用断头铡刀往下砸盘。而从图 276 看,该股从低位横盘往上拉升,

---

[注]　股价有效跌破 30 日均线, 指股价连续 3 日收在 30 日均线之下, 且跌幅超过3%。

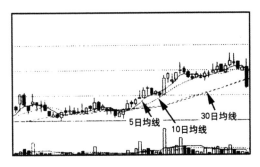

（该股往后走势见图277）

图276

上升不到20%，主力在这个点位上出货，空间太小，扣除来回手续费和拉抬成本，已无利可获，如没有什么突发性意外情况发生，主力是不会这样干的。第二，假设因意外情况迫使主力在这个点位上出货，从成交量上看，今天下跌也是一种无量空跌，即使主力真想出逃也未必能如愿以偿。试想无人接盘，主力又如何顺利出货呢？在这种形势下，主力真要出货，只有一条路：大幅压价。那么，套牢的首先是他们

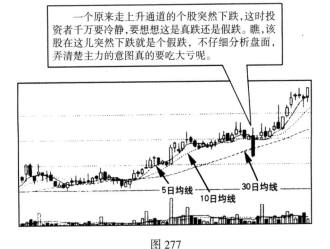

图277

自己。由此可见,某天出现的断头铡刀很可能是主力故意打压所为,其目的是为了洗清浮筹,夯实股价,以减轻日后往上拉升的压力。因此,根据上述分析,我们认为投资者现在千万要冷静,不要贸然做空,有股票的可继续持股,无股票的可趁低少量吸纳。如果日后几天股价能回到30日均线之上,说明我们推断主力利用断头铡刀进行震荡洗盘的分析是正确的,这时就可大胆买进(见图277)。

习题72 一天,股市操练强化训练班张老师指着图278说,从该股K线和均线走势看,它明显的卖出点应该有A、B、C、D、E、F 6处。现在请你说出把A、B、C、D、E、F作为卖出点的理由,并分析一下该图形中卖出信号的不断出现给投资者会有什么启示?

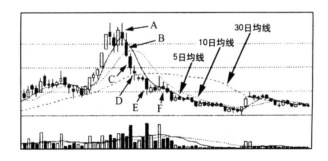

图 278

参考答案 第一,把A点作为卖出点,是因为在这里出现了"平顶"的K线组合,而且这个平顶是以两根"螺旋桨"K线组成。平顶和螺旋桨[注1]都是见顶信号。在这两种见顶信号的合力作用下,该股下跌概率极大。

第二,把B点作为卖出点,是因为该股5日均线已经弯头,并且在它前面的"向上跳空缺口"[注2]被有效封闭。从图278看,该股前面

[注1] 关于"平顶"、"螺旋桨"的特征和技术含义,详见《股市操练大伞》第一册(修订版)第70页~第72页,第45页~第46页。

[注2] 关于"向上跳空缺口"的特征和技术含义,详见《股市操练大全》第一册(修订版)第261页~第263页。

的均线形态是快速上涨形。一般来说,均线呈快速上升时,5 日均线弯头就是出货信号。而且 B 点处拉出的是 1 根"大阴线"[注 1],从 K 线理论上说,在此位置上出现大阴线,本身就是一个看跌的信号。

第三,把 C 点作为卖出点,是因为该股在见顶之后出现了"三连阴"的 K 线组合[注 2]。三连阴出现在上升后的下跌初期,是典型的卖出信号。

第四,把 D 点作为卖出点,是因为该股 5 日均线、10 日均线在它的上方出现了死叉。

第五,把 E 点作为卖出点,是因为该股 5 日和 30 日均线在此出现了死叉。

第六,把 F 点作为卖出点是因为在它的上方出现了死亡谷。

图 278 的卖出信号不断出现,给我们投资者的启示是:

①股市有风险,但这风险并不是不可预防的。因为在大多数情况下,无论是大盘还是个股的下跌都不是突然发生的,它必然会有一个过程。在这个过程中,卖出信号会频繁出现,这就给投资者操作留下了足够的思考空间和退场时间。因此,只要投资者预先在这方面有所准备,投资风险就可大大减少。

②投资者对这些卖出信号能不能识别,是减少投资风险、预防深度套牢的一个最关键问题。如果投资者对这些卖出信号的特征、技术含义都不了解,或一知半解,那么情况就很不妙。这点应引起大家高度重视。

③当出现第一个卖出信号时,下跌可能性为 60%,出现第二个卖出信号时,下跌可能性就增加到 70%,卖出信号越多,下跌的可能性就越大。因此,投资者在看到卖出信号频繁出现时,决不能麻木不仁,而应该快刀斩乱麻,及时停损离场,这样才能避免深度套牢的风险。

[注 1]　关于"大阴线"的特征和技术含义,详见《股市操练大全》第一册(修订版)第 23 页 ~ 第 26 页。

[注 2]　关于"三连阴"K 线组合的特征和技术含义,详见《股市操练大全》第一册(修订版)第 130 页、第 131 页。

第六节 移动平均线图形的识别和运用测验题

姓名＿＿＿＿＿＿ 得分＿＿＿＿＿＿

一、是非题(每题 2 分,共 8 分)

在下列各题后的括号内填上"对"或"错"。

1. 图①画圈内的几根均线呈空头排列。 （　　）
2. 图②画圈内的几根均线呈多头排列。 （　　）
3. 图③画圈内的尖头向上不规则三角形是银山谷。 （　　）
4. 图④画圈内的尖头向下不规则三角形是死亡谷。 （　　）

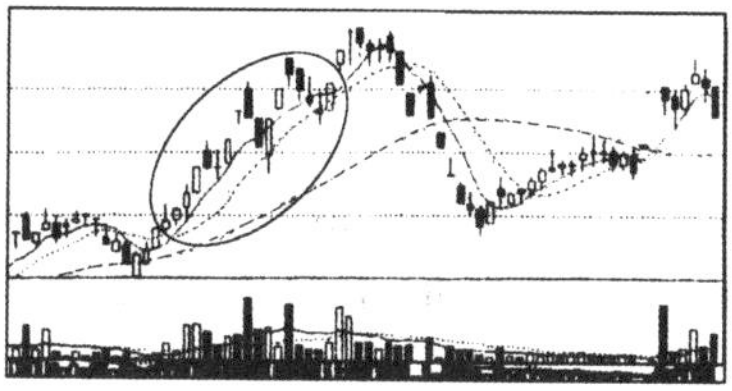

图①

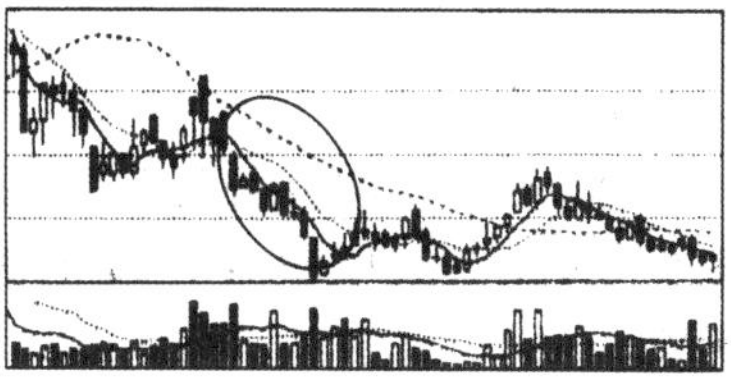

图②

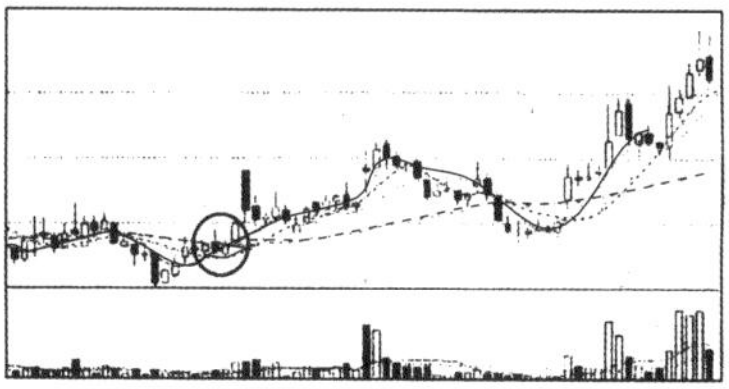

图③

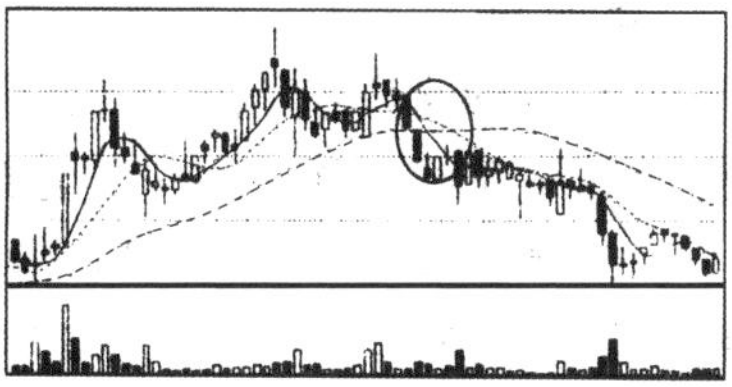

图④

二、判断题(每题 2 分,共 8 分)

下面各个小题都有两句话,其中有一句是正确的。请在正确的一句话后面的括号内打上"√"。

第一题:

(1)在强势市场,股指下跌一般不会跌破 5 日均线,更不会跌破 10 日均线,若跌破 5 日均线,尤其是跌破 10 日均线,当心市道转弱。　　　　　　　　　　　　　　　　　　　　　　　　(　　)

(2)在强势市场,股指下跌一般不会跌破 20 日均线,更不会跌破 40 日均线,若跌破 20 日均线,尤其是跌破 40 日均线,当心市道转弱。　　　　　　　　　　　　　　　　　　　　(　　)

第二题:

(1)在技术上称跌破××均线,一般指有效跌破,并非是瞬间跌破。即收盘指数或收盘价已连续 5 天以上(包括 5 天)收在××均线之下,且下跌幅度超过了 5%。　　　　　　　　　　(　　)

(2)在技术上称跌破××均线,一般指有效跌破,并非是瞬间跌破。即收盘指数或收盘价已连续 3 天以上(包括 3 天)收在××均线之下,且下跌幅度超过了 3%。　　　　　　　　　　(　　)

第三题:

(1)移动平均线黄金交叉与死亡交叉对研判行情的演变有重要参考价值,但如股价在连续上涨或连续下跌时信号会产生失真现象。　　　　　　　　　　　　　　　　　　　　　　　　(　　)

(2)移动平均线黄金交叉与死亡交叉对研判行情的演变有重要参考价值,但如股价处于盘整时期信号会产生失真现象。　　(　　)

第四题:

(1)断头铡刀是指 1 根长阴线一连吞吃了 5 日、10 日、30 日 3 根均线,它是行情转弱的一个重要信号。　　　　　　　　(　　)

(2)断头铡刀是指 1 根长阳线一连吞吃了 5 日、10 日、30 日 3 根均线,它是行情转弱的一个重要信号。　　　　　　　(　　)

三、填空题(每题 2 分,共 12 分)

1. 图①画圈处的均线图形叫(　　　　　　)形。均线上出现这种图形,说明该股蕴藏了极大的做空能量。

2. 图②画圈处的均线图形叫(　　　　　　)形。均线上出现这种图形,日后继续下跌的可能性很大。

3. 图③画圈处的均线图形叫(　　　　　　)形。投资者见此图形应及时退出为佳。

4．图④画圈处的均线图形叫（　　　　　　　）形。在股价(指数)大幅下跌之后出现这样的图形,投资者不宜再看空、做空。

5．图⑤画圈处的均线图形叫（　　　　　　　）形。均线上出现这种图形,日后上涨和下跌的概率为7∶3。

6．图⑥画圈处的均线图形叫（　　　　　　　）形,是稳健型投资者较安全的买进点位。

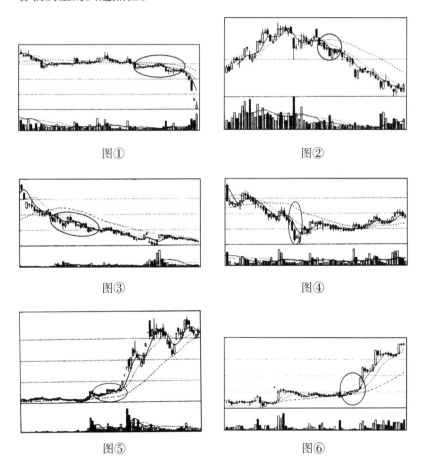

图①　　　　　　　　　　　　　图②

图③　　　　　　　　　　　　　图④

图⑤　　　　　　　　　　　　　图⑥

四、问答题（每题 9 分，共 72 分）

1. 仔细观察下图，然后回答下列的问题：此时投资者应该是谨慎做多还是积极做多?应该是做空还是观望? 请说明其中的操作理由。

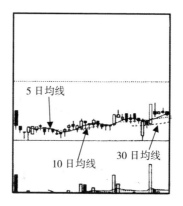

2. 下图中的个股自见顶回落以来，下跌已一月有余，前几天在连续出现 3 根小阴线后，拉出了 1 根中阳线，并一举吞吃了前面 2 根阴线（见图中画圈处）。有人说，这种 K 线形态像"穿头破脚"，是见底信号，再跌也是空头陷阱了。因此，现在不能再看空卖出股票，而应该逢低吸纳，跟着主力做多。请问：这种看法对不对? 为什么?

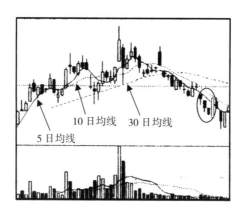

3．某天,大盘收市后,一群股民对下图的走势发表了各自的看法。有的说,该股已往上突破,现在应该积极做多,重仓买进;有的说,该股昨日刚拉出 1 根大阳线,今就给打下来了,收了 1 根十字星,这说明往上是假突破,现在应该积极做空,逢高减磅。正当大家争论不休的时候,刚从股市强化训练班结业的老冯走了过来。他在听了众人争论后,作了一番分析,并举了许多类似的例子,大家觉得老冯的话很有道理,第二天就照他的意见做了,结果后来个个获益匪浅。请问:老冯是如何说服大家的? 老冯究竟说了些什么,才使众人采纳了他的操作建议?

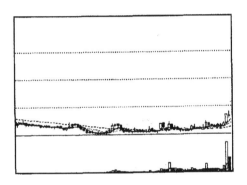

4．下图中个股自上次见顶回落后,经过一段时期调整,现在又发动了第二轮上攻行情,但上攻时成交量一直不能放大,且明显地受到上一高点的制约,股价屡次上冲都无攻而返,今日又拉出了一根倒 T 字线。请问:在这种情况下应如何操作? 为什么?

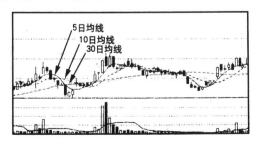

5.该股在连续下跌后出现了见底回升的现象,正在大家议论该股有没有上涨潜力时,一位技术派人士发表了自己的看法。他说,日后该股百分之百要大涨。其理由是:第一,目前它的技术图形为 V 形反转;第二,5 日、10 日均线形成了黄金交叉;第三,上攻时出现了两红夹一黑的 K 线走势。V 形反转、黄金交叉、两红夹一黑都是买进信号。一个股票同时出现 3 种买进信号,其上涨的潜力就非常大。请问:这位技术派人士的分析是否在理?你认为现在是不是可以做多?通过这件事对投资者有何启发?

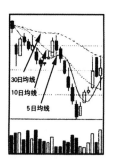

6.前期,小王见下图中的个股一直在走上升通道,忍不住进了一些货,不料自他买进后,股价就一直下跌,先是 5 日、10 日均线出现死叉,现在又接连 3 根阴线击穿了 30 日均线。此时,他很后悔自己的盲动,不应该在高位追涨。面对该股近来疲弱的走势,小王决定停损离场,以免该股继续下跌造成更大的损失。请问:小王前期操作失利的主要原因是什么?现在停损离场对不对?为什么?

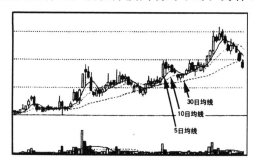

7．下面3张图都是近期的强势股，但是强势程度各有不同，这反映了庄家操盘手法之间的差异。请问：在这些强势股中，庄家操盘手法的差异主要表现在哪里？强势股与其他一般股的上涨形式有什么不同？如果现在你手里握有这类强势股应如何操作？这里要注意些什么问题？

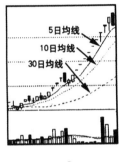

图①

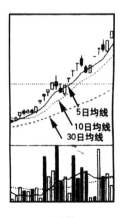

图②

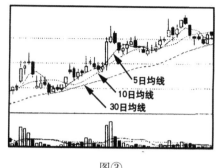

图③

8. 俗话说：山雨欲来风满楼。当大盘或个股走熊时总有许多蛛丝马迹可寻。如果你熟悉 K 线、均线分析，在大盘或个股走势转弱时，就能根据盘面发出的卖出信号，及时离场，这样就能将风险减少到最低限度。现在请你以下图为例，说说图中有哪几个明显的卖出点（用箭头把它指出来），并说明做空的理由是什么？

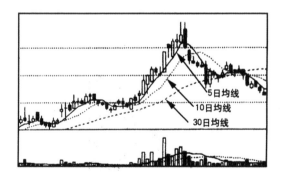

移动平均线图形的识别和运用测验题

参考答案

一、是非题

1．（错）　　2．（错）　　3．（对）　　4．（对）

二、判断题

第一题　正确：(1)　　第二题　正确：(2)

第三题　正确：(2)　　第四题　正确：(1)

三、填空题

1．乌云密布　2．首次交义向下发散　3．下山滑坡　4．加速下跌　5．烘云托月　6．再次粘合向上发散

四、问答题

1．**参考答案**　应该积极做多。理由是：①该股前几日拉出了1根蛟龙出海的长阳线，并一举吞没了5日、10日、30日3根均线，成交量也随之成倍放大，这是一个明显的买进信号。②这几日虽然拉

附：该股出现蛟龙出海的长阳线后的走势图

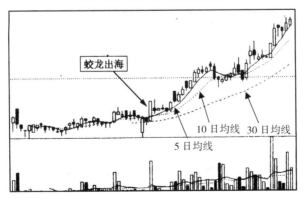

出了一些小阴小阳线,但它们基本上在蛟龙出海的长阳线的上半部位运行,成交量也大幅减少,这说明目前的 K 线走势是在消化短线浮筹,回档整理的目的是为了夯实股价,减轻日后往上拉升的压力。③该股均线系统已呈向上发散态势,这是投资者积极做多的最主要依据。

2. 参考答案 这种看法不对,现在不是逢低吸纳做多的时候,而应该继续做空。持股的要坚决停损离场,持币的则要捂紧口袋,冷眼观望。为什么要这样做呢?因为该股均线系统自向下发散后,现在明显地处于空头排列之中。虽然,前几天在连续出现 3 根小阴线后,拉出了一根中阳线,但从图中看,这根中阳线收于 5 日均线和 10 日均线之间。该 K 线形态说明,多方在遭到空方一连串打击后,作了一些反抗,然而这种反抗力度不大,无法突破 10 日均线的压制。况且,那日在拉出这根中阳线时,成交量仍处于萎缩状态,这就更进一步表明,多方的反抗仅是盘中存量资金所为,新资金并没有入场。这样其上升的可信度就很值得人们怀疑,再指望多方日后还有什么大的作为,也仅是投资人的美好愿望而已。根据其均线走势,我们认为该股做空的能量还很大,股价仍会继续下跌。在此情况下,投资者怎么能随意做多呢?

至于有人认为,那日拉出 1 根中阳线吞吃了前面 2 根小阴线,构成了"穿头破脚"K 线组合[注],是个见底信号。这种看法也是不正确的。这个道理很简单。其一,穿头破脚要成为见底信号,一般只出现在股价大幅下挫后,而从该股 K 线走势看,它从顶部开始下跌,回落幅度并不深,此时就断定它为见底信号,这就显得很主观。其二,退一步说,假定这个穿头破脚的 K 线组合,为见底信号,那么,按逻辑推理,一是拉阳线当日应该放量,二是日后股价重心应该上移。但这两点都没有做到,并且从图中看,该股往后几天的股价重心在下移。此时,投资者就必须认真考虑一下,前面认为那个穿头破脚为见底信号的看法是否正确?其三,研判股价走势,要从整体考虑,当均线向下发散,处于空头排列,且盘面上没有任何迹象表明有新资金

[注] 关于"穿头破脚"K 线组合的特征和技术含义,详见《股市操练人全》第一册(修订版)第 64 页~第 66 页。

入场时,不能因为出现了一个信号并不明确、可靠性较差的穿头破脚就肯定说该股已经见底,要逢低吸纳,这样的投资行为是不是有点太轻率了。要知道在股市里卖出要果断,买进要谨慎。作为一个成熟投资者在没有确定股价整体走向之前,轻易下买单,是很容易出错的。这样的教训在股市里实在太多,投资者一定要引以为戒。

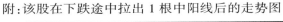

附:该股在下跌途中拉出 1 根中阳线后的走势图

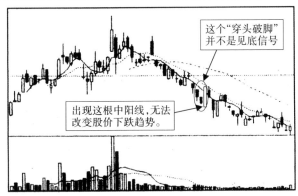

这个"穿头破脚"并不是见底信号

出现这根中阳线,无法改变股价下跌趋势。

3. **参考答案**　老冯不会就事论事,而必定从该股总体走势上进行深入分析,讲明道理和操作方法,这样才会使听者心悦诚服。至于老冯究竟说了些什么?我猜想,不外乎讲了以下一些内容:第一,从该股总体走势看,筑底已有相当长的时间,最近一段时间以来,成交量比前一阶段有明显的增加,这说明有新资金在悄悄吸纳。第二,该股均线系统经长期粘合后正处于向上发散的初始阶段。按照均线理论,均线粘合后向上发散,尤其是长期粘合后向上发散,是买进信号,投资者应在此积极做多。第三,该股均线向上发散时,成交量急剧放大,这说明多空双方在此争斗十分激烈,主力资金活动迹象十分明显。在主力向上拉出 1 根大阳线后,紧接着出现 1 根十字线,这也是一种常见的现象。它反映多方主力还不急于向上连续攻击,待消化盘中的浮筹后,再决定要不要往上拉升。从图中看,盘中的十字星位于大阳线的上半部位,这是不是在暗示投资者,多方主力正控制着局势。第四,该股前期横盘整理,从技术图形上分析是个"潜伏底"[注](见下图)。现在潜伏底的上边压力线已被突破,只要日后几日股价仍站在它的上方,就属有效突破。潜伏底一旦被证明向上突破成功,其上涨空间必然会被打开。

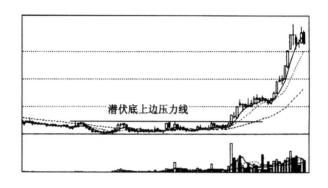

潜伏底上边压力线

4. **参考答案** 面对图中个股走势,要明白下一步应该怎么办,首先要看它的均线形态如何?从图中看,该股在发动第一轮攻势时,均线曾经出现过一个银山谷。银山谷属于激进型投资者的进货点。在该股第一轮攻势受挫后,经过一段时期的蓄势调整,多方又发动了第二轮攻势,此时均线出现了一个金山谷(见下图)。按照均线理论,金山谷发出的买进信号的可靠性要强于银山谷,所以,人们常把它作为稳健型投资者的买进点。现在人们所担心的问题是该股上攻时成交量没有放大,K线形态不佳。但如果仔细观察该图,这种担心又可以说是多余的。为什么这样说呢?从图中看,该股在第二轮攻势时,成交量比往日有明显的增加,只是股价回落时,成交量很快萎缩了下来,这说明它上涨时还是有点量的,并非完全是无量空涨。另外,现在K线图形虽不怎么好看,但也没有坏到哪里,K线整体上还是显示出缓慢上升的趋势。昨天,今天两根K线,一根实体很小,为

[注] 关于"潜伏底"的特征和技术含义,详见《股市操练大全》第一册(修订版)第271页~第274页。

小阳线；一根没有实体，为小倒 T 字线。目前，它们都收在 5 日均线下方，但又都得到了 10 日均线的支撑。这种情况既可以理解为多方上攻受阻，股价被迫下调，也可以理解为多方在发动总攻前的主动后撤，蓄势待发。因此，离开整个均线和 K 线走势，单对这 2 根小 K 线就事论事是没有多大意义的。在分析该股未来趋势时，还有一点需要我们注意的是，该股技术图形正在构筑一个"双底"[注 1]。目前，股价在快要触及双底颈线处回落，这有可能是多方主动撤退，蓄势待发。如一旦日后股价放量突破颈线，其上涨空间就很大。

现综合上述各种因素，我们认为，目前该股多空双方正处于决战前夕的沉寂阶段，多方和空方的动作都不明显。不过以其技术图形和 K 线、均线走势而言，主动权还是掌握在多方主力手中。因此，投资者经过审时度势后应该以做多为主。具体可以这样操作：持股的可按兵不动，持币的可先买一些筹码。然后，看盘面变化再说。如股价继续回落，只要不跌破 30 日均线就不必斩仓离场，相反，可再逢低补一点筹码；如果股价往上突破，成交量也随之放大的话，就坚决做多，重仓跟进。

附：该股在拉出倒 T 字线后的走势图

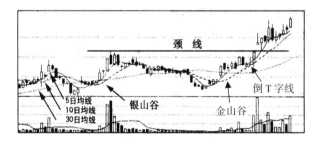

5. **参考答案** 我认为这位技术派人上的分析并不在理。第一，一个股票要形成"V 形"[注 2]反转走势必须满足 3 个条件：①呈加速

[注 1] 关于"双底"的特征和技术含义，详见《股市操练大全》第一册(修订版)第 229 页～第 231 页。

[注 2] 关于"V 形"走势的特征和技术含义，详见《股市操练大全》第一册(修订版)第 257 页～第 259 处。

下跌状态。②突然出现戏剧性变化,拉出了大阳线。③转势时成交量特别大。我们用这个标准对照图中个股目前的状况,就会发现它仅符合①这个条件,而②、③这2个条件都不具备。因此,说它是V形反转有点牵强。第二,这位技术派人士说,该股5日均线、10日均线出现了黄金交叉,但他忘了该股的30日均线在往下走,且坡度很陡。根据均线理论,当30日均线在上方往下运行时,5日、10日均线金叉的可靠性就值得怀疑,它很可能是主力为诱多而制造的一个假金叉。第三,这位技术派人士还说,该股的K线图上出现了"两红夹一黑"的K线组合[注]。诚然,在涨势初期出现两红夹一黑,应该是个买进信号。但问题是,这个两红夹一黑很难使人认同。它一边是一根带有较长上影线的中阳线,另一边是一根是螺旋浆K线,当中夹着1根中阴线。这样的图形与真正的两红夹一黑的K线组合图形相去甚远,这怎么可以随便就指认它为两红夹一黑呢?我们认为,目前该股的K线、均线走势均不理想。现在还不是做多的时候,贸然买进,很容易吃亏(见下图)。

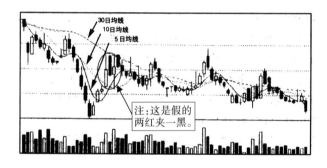

最后,我们需要强调的是,即使退一步说,这位技术派人士提出的3条理由都是正确的,那也不可能断定该股日后"百分之百要大涨"。股市中不确定的因素很多,技术上无懈可击,不等于股价走势就会简单地按照技术分析的路子演变下去,这里有70%~80%的准

[注] 关于"两红夹一黑"K线组合的特征和技术含义,详见《股市操练大全》第一册(修订版)第105页、第106页。

确率就很不错了。这怎么能够说它"百分之百要大涨"呢?我们说平时做人做事都要留有余地,在股市中,更需要这样。因此,本书在介绍一些行之有效的技术分析方法用它来预测股价走势时,经常用到"通常"、"一般来说"、"可能"这些字眼,意即不要把话说死,要预防意外情况发生。但使人遗憾的是,上面提到的那位技术派人士在还没有做到对技术分析正确理解前,就说出些"百分之百"的满口话,这实在是要不得的。如果有谁按他的建议去操作,那就非得翻船不可。

这件事给我们投资者有两点启发:第一,股市中不存在百分之百正确的东西。任何一种股市分析方法(包括现在所谓含有高科技成分的各种证券软件)都不可能做到绝对正确。假如有谁这样宣传,那肯定是吹牛,大家千万不要去相信它。第二,投资者在根据技术分析提供的买进信号做多时,一定要先设好止损点,万一市场有变,或者出现分析错误,也可以做到及时停损离场,不至于稀里糊涂一路深套下去,弄得血本无归。

6. **参考答案**　小王前期操作失利的最主要原因是对该股的均线情况没有搞清楚。诚然正如小王所见,该股确实是在走上升通道,现在做多是没有问题的,但做多不等于马上买进。如要买进还得看看该股在上升时的均线形态如何?从该股均线走势看,它是以逐浪上升方式往前推进的。既然均线形态是逐浪上升形,那么,买进点就不能选择在每一次上冲时的浪峰上,而要选择在每一次回落的浪谷或接近浪谷处。可能有人要问,你怎么知道什么地方是浪峰,什么地方是浪谷呢?这个并不难。逐浪上升形的每一浪高点与低点距离相差并不大,当某一浪比前面的浪升得过高时它就会自然回落,一般回落到了 30 日均线附近(也可略高于 30 日均线,也可略低于 30 日均线)就会停住。根据均线逐浪上升形的这一特点,买进点应该设在 5日、10 日均线出现死叉的下方,而不是在 5 日均线远离 30 日均线的上方,即浪峰上(见下图)。而小王买进该股时并没有搞清楚它现在的均线形态是逐浪上升形,而是像大多数人一样,见涨买进,其买进点恰恰错误地选择在 5 日均线远离 30 日均线的上方处,这样买进即套也就不足为怪了。当小王买进该股发现被套后开始还没觉得什么,后来该股冲高回落时,先是 5 日、10 日均线出现死叉,之后,股价又跌破了 30 日均线, 这时他感到紧张了,于是想到了停损离场。小王以为这样做,就可以避免股价继续下跌带来的风险。但小王这样想又错了。其错误的原因,仍然是因为对均线逐浪上升形的无知所造成的。为何这样说呢?我们知道,逐浪上升形之所以短期均线能一浪一浪往上走,完全是长期均线在下面支撑着它们。只要长期均线(在日 K 线图中主要指 30 日均线)能一直往上走,即使短期均线(在日 K 线图中主要指 5 日、10 日均线)偶尔击穿长期均线也无碍大局,日后股价仍会继续以进二退一的方式往上推进。当我们明白这个道理后,再来看该图现在的均线走势,就可发现该股 30 日均线正积极地朝上走,而近几日股价下跌时成交量非常小,这说明盘中主力并没逃,现在股价虽然跌破了 30 日均线(其实,真正的跌破要股价连续 3 日收在 30 日均线下方,且跌幅超过 3%),但均线的逐浪上升形态并没有遭到实质性的破坏。事实上,该股偶尔跌破 30 日均线在以前也发生过,但那是假跌破,是主力为了清洗浮筹制造的一个空头陷阱。故可推断,这次极有可能是主力故伎重演罢了。

综合以上分析,我们认为小王现在停损离场是错误的。正确的做法是持股不动,或现在先用少量资金回补,等股价重返 30 日均线之上再加码追进(见下图)。

附:该股连续 2 天"跌破"30 日均线后的走势图

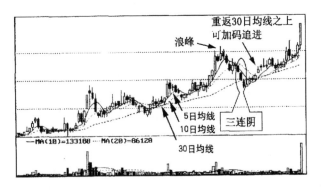

7．**参考答案**　从上述强势程度各不相同的强势股中,可发现庄家操盘手法的差异主要表现在:图①庄家是沿着 5 日均线往上拉升的,图②庄家是沿着 10 日均线往上拉升的,图③庄家是沿着 30 日均线往上拉升的。为什么会出现这种情况呢?首先我们来看图①。因为图①庄家对该股已经绝对控盘,或市场对该股潜在的利好题材已经认可。因此庄家才敢采用连续逼空的手法,使股价直线上升。这类沿着 5 日均线往上飚升的股票,当属超强势股。庄家操盘手法凶狠、泼辣为其他庄家所不及。接着,我们来看图②,该股庄家控盘程度不如图①庄家,但基本掌握了该股涨跌的"生死大权",或者该股也有一种吸引人的题材为市场密切关注着。因此庄家才会采用小跌大涨的手法,不断推高股价。这类沿着 10 日均线往上拉升的股票当属强势股。庄家操盘手法的果断、大胆为市场所瞩目。最后,我们来看图③,该股庄家控盘程度较差,一来所进驻的个股可能盘子较大,不易控盘;二来该股虽有利好,但题材一般,市场看好它的人并不多。当然该股庄家也非等闲之辈,他们常采用进二退一的方法使股价稳步向上攀升。这类沿着 30 日均线上升的股票属于一般强势股。庄家操盘时采用了一种步步为营、稳扎稳打的手法。这是强庄股中庄家用得最多的一种操盘方法。

　　既然是强势股,它们上涨的形式就不同于其他股票。第一,无论是沿着 5 日均线,还是沿着 10 日(30 日)均线上升的强势股,它们上升时都会遵守一种约定俗成的规则,各自守好家门。规规矩矩地沿着 5 日均线,或 10 日(30 日)均线往上攀升,途中很少有击穿 5 日均线,或 10 日(30 日)均线的现象发生。第二,如果发生了自家门失守——5 日均线,或 10 日(30 日)均线被击穿的情况,这说明控盘庄家已经无意再把股价做上去,该股也就很有可能会从强势转化为弱势。这里特别要注意的是,这里所指的 5 日均线,或 10 日(30 日)均线的失守,与我们前面习题中讲的连续 3 天收在 5 日均线,或 10 日(30 日)均线下方,跌幅超过 3%的有效下跌概念有着很大的区别。在强势股中,只要某日收盘击穿(注:盘中出现大阴线更要警惕) 5 日均线,或 10 日(30 日)均线,这种下跌就属有效。因为强势股要么不跌,一旦开跌就不大可能再会上涨。

当我们明白这些道理后,就能从均线变化中找到对付强势股庄家的办法,这就是:原来沿着 5 日均线上升的股票,只要 5 日均线不破就可继续持股,一旦某天 5 日均线被击穿(收盘价收在 5 日均线下方,下影线不算)就不能再继续看多,马上转为看空,第二日就应该斩仓出局,或减磅操作(注:减磅操作至少要抛掉一半以上筹码),如果日后几天股价重心下移,就应该全部抛空离场。考虑到这类强势股庄家在高位出货后,短期内不会再进场,故此类股票一旦下跌,其下跌的空间很大,时间也会拉长。因此,在相当长的一段时间内投资者不应该再买进这类股票。同样的道理,原来沿着 10 日均线,或 30 日均线上升的强势股票,若某一日股价跌破 10 日均线,或 30 日均线,那么就说明它们的股价已涨到头了,接下来股价就会大跌,此时应该马上卖出(注:具体的卖出地方,详见图①~ 图③中的"卖点")。

附:图①跌破 5 日均线、图②跌破 10 日均线、图③跌破 30 日均线后的走势图,以及图中卖点情况的设置。

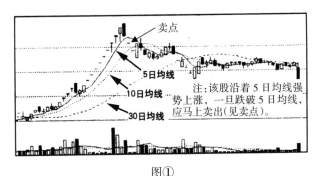

图①

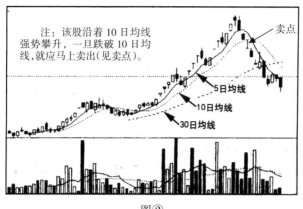

图②

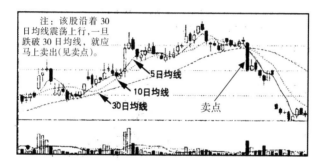

图③

8. **参考答案** 从 K 线和均线上分析,该股从强势转为弱势,至少出现过 5 个明显的卖出点。

第一个卖出点为箭头 A 所指处(见下图。下同)。把它作为卖出点是因为 K 线图形上出现了"平顶"[注]走势,而平顶中的一阳一阴 2 根 K 线,又构成了穿头破脚的头部形态。平顶、穿头破脚在这里都是见顶信号。该股就是在这两种卖出信号的合力作用下,由强转弱,掉头下行的。

[注] 关于"平顶"K 线组合的特征和技术含义,详见《股市操练大全》第一册(修订版)第 70 页~第 72 页。

第二个卖出点为箭头 B 所指处。此处 5 日均线已向下弯头。为什么将 5 日均线向下弯头作为卖出信号呢?这是因为该股前期一直沿着 5 日均线上升,从未发生过 5 日均线向下弯头现象。按均线理沦,原来沿着 5 日均线上升的强势股,如出现跌破 5 日均线,或出现5 日均线向下弯头现象,就应该看空、做空。

第三个卖出点为箭头 C 所指处。把它作为卖出点是因为此处的5 日均线已向下穿过 10 日均线,5 日均线和 l0 日均线在这里形成了死叉。

第四个卖出点为箭头 D 所指处。把它作为卖出点是因为在其左边出现了死亡谷。均线上形成死亡谷,说明做空能量还没有得到充分释放。

第五个卖出点为箭头 E 所指处。把它作为卖出点是因为几条均线在此交叉向下发散。我们在本书前面习题中早就分析过,当股价从高位回落时,如果均线出现交叉向下发散的现象,股价继续下跌的可能性就很大。

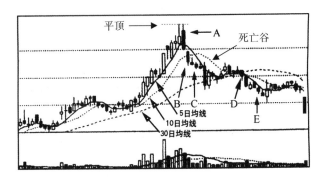

可见,如果我们对 K 线、均线上的卖出信号耳熟能详,那么,在大盘或个股由牛转熊时,及早停损离场,保住胜利果实,减少市场风险是完全可以做到的。

第七节　移动平均线图形识别和运用小结

　　移动平均线在实战中具有十分重要的意义。据了解,很多市场主力就是把移动平均线作为考察市场成本,做多、做空的一个主要依据。正因为如此,我们将移动平均线列为本书一类指标,并将它作为重中之重推荐给读者。本书也用了相当大的篇幅对它作了详细、深入的介绍。现在,在本章结束前,我们将移动平均线的操作要领归纳成以下几点,供大家参考:

　　1.股市操作中,首先要注意移动平均线排列状况,要分清什么是均线多头排列,什么是均线空头排列。如短期移动平均线在上,中期移动平均线居中,长期移动平均线在下,几根均线同时向上缓缓发散,就称为均线多头排列。均线系统出现多头排列表明多方控制着局面,操作中可看高一线,这时投资者应以做多为主。但要注意的是,一旦股价上涨时与均线过分偏离,依据格兰维尔移动平均线法则[注],就会出现短期回落。此时,投资者如看准后,适度做空,再逢低买进,既可回避短期风险,又能增加短线盈利机会。反之,如长期移动平均线在上,中期移动平均线居中,短期移动平均线在下,几根均线同时向下缓缓发散,就称为均线空头排列。均线系统出现空头排列表明空方控制着局面,市道趋淡,这时投资者应以做空为主。但要注意的是,一旦股价下跌时与均线过分偏离,依据格兰维尔移动平均线法则,就会出现短期弹升机会。此时,投资者如看准后,趁低抢一些筹码,做一波反弹,也可提高资金利用率。偶尔为之,并无不可。

　　2.预测短期走势应以 5 日、10 日移动平均线的研判为主。在强势市场,或强势股中,股价(指数)下跌一般不会跌破 5 日均线,更不会跌破 10 日均线,若跌破 5 日均线,尤其是跌破 10 日均线,当心

　　[注]　格兰维尔移动平均线法则,详见本书第 437 页、第 438 页。

市道转弱。在弱势市场，或弱势股中，股价(指数)反弹一般不会冲破5日均线，更不会冲破10日均线，若冲破5日均线，尤其是10日均线，有可能转强。投资者需要注意的是，这里所谓的跌破都要以跌幅超过3%，且连续3天以上为准。投资者在操作中，中短线买卖(不包括中长线买卖)，见跌破5日均线，特别是10日均线时，应注意离场，见冲破5日均线，特别是10日均线时即可进场。我们曾经调查了一些投资者，他们以10日均线作为短线买卖依据，跌破10日均线即卖出，冲破10日均线即买进，几年实践下来收益很不错。当然这种方法不能保证每次买卖均盈利(因为存在着骗线)，但从一段时间的结账来看，可以做到盈多亏少。

3．预测中期走势应以30日、60日移动平均线的研判为主。从沪深股市几年来的运作情况看，30日均线一直是衡量市场中期强弱的重要标志。在股价(指数)下跌时，30日均线被有效跌穿，中期趋势看淡；在股指上升时，30日均线被有效向上突破，中期趋势看好。就中期买卖信号的可靠性来看，60日均线比30日均线更胜一筹(因为依据大数据，60日均线比30日均线的骗线要少很多)，60日均线对中短期股价走势有明显的助涨及助跌作用，当60日均线走强或股价(指数)站在60日均线之上，则上升的趋势一目了然。有人调查过，在沪股历史上，每一次60日均线向上突破都引发了一轮中级行情，相反，弱势反弹几乎没有超过60日均线的。因此，中线买家在决定何时买进、何时卖出时，切勿忘了30日均线、60日均线的指导作用。

4．预测中长期走势应以120日均线的研判为主。从沪深股市的历史上看，属于中长期移动平均线的120日均线在股价(指数)变动中具有特殊的意义，股价(指数)中长期走势明显受到120日均线的支撑或阻击。120日均线在中国股市中应属半年线，因而在研究沪深股市中长期走势方面有着相当的准确性。这里以1992年11月~1993年4月的沪市一段行情为例证。沪市自1992年11月底从386点开始反转，展开多头行情之后，120日移动平均线对行情研判就显示出较强的指示作用。1992年底沪市从400点底部发动行情，上证指数直冲841点，因此时120日均线正好在800点附近，故明显受到 120 日均线的压制,随即出现深幅回调。但是,当上证指数在 592 点止跌回升,走出一个上升整理形态后,在成交量配合下一举突破了 120 日均线。此时,120 日均线开始产生积极助涨作用。当上证指数在 1993 年 2 月到达几年来历史新高点 1558 点时,因股指远离 120 日均线,出现了向下调整。1993 年 4 月底上证指数下跌到 913 点时,受到 120 日均线(当时 120 日均线在 900 点附近)支撑,随即股指就出现了大幅度反弹行情。后来上证指数在 1993 年 5 月初冲到 1392 点时,因过度偏离 120 日均线,致使上证指数又一次快速回落,并击穿了 120 日均线。至此,上证指数就开始彻底转弱,当中虽然出现了一些小幅反弹行情,但上证指数在 120 均线的压制下,基本上沿着大跌小涨的格局,进入了漫长的熊途,一直到 1994 年的 7 月底跌到 325 点时方才止步。

从上面的例子可看出,120 日均线对研判中长期走势有着特别重要的作用。根据 120 日均线的市场意义,我们在操作时就要注意以下两点:第一,当 120 日均线被有效跌穿,中长期趋势看淡时,中长线买家应该尽快清仓离场。第二,当 120 日均线被有效向上冲破,中长期趋势看好时,中长线买家应该追加买进。

另外,根据多头市场中 120 日均线对中长期股价(指数)下跌有很强的支撑作用,在空头市场中 120 日均线对中长期股价(指数)上升有很强的压制作用这个特点。投资者在操作时,只要确定多头市场性质不变,就可以大胆在股价(指数)跌近 120 日均线时积极地逢低吸纳;反之,只要确定空头市场性质未变,就应该在股价(指数)反弹到 120 日均线附近时逢高出货。上述方法既适用于大盘也适用于个股,一般来说,顺势操作会增加不少盈利的机会。这里我们要注意的是:当大势转向时,无论大盘是上涨亦或下跌,在第一次逼近 120 日均线时,大盘都会受阻回落或见底回升,但是一旦真正向上或向下有效突破,上升或下跌的空间与时间便会相应延长。这种现象在沪深股市中屡屡发生,投资者在操作时应密切加以关注。

最后,我们要强调的是,120 日均线不仅仅用于大盘或个股中长期走势的研判,它对个股中短期走势的研判也有着重要参考价值,即使在弱市中,用它来识别个股的强弱也很灵验。例如,在空头市场中，仍然有一些个股会走出自己的独立行情，这也就是通常所说的弱市当中的强势股。那么，我们怎样抓住此类个股，使自己的资金在调整市道中保持相对安全甚至盈利呢？单纯靠"逆市飘红"这一条已经不大可靠了，现在的主力、庄家极其狡猾，很多逆市飘红的个股做的都是"骗线"，是在给散户"下套"的，常常出现"飘红"一二天后就连续大幅下跌的情形。普通投资者若要避免掉进主力的陷阱，一个很好的办法就是看半年均线，因为跌破半年均线的个股，要么是主力、庄家已经出逃，无人关照的股票；要么是主力、庄家仍在场，但是距离拉升计划日期还远，主力、庄家现在要做的工作是：刻意打压，砸破半年均线，震出恐慌盘和割肉盘，这种股票一般也不会在短期内拉升。因此，在大盘走弱时，只有不跌破 120 日均线，或者上攻突破 120 日均线的逆市飘红的个股，才是真正的强势股，这些个股绝大部分是有主力、庄家护盘，而且离拉升计划日期不远。主力、庄家之所以要这样做，是因为他们不愿意股价有过多的跌幅，使中小散户捡到便宜的筹码，这样操作不利于即将到来的拉升，所以会在半年均线处护盘。

5．预测长期走势应以 250 日移动平均线研判为主。250 日移动平均线是一年的移动平均线（注：因为全年股市总的交易天数大约是 250 日。所以，250 日均线被视为一年移动平均线，简称为"年线"）。250 日均线失守，意味着一年来参与股市的投资者悉数被套（注：这是从平均持股成本上说的，其中也有少数赢的，并非个个都是输家）；250 日均线向上有效突破，意味着人气恢复，多头终于在年线上占据上风。因此，很多人将 250 日均线视为牛熊的分界线。但是，从实际情况来看，决定股市的长期趋势是基本面而不是技术面。如果基本面趋好，250 日均线失守很可能是主力、庄家有意打压制造的一个空头陷阱；反之，基本面趋淡，250 日均线向上突破也很可能是主力、庄家拉高出货制造的一个多头陷阱。因而，投资者在分析股市的长期趋势时，250 日均线只能作为一个参考，究竟如何，只有对基本面、技术面进行全面的分析研判后才能作出正确判断。

6．没有规矩，不成方圆。做股票一定要依规矩行事。做多者，要充分地从移动平均线上找到支持做多的理由，如 K 线走势图上的几根均线长期粘合后开始向上发散，移动平均线形成烘云托月形态，均线系统在低位形成银山谷、金山谷、蛟龙出海，等等，这时候做多就会有相当把握。反之，做空者，也要充分地从移动平均线上找到支持做空的理由，如 K 线走势图上的几根均线长期粘合后开始向下发散，移动平均线形成乌云密布形态，股价均线系统在高位形成死亡谷、断头铡刀，等等，这时候做空就会恰到好处。总之，投资者无论是做多还是做空，都必须在操作上事先找到移动平均线支持这样做的理由。唯有如此，才能改变随意买进，随意卖出的盲动行为，提高股市操作的成功概率。

7. 要全面地、准确地了解移动平均线各种图形的特征和技术含义。如上山爬坡形、逐浪上升形、快速上涨形、加速上涨形之间，以及下山爬坡形、逐浪下降形、快速下跌形、加速下跌形之间有什么区别，操作策略上有何不同。只有把这些问题都一一弄清楚了，才能大大减少操作上的盲目性，进入一个知己知彼的理想境界。

8. 对一些成功概率相对较高的均线图形要重点关注。如在股价大幅上扬后均线出现向下发散形、死亡谷，这些都是典型的卖出信号，投资者一定要引起高度警惕；又如在股价长期下跌，或在低位经过较长时间盘整后均线出现向上发散形、金山谷，且成交量同步放大，这些都是典型的买进信号，投资者看准后要敢于加入。此外，当仅仅看日 K 线走势图中的均线状况觉得把握还不大时，可同时观察周 K 线、月 K 线，甚至分时 K 线走势图的均线状况，互相对照，互相验证，力求提高每一次买卖股票的成功概率，把风险降低到最低限度。

9. 辩证地看待黄金交叉和死亡交叉。黄金交叉和死亡交叉作为一种转势信号，对指导投资者买卖股票还是有相当作用的。一般而言，当 5 日均线上穿 10 日均线，且 10 日均线向上时，这种黄金交叉的出现，就意味着一轮短线多头行情即将展开；反之，当 5 日均线下穿 10 日均线，且 10 日均线在高位向下时，这种死亡交叉现象的出现，就意味着一轮短线空头行情的开始。当然移动平均线之间的黄金交叉和死亡交叉的现象，不仅发生在 5 日均线和 10 日均线之间，也经常发生在短期均线和中期均线、中期均线和长期均线之间，其意义并无两样,只不过反映行情的时间长短有所不同罢了。如 10 日均线上穿 30 日均线,且 30 日均线向上时,则一般表示一轮中级上升行情的开始;反之,10 日均线下穿 30 日均线,且 30 日均线向下时,则一般表示一轮中级跌势行情出现。又如,60 日均线上穿 120 日均线,且 120 日均线向上时,则一般表示有一段多头大行情将要开始;而 60 日均线下穿 120 日均线,且 120 日均线向下时,则一般表示要出现一轮较大的跌势。因此,投资者无沦是做短线、中线,还是做长线,都可根据各自反映不同时间段的黄金交叉所提示的信号买进,或根据死亡交叉所提示的信号卖出。但是这里要注意的是,由于目前沪深股市投机气氛较浓,黄金交叉和死亡交叉也时常会出现一些骗线。其规律是:第一,在明显的上升和下跌行情中出现骗线机会较少,在盘整行情中出现骗线的机会较多。为什么在盘整行情中骗线较多呢?因为股市盘整时,股价上下运动都是在一个"固定的箱子里"进行。当一些不知底细的投资者根据黄金交叉买进时,一些机构大户就趁机来个拉高出货;反之,当一些不知底细的投资者根据死亡交叉卖出时,机构大户又顺势来个打压进货。所以在盘整市道中,投资者不可盲目根据黄金交叉买进,根据死亡交叉卖出。这时如反其道而行之,常能获得一些意外的收获。第二,越是时间短的均线相交,出现黄金交叉或死亡交叉的骗线情况就越多,越是时间长的均线相交,出现黄金交叉或死亡交叉的骗线情况就越少。例如在 5 日均线和 10 日均线之间的黄金交叉或死亡交叉出现骗线的机会较多,而在 60 日均线和 120 日均线之间的黄金交叉或死亡交叉就很少出现这种情况。这主要是因为股市的短期趋势易受主力操纵,而股市的长期趋势直接反映了国民经济运行态势,则非主力所能操纵。因此,为了避免黄金交叉和死亡交叉的骗线干扰,投资者在利用黄金交叉和死亡交叉信号买卖股票时,应尽量使用时间长的均线作参考,并力求和其他技术分析方法相结合,这样就可以大大减少判断和操作上的失误。

　　10. 要根据市场需要和个股特性,适时修正、设计均线时间参数。例如,针对一些主力做多时常常利用击穿 30 日均线骗取筹码这一特点,投资者在依据均线操作时,可将 30 日均线改成 40 日、45

日、50 日均线,等等。又如,对一些股性特别活跃的个股,觉得用 5 日、10 日、20 日,或 5 日、10 日、30 日这两种短期均线组合仍较难把握其走势时,也可自行设计一种更为合适的短期均线组合。至于将 3 根均线定为多少日比较合适,这里没有什么统一规定。投资者应当根据不同的观察对象尝试设置不同的均线组合,然后选择出最具有参考价值的一组均线,并以此进行长期观察。例如,我们在调查中发现,有人将短期均线组合中的 3 根均线不断地调试后,最后将它们设定为 3 日、5 日、21 日。经过一段时间观察、使用,效果较好,有兴趣者不妨一试。其均线参数设定的思路和操作原理是:当股价从高位回调,均线系统开始调头下行,成交量随股价的下跌呈萎缩状态,此时如果股价在 21 日均线附近获得支撑,相对应的成交量有效放大,同时出现 3 日均线上穿 5 日均线的现象,这说明该股庄家正在积极活动,很有可能会出现一波上攻行情。面对这种情况,短线投资者可逢低吸纳,跟庄家一起做多,短线获利机会较大。

11．移动平均线的优点很多,但也有明显的不足之处。如对突发性行情不能够即时反应,存在着滞后效应;均线中常常会出现一些骗线,等等。要克服移动平均线这些缺点,唯一办法就是把移动平均线分析方法同其他技术分析方法,如 K 线分析法、趋势线分析法等有机结合起来,综合研判后决定取舍。这点必须引起投资者的高度重视。

第二章 趋势线图形的识别与练习

数年前,《中国证券报》上曾登载过这样一个小故事:"一天,一位炒股高手认为跌势已到尽头,故入市做多,却不料市况继续下跌,使其严重被套。此时,他8岁的小女儿来看他,问他为何烦恼,这位高手指着电脑上的价格曲线说:'我分析认为这条线应该上升,但它却总是下降。'小女孩感到奇怪:'我不懂你的什么分析,但这条线是在不断下降,而且依我看还会继续下降。'童言无忌,这位高手想想他女儿的话也很有道理,于是赶紧停损离场,而以后的事实证明他女儿的看法是完全正确的,因为股价又大幅下跌了。"那么,人们不禁要问:这位小女孩靠什么使她比她老爸棋高一着呢?说来,你也许不信,这位小女孩靠的是可能连她自己也不太明白的趋势线。正是这条趋势线使小女孩作出了正确判断,把她的老爸从绝境中救了出来。

第一节 趋势线概述

一、什么是趋势线

在股市中投资者对趋势线有一种形象说法,叫做"一把直尺闯天下"。意即你只要有一把直尺就能画出趋势线,就能看清股价运行的趋势,做到在上升趋势中看多、做多,在下降趋势中看空、做空。这样就能在股市中把握住一些大的机会,少犯一些原则性的错误,从而就有可能成为股市中的一个大赢家。

那么,投资者如何才能使用好这把能闯荡天下的"直尺",顺势操作趋利避害呢?现在,我们一起来做一个作业。方法是:用直尺在逐浪上升的两个依次上移的低点处画一条直线,或者在逐浪下降的两个依次下移的高点处画一条直线，这样画出来的直线就是人们常说的趋势线(见下面两幅图)。

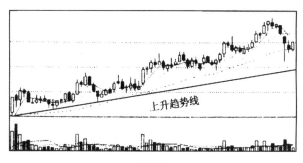

图 279

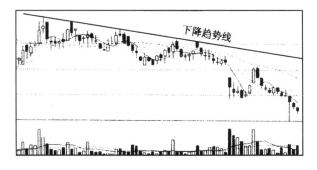

图 280

二、趋势线的作用

趋势线简单易学,但它在分析大盘或个股的走势,特别是中长期走势时却有非常重要的作用。

下面我们就以 1999 年深证成分指数日 K 线走势图（见图 281）为例,来简要地说明用趋势线分析股价运行趋势时所起的作用。

从图 281 中可看出深圳成分指数在跌破上升趋势线后就开始走弱,尔后大半年的时间就在下降趋势线的压制下,一直在往下寻底。可见,用趋势线分析股市中长期走势可谓一目了然,这是其他技术分

227

析方法所不及的。

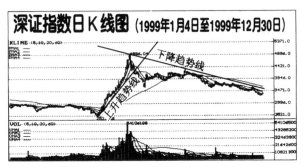

图 281

那么趋势又是如何形成的呢？

趋势，就是自然界一切事物发展的动向。它有其内在运行规律，是不以人们意志为转移的。因势利导、顺势而为是人类认识自然，服从自然运行规律的必然选择。市场趋势有其自身的运行规律，仿佛始终被一种无形的力量所控制，股市也不例外，涨势形成不得不涨，同样跌势形成不得不跌。长江后浪推前浪，一浪更比一浪高，这是股市涨到尽头前的运行规律。同样，跌势形成便逐浪创新低，直至跌无可跌为止。这也就是趋势线分析何以能对股市走势的判断有如此重要作用的道理所在。

美国华尔街证券市场有一句名谚："不要与趋势抗衡。"这就是说，要顺应潮流，跟着趋势走。因此，在股市中，看清长期趋势，分清中期趋势，不为短期趋势的反向波动所困惑，这是每一个要想在股市中生存、发展的投资者必须认真对待的一件大事。

三、趋势线的分类

从方向上分，趋势线可分为"上升趋势线"和"下降趋势线"。上升趋势线是将最先形成或最具有代表意义的两低点联结而成的一条向上的斜线（见图 282），以此揭示股价或指数运行的趋势是向上的；下降趋势线是将最先形成或最具有代表意义的两高点联结而成的一条向下的斜线(见图283),以此揭示股价或指数运行趋势是向下的。

上升趋势线示意图

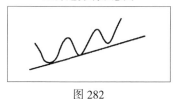

图 282

下降趋势线示意图

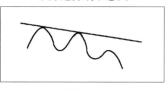

图 283

　　从速度上分,趋势线可分为"快速趋势线"和"慢速趋势线"。快速趋势线运行速度比慢速趋势线快,维持时间比慢速趋势线短。一般来说,快速趋势线揭示了股价或指数的短期趋势,是激进型投资者做多、做空的一个重要依据,而慢速趋势线揭示了股价或指数的长期趋势,是稳健型投资者做多、做空的一个重要依据。正因为快速趋势线和慢速趋势线有着各自不同的特点,因而人们常把它们合在一起组成"快慢趋势线组合"(见图284)进行对照分析,这样就比单纯地用1根趋势线分析股价走势的效果要好得多。

快慢趋势线组合示意图

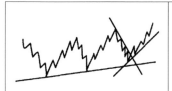

　　说明:快慢趋势线组合有两种情况:一种是以慢速上升趋势线为主的快慢趋势线组合,如左上图;一种是以慢速下降趋势线为主的快慢趋势线组合,如右上图。

图 284

　　从时间上分,趋势线可分为"长期趋势线"、"中期趋势线"和"短期趋势线"3种。长期趋势线是联结两大浪的谷底或峰顶的斜线,跨度时间为几年,甚至几十年,它对股市的长期走势将产生很大影响;中期趋势线是联结两中浪的谷底或峰顶的斜线,跨度时间为几个月,

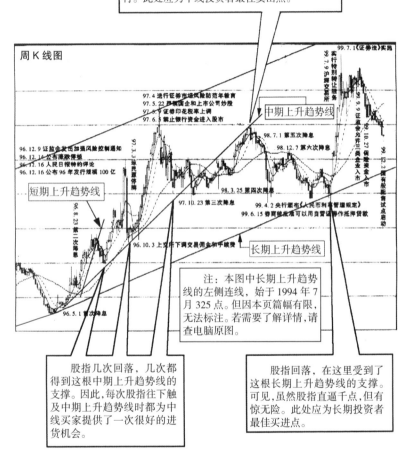

这根中期上升趋势线自 1997 年 10 月下旬被有效跌破后，性质就起了变化，由原来对股指的支撑，变成了对股指的压制。瞧，它在这里对股指上行起到明显的反压作用，迫使股指掉头下行。此处应为中线投资者最佳卖出点。

周 K 线图

99.7.1《证券法》实施
实行特别转让服务
99.7.9 沪粤交易所

97.4 进行证券市场风险防范年教育
97.5.22 严禁国企和上市公司炒股
97.5.9 证券印花税率上调
97.6.6 禁止银行资金进入股市

中期上升趋势线

99.9.9 证监会允许B类企业入市
99.10.27 保险基金入市

96.12.9 证监会发布加强风险控制通知
96.12.14 公布禁股骨板
96.12.16 人民日报特约评论
96.12.16 公布 96 发行规模 100 亿

97.3.1 珠民币停牌

98.7.1 第五次降息

98.12.7 第六次降息

99.12.5 国有股配售试点启动

短期上升趋势线

96.8.23 第三次降息

98.3.25 第四次降息

97.10.23 第三次降息

99.4.2 央行颁布《人民币利率管理规定》
99.6.15 券商报批准可以用自营证券作抵押贷款

长期上升趋势线

96.10.3 上交所下调交易佣金和手续费

96.5.1 首次降息

注：本图中长期上升趋势线的左侧连线，始于 1994 年 7 月 325 点。但因本页篇幅有限，无法标注。若需要了解详情，请查电脑原图。

股指几次回落，几次都得到这根中期上升趋势线的支撑。因此，每次股指往下触及中期上升趋势线时都为中线买家提供了一次很好的进货机会。

股指回落，在这里受到了这根长期上升趋势线的支撑。可见，虽然股指直逼千点，但有惊无险。此处应为长期投资者最佳买进点。

图 285

甚至在一年以上,它对股市的中期走势将产生很大影响;短期趋势线是联结两小浪的谷底或峰顶的斜线,跨度时间不超过 2 个月,通常只有几个星期,甚至几天时间,它对股市的走势只能起到短暂影响。

为了使大家对长期趋势线、中期趋势线和短期趋势线有个形象、直观的了解,我们在此以上海股市 1996 年 5 月至 1999 年 12 月的周 K 线走势图,并配合当时基本面背景为例,看看长期趋势线、中期趋势线和短期趋势线各自对上海股市走势所起的不同影响(见图 285)。

从上面图中可清楚地看出,以 1994 年 7 月 325 点至 1996 年 5 月 512 点为连线的长期上升趋势线,一直在支持着上海股市向上运行,这就能解释为什么上海股市自 1997 年以后始终能站在千点之上的一个最重要原因。另外,从图中我们也可以了解到,以 1996 年 5 月至 1996 年 8 月为连线的中期趋势线,对上海股市 1996 年 5 月大势见底以后的一年多的中期走势产生了重大影响。开始股指每次回落至中期趋势线附近,都得到这根中期趋势线的支撑,往上弹升,但自从 1997 年 10 月下旬股指跌破中期趋势线后,中期趋势线就从支撑线转变为压力线。因此,后来反弹至这根中期趋势线附近时,即掉头下行。可见,就中期走势而言,股指无论是上涨还是下跌,中期趋势线对它们的影响都是不可忽视的。最后,我们来看短期趋势线。该图中的短期趋势线可以画出很多,我们这里只画了一根,供大家参考。从图中这根短期趋势线可以看出,它对股指的涨跌只起到短暂的影响,作用较有限。

四、趋势线的基本操作方法

上升趋势线揭示了股价或指数的运行趋势是向上的,它对股价或指数的上升具有支持作用,因而它又被称为"上升支撑线"。所以,只要不出现上升趋势线被有效跌破的现象,即股价或指数一直处于上升趋势中,投资者尽可放心地一路看多,稳健型投资者甚至还可以一路做多。当然,一旦上升趋势线被有效跌破,在其失去支撑作用的同时,就转变为压力作用,压制股价或指数的再度上升。这时投资者就不能再继续看多、做多,而要进行减磅操作,寻机退场。下降趋势线揭示了股价或指数的运行趋势是向下的,它对股价或指数的上升具有压制作用,因而,它又被称为"下降压力线"。所以,只要没有出现下降趋势线被有效向上突破,也就是说,股价或指数一直处于下降趋势中,投资者则应该一路看空、做空。当然,一旦下降趋势线被有效向上突破,在其失去压力作用的同时,就转变为支撑作用,阻止股价或指数的再度下降。这时投资者就不能再继续看空、做空,而要作好随时做多的准备。

第二节　趋势线图形一览表

趋势线图形一览表

序号	名称	图形	特征	技术含义	操作建议	备注
1	上升趋势线 又称上升支撑线		(1)出现在涨势中。 (2)将最先形成或最具有代表意义的两低点联结而成的一条向上的斜线。	(1)揭示股价(指数)运行的方向或趋势是向上的。 (2)具有支持股价(指数)上升的作用。	股价(指数)在上升趋势线的上方运行,投资者应看多,并以做多为主。	(1)上升趋势线被触及的次数越多,其可靠性越高,也就越具有使用价值。 (2)上升趋势线越往上倾斜,其支撑作用越弱,也就越容易被跌破。
2	下降趋势线 又称下降压力线		(1)出现在跌势中。 (2)将最先形成或最具有代表意义的两高点联结而成的一条向下的斜线。	(1)揭示股价(指数)运行的方向或趋势是向下的。 (2)具有压制股价(指数)上升的作用。	股价(指数)在下降趋势线的下方运行,投资者应看空并做空。	(1)下降趋势线被触及的次数越多,其可靠性越高,也就越具有使用价值。 (2)下降趋势线越往下倾斜,其压制作用越弱,也就越容易被向上突破。

序号	名称	图形	特征	技术含义	操作建议	备注
3	慢速上升趋势线	慢速上升趋势线	(1)出现在以慢速上升趋势线为主的快慢趋势线组合中。(2)维持时间比快速上升趋势线长。	(1)揭示股价（指数）运行的中长期趋势是向上的。(2)具有中长期支持股价（指数）上升的作用。	(1)投资者在股价（指数）处于慢速上升趋势线的上方时,应看多。(2)稳健型投资者在股价（指数）处于慢速上升趋势线的上方时,可坚持做多。	(1)慢速上升趋势线是投资者看多的重要依据。(2)在慢速趋势线向上时,激进型投资者可在看多、做多的大前提下,见短期趋势向淡,进行适时做空,如把握得好,可赚取一些短线差价;稳健型投资者则不必理会短期趋势如何,坚持持股做多。
4	慢速下降趋势线	慢速下降趋势线	(1)出现在以慢速下降趋势线为主的快慢趋势线组合中。(2)维持时间比快速下降趋势线长。	(1)揭示股价（指数)运行的中长期趋势是向下的。(2)具有中长期压制股价（指数)上升的作用。	投资者在股价（指数)处于慢速下降趋势线的下方时,应坚持看空,并以做空为主。	(1)慢速下降趋势线是投资者看空的重要依据。(2)在慢速趋势线向下时,激进型投资者可在看空、做空的大前提下,见短期趋势向好,进行适时做多,如把握得好,可赚取一些短线差价;稳健型投资者则不必理会短期趋势如何,坚持持币做空。

序号	名称	图形	特征	技术含义	操作建议	备注
5	快速上升趋势线		（1）既可出现在以慢速上升趋势线为主的快慢趋势线组合中，又可出现在以慢速下降趋势线为主的快慢趋势线组合中。（2）维持时间比慢速趋势线短。	（1）揭示股价（指数）运行的短期趋势在向上。（2）具有短期支持股价（指数）上升的作用。	（1）在以慢速上升趋势线为主的快慢趋势线组合中，投资者在股价（指数）处于快速上升趋势线的上方时，可看多、做多。（2）在慢速下降趋势线为主的快慢趋势线组合中，激进型投资者在股价（指数）处于快速上升趋势线的上方时，可在设好止损的前提下，用少量资金适时做多，而稳健型投资者此时仍应坚持看空、做空。	
6	快速下降趋势线		（1）既可出现在以慢速上升趋势线为主的快慢趋势线组合中，又可出现在以慢速下降趋势线为主的快慢趋势线组合中。（2）维持时间比慢速趋势线短。	（1）揭示股价（指数）运行的短期趋势在向下。（2）具有短期压制股价（指数）上升的作用。	（1）在以慢速上升趋势线为主的快慢趋势线组合中，激进型投资者可在总体看多的前提下，在股价（指数）处于快速下降趋势线的下方时，可暂时做空，觅取一些短期差价，但稳健型投资者此时仍应继续看多、做多。（2）在以慢速下降趋势线为主的快慢趋势线组合中，投资者在股价（指数）处于快速下降趋势线的下方时，应坚持看空、做空。	

234

序号	名称	图形	特征	技术含义	操作建议	备注
7	上升趋势线被有效跌破	跌幅超过3% 时间超过3天	(1)出现在涨势中。(2)股价或指数的收盘价与上升趋势线破位处的下跌差距至少有3%。(3)指数或股价在上升趋势线下方收盘的时间在3天以上。	(1)失去了上升趋势线对股价或指数的支撑作用。(2)上升趋势线由支撑作用转变为压力作用,压制着股价或指数的再度上升。	(1)持股投资者应及时止损出局,远离危险之地。(2)持币投资者应该坚持看空,持币观望。	上升趋势线被有效跌破后,形势对多方非常不利,所以无论是激进型投资者还是稳健型投资者,都应先退出观望为佳。
8	下降趋势线被有效突破	时间超过3天 涨幅超过3%	(1)出现在跌势中。(2)个股或指数的收盘价与下降趋势线破位处的上涨差距至少有3%。(3)指数或股价在下降趋势线上方收盘的时间在3天以上。	(1)失去了下降趋势线对股价或指数的压制作用。(2)下降趋势线由压制作用转变为支撑作用,阻止股价或指数的再度下降。	(1)持股投资者可继续持股待涨。(2)持币投资者在上升趋势线形成之前应谨慎做多,不宜马上买进。	下降趋势线被有效向上突破后,形势开始对多方有利,所以投资者应作好随时做多的准备。
9	新的上升趋势线	原上升趋势线→ 新的上升趋势线	(1)出现在涨势中。(2)上升趋势线向下破位后,不是反转向下,而是继续上升且收盘创出新高。	(1)表示多方经过休整后发动了新一轮攻势。(2)反映市场正处于强盛的多头氛围之中。	(1)持股投资者可继续做多。(2)持币投资者可适量跟进做多。	新的上升趋势线形成后,原有的上升趋势线失去了参考价值。此时,投资者应依据新的上升趋势线进行操作。
10	新的下降趋势线	新的下降趋势线 原下降趋势线→	(1)出现在跌势中。(2)下降趋势线被有效突破后,不是反转向上,而是继续下降且收盘创出新低。	(1)表示空方经过休整后发动了新一轮反击。(2)反映市场正处于浓厚的空头氛围之中。	(1)持股投资者可暂时撤退,以免更大的损失。(2)持币投资者应坚持看空。	新的下降趋势线形成后,原有的下降趋势线失去了参考价值。此时,投资者应依据新的下降趋势线进行操作。

第三节　趋势线图形的识别和操作技巧练习

一、上升趋势线与下降趋势线的识别和运用

习题 73　图 286 中的斜线是什么趋势线，其特征和技术含义是什么？投资者见此趋势线图形应如何操作？

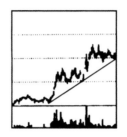

（该股往后走势见图 288）

图 286

参考答案　图 286 中的斜线是"上升趋势线"，又称"上升支撑线"。其特征是：股价（指数）回落的低点呈明显的上移态势。此时，如将最先出现或最具有代表意义的两低点联结，就会形成一条向上的斜线（见图 287）。从技术上来说，上升趋势线的出现，表示空方的气势越来越弱，而多方的气势越来越强，这是一个明显的买进信号。上

上升趋势线示意图

说明：上升趋势线有两种画法：一种是将最先出现的两低点联结，形成一条向上的斜线，如左上图；一种是将最具有代表意义的两低点联结，形成一条向上的斜线，如右上图。

图 287

236

升趋势线揭示了股价(指数)运行的方向或趋势是向上的,它对股价(指数)的上升具有积极的支持作用。这会促使越来越多的持币投资者转向看多、做多,而且会让越来越多的持股投资者更加坚定持股做多的信心。一般而言,上升趋势形成后,股价(指数)就会出现一段较好的涨势。因此,投资者见到股价(指数)在上升趋势线的上方运行时,如坚持看多并做多或以做多为主,即可获得较好的投资收益(见图288)。

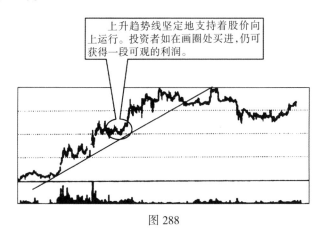

上升趋势线坚定地支持着股价向上运行。投资者如在画圈处买进,仍可获得一段可观的利润。

图 288

习题 74 图 289 中的斜线是什么趋势线, 其特征和技术含义是什么? 投资者见此趋势线图形应如何操作?

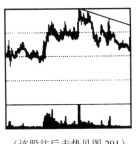

(该股往后走势见图 291)

图 289

参考答案 图 289 中的斜线是"下降趋势线",又称"下降压力线"。其特征是:股价(指数)回落的低点呈明显的下移态势。此时,如将最先出现或最具有代表意义的两高点联结,就会形成一条向下的斜线(见图 290)。从技术上讲,下降趋势线的出现,表示多方的气势越来越弱,而空方的气势越来越强。这是一个明显的卖出信号。下降趋势线揭示了股价(指数)运行的方向或趋势是向下的,它对股价(指数)的上升具有强烈的压制作用。这会促使越来越多的持股投资者转向看空、做空,而且会越来越强化持币投资者持币观望的心理。一般而言,下降趋势形成后,股价(指数)就会出现持续下跌的行情。因此,投资者见到股价(指数)在下降趋势线的下方,如坚持看空并做空或以做空为主,即可避开一轮较大的跌势(见图 291)。

下降趋势线示意图

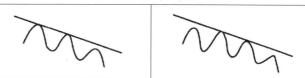

说明:下降趋势线有两种画法:一种是将最先出现的两高点联结,形成一条向下的斜线,如左上图;一种是将最具有代表意义的两高点联结,形成一条向下的斜线,如右上图。

图 290

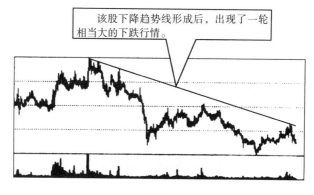

该股下降趋势线形成后,出现了一轮相当大的下跌行情。

图 291

二、慢速上升趋势线与慢速下降趋势线的识别和运用

　　习题75　图292中有3条向上斜线。请问:哪一条斜线是慢速上升趋势线,其特征和技术含义是什么? 投资者见此趋势线图形应如何操作?

　　参考答案　图292中的斜线 L_3 是"慢速上升趋势线"。其特征是:慢速上升趋势线出现在以慢速上升趋势线为主的快慢趋势线组合中,其维持时间比快速趋势线长(见图293)。慢速上升趋势线揭

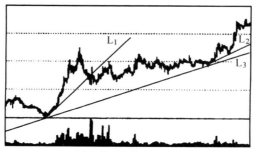

（该股往后走势见图294）

图 292

慢速上升趋势线示意图

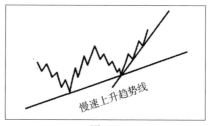

图 293

该股一直在慢速上升趋势线的上方运行。从图中看，该股跌破 L_1、L_2 后都有惊无险，最终均在 L_3 处获得支撑。可见，只要股价在 L_3 上方运行就可一路做多，其收益相当可观。

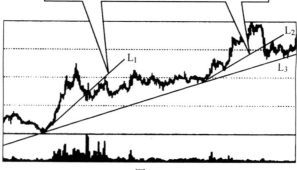

图 294

示了股价(指数)运行的中长期趋势是向上的,具有中长期支持股价(指数)上升的作用。例如,在图292中,投资者应在慢速上升趋势线L_3的上方看多,只要股价(指数)一直在L_3上方运行,就应该坚持以做多为主,采取持股待涨的策略(见图294)。

习题76 图295中有3条向下的斜线。请问:哪一条斜线是慢速下降趋势线,其特征和技术含义是什么? 投资者见此趋势线图形应如何操作?

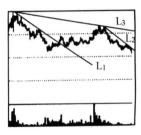

(该股往后走势见图297)

图 295

参考答案 图295中的斜线L_3是"慢速下降趋势线"。其特征是:慢速下降趋势线出现在以慢速下降趋势线为主的快慢趋势线组合中,其维持时间比快速趋势线长(见图296)。慢速下降趋势线揭示了股价(指数)运行的中长期趋势是向下的,具有中长期压制股价(指数)上升的作用。例如,在图295中,投资者应在慢速下降趋势线L_3的下方看空,只要股价(指数)一直在L_3下方运行,就应以做空为

慢速下降趋势线示意图

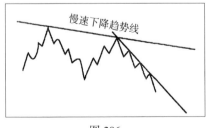

图 296

主,采取持币观望的策略(见图297)。

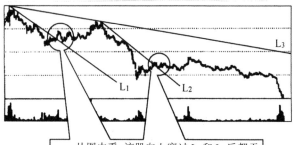

从图中看,该股向上穿过 L_1 和 L_2 后都无所作为,最后均在 L_3 这条慢速下降趋势线的压制下向下滑落。可见,只要股价在 L_3 下方运行就应坚持看空、做空,这样就可避免因投资不当带来的损失。

图 297

股市操作经验漫谈之四十七

现在有一种流行说法,叫做距离产生美,细细琢磨还真有点道理。例如,夫妻相处,如胶似漆,日子久了,也会平淡无味,但分开一段时间再相聚,就有一种小别胜新婚之感。庐山再美,如你整天在庐山之中,也会产生"不识庐山真面目,只缘身在此山中"的伤感。这种情况在股市中也存在,虽然你学会了画趋势线,但你如经常在股市中博弈,画的趋势线也就可能只具有短线炒作意义,而一些影响股市中长期走势的趋势线你就不一定能看清楚。如果我们炒股的人也懂得距离产生美,在短期博弈收益不佳时,索性离开股市一段时间,把关心股市的每天涨跌转移到关心股市中长期走势上来,看看大盘和手中的个股慢速趋势线是在向上,还是在向下,并以此来调整自己的投资行为,其收益往往要比那些不辨大方向,只知道整天在股市中厮杀的人好得多。

三、快速上升趋势线与快速下降趋势线的识别和运用

习题77 图298中有2条斜线。请问:哪一条斜线是快速上升趋势线,其特征与技术含义是什么?投资者见此趋势线图形应如何操作?

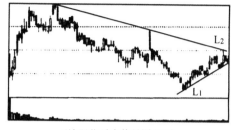

(该股往后走势见图301)

图298

参考答案 图298中的斜线 L_1 是"快速上升趋势线"。其特征是:快速上升趋势线既可出现在以慢速上升趋势线为主的快慢趋势线组合中, 又可出现在以慢速下降趋势线为主的快慢趋势线组合中,其维持时间比慢速趋势线短(见图299)。快速上升趋势线揭示了股价(指数)运行的短期趋势是向上的,具有短期支持股价(指数)上升的作用。但是,这里要注意的是:快速上升趋势线在以慢速上升趋势线为主的快慢趋势线组合中, 和以慢速下降趋势线为主的快慢趋势线组合中发挥的作用是不一样的。前者因为股价总体

快速上升趋势线示意图

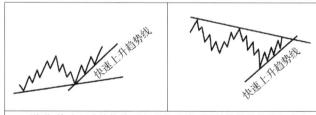

说明:快速上升趋势线可出现在两种不同的快慢趋势线组合中:一种是出现在以慢速上升趋势线为主的快慢趋势线组合中,如左上图;一种是出现在以慢速下降趋势线为主的快慢趋势线组合中,如右上图。

图299

上处于上移态势，投资者在快速上升趋势线上方做多获利机会较多（见图 300），而后者因股价总体上处于下移态势，投资者在快速上升趋势线上方做多，风险很大，稍有不慎就会被套（见图 301）。故

该股的快速上升趋势线在慢速上升趋势线之上出现，说明股价中长期和短期都有向上的要求。如投资者及时加入，跟着做多风险较小。

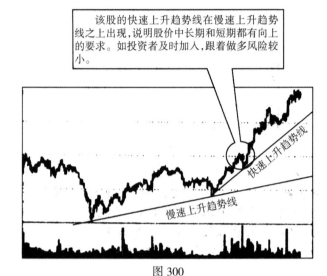

图 300

该股沿着快速上升趋势线上升，但接近慢速下降趋势线时，即嘎然而止，股价随之掉头向下。可见，在股价总体向下的形势下，短线做多的风险是很大的。

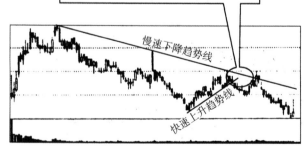

图 301

244

而我们主张，快速上升趋势线出现在以慢速下降趋势线为主的快慢趋势线组合中时，除非你是激进型投资者，对市场变化又十分敏感，可用少量资金买进股票，快进快出。否则，在这种时候不宜看多、做多，持币观望也是一种较好的选择。

习题78　图302中有3条斜线。请问：哪一条斜线是快速下降趋势线，其特征和技术含义是什么？投资者见此趋势线图形应如何操作？

（该股往后走势见图305）

图302

参考答案　图302中的斜线 L_1、L_2 是"快速下降趋势线"。其特征是：快速下降趋势线既可出现在以慢速下降趋势线为主的快慢趋势线组合中，又可出现在以慢速上升趋势线为主的快慢趋势线组合中，其维持时间比慢速趋势线短（见图303）。快速下降趋势线

快速下降趋势线示意图

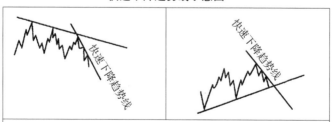

说明：快速下降趋势线可出现在两种不同的快慢趋势线组合中：一种是出现在以慢速下降趋势线为主的快慢趋势线组合中，如左上图；一种是出现在以慢速上升趋势线为主的快慢趋势线组合中，如右上图。

图303

揭示了股价(指数)运行的短期趋势是向下的,具有短期压制股价(指数)上升的作用。不过,这里要提醒投资者的是,并不是快速下降趋势线出现后,都要看空、做空。只有当快速下降趋势线出现在以慢速下降趋势线为主的快慢趋势线组合中时,才需要及时停损离场,抛空出局(见图304),而当快速下降趋势线出现在以慢速上升趋势线为主的快慢趋势线组合中时,这时因股价(指数)总体在向上运行,即使股价短期回落,无论在空间、时间上都较有限,股价

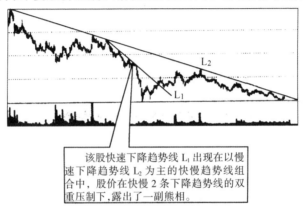

该股快速下降趋势线 L_1 出现在以慢速下降趋势线 L_2 为主的快慢趋势线组合中,股价在快慢 2 条下降趋势线的双重压制下,露出了一副熊相。

图 304

该股的快速下降趋势线 L_1、L_2 出现在以慢速上升趋势线 L_3 为主的快慢趋势线组合中,故股价下跌空间有限,最后股价均在 L_3 支持下继续往上运行。

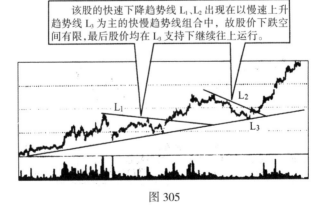

图 305

（指数）最后还会继续往上走。所以，投资者如果在这当口贸然做空，很容易失去筹码，被主力清洗出局（见图305）。故而我们主张，快速下降趋势线出现在以慢速上升趋势线为主的快慢趋势线组合中，除非你是激进型投资者，对市场变化又十分敏感，可适时做空，否则，在这种时候不宜看空、做空，赚一些短线差价。稳健型投资者可不理会短期波动，持股待涨应该是一种很好的选择。

股市操作经验漫谈之四十八

　　股市中的一些事情是不好下定论的，即使有了定论也会不断遭到别人否定。譬如，流行于世界的"长线是金，中线是银，短线是铜"的观念，在我们这个新生股市中，一些人就从怀疑到对它直接否定，认为"长线是铁，短线才是银"。那么在我们股市中短线是不是银呢？这又很难说，短线操作获大利者，不仅认为短线是银，而且是金；但短线操作失败者，不但不认为短线是银，甚至连铁都不是，他们断言短线就是癌。可见，短线炒作对投资者到底有利还是有害，争议很大。在此，我们不想加入争论。但有一点我们认为应该是对的，对于那些对市场很敏感，又善于踏准市场节拍的激进型投资者来说，短线就是银；而对于那些对市场敏感性不强，又不能踏准市场节拍的稳健型投资者来说，短线就是癌。总之短线是不是银，应因人而异。另外，要想短线变成银也不是一件容易的事，它必须具备两个条件：第一，要靠长期实战和经验的积累；第二，要掌握一些必要的短线操作技巧。就拿快速趋势线来说吧，如你对它的特征和技术含义都不了解，在以慢速上升趋势线为主的快慢趋势线组合中，见到快速下降趋势线就坚决做空；在以慢速下降趋势线为主的快慢趋势线组合中,见到快速上升趋势线就坚决做多,那行情很有可能就做反了。这样的话,短线是银的幸运女神是肯定不会来到你身边的。可见,快速趋势线对短线炒作意义十分重大。如果你想做短线高手,就一定要学会如何来驾驭快速趋势线,弄清楚什么时候应该做多,什么时候应该做空,踏准股市涨跌节拍,让它更好地为你的短线投资提供优良服务。

四、上升趋势线被有效跌破与下降趋势线被有效突破的识别和运用

习题 79 按照趋势线理论,上升趋势线向下跌破有两种情况:一种为无效跌破,一种为有效跌破。请问:图 306 中的 A 和 B 两处,哪一处为无效跌破? 哪一处为有效跌破? 其理由是什么? 投资者见此图形应如何操作?

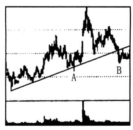

(该股往后走势见图 308)

图 306

参考答案 图 306 中 A 处为无效跌破,图 306 中 B 处为有效跌破。其理由是:在 B 处该股收盘价与上升趋势线破位处的下跌距离已超过了 3%,且股价在上升趋势线下方收盘的时间超过了 3 天(见图 307)。而在图中 A 处股价下穿上升趋势线的跌幅不及 3%,且时间不满 3 天,因此可视为无效跌破。从技术上来说,当上升趋势线被有效跌破之后,它的性质即起了变化,由原来对股价(指数)的支撑

作用,转变为压力作用,压制股价(指数)的再度上升。例如,在图306中的B处,上升趋势线被有效跌破后,形势对多方就非常不利,所以,投资者这时应以退出观望为佳,远离危险之地(见图308)。当然,上升趋势线没有被有效跌破,则另当别论。就像图306中的A处,因为此处下跌没有满足上升趋势线被有效跌破的两个条件,应视为无效跌破,上升趋势线仍在支持着股价往上运行。所以,投资者仍可继续看多、做多。

上升趋势线被有效跌破示意图

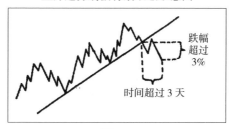

图 307

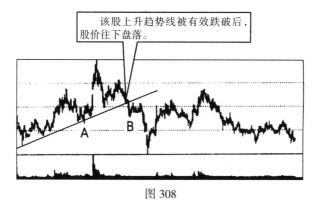

图 308

习题 80　某天收市后,中户室老冯对着图309苦苦思索。他买进该股被套已有很长时间,前不久股价反弹已接近他买进的价位,原本他指望该股再拉升一把赚回手续费后再走,不料这几天股价又回落了下来。走还是不走,他始终举棋不定。现在,请你依照趋势线的理

249

论,帮他参谋一下,是认赔出局好,还是继续守仓好? 为什么?

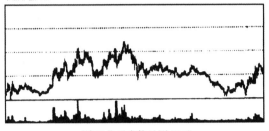

(该股往后走势见图311)

图309

参考答案 是继续守仓好。为什么呢? 道理很简单,因为该股目前已有效突破下降趋势线,并且股价回落时得到了该趋势线的支撑。这时,如果我们再找出该股上升时形成的 2 个低点,即可画出 1 条上升趋势线。目前,股价正在上升趋势线上方运行(见图311)。可见,多方这次强行上攻是有备而来的。那么,什么是下降趋势线被有效突破呢? 根据趋势线理论,当股价(指数)往上穿过下降趋势线超过 3 天,且幅度在 3%以上时,即可视为下降趋势线被有效突破(见图 310)。一般来说,无论是大盘还是个股,在有效突破下降趋势线后,说明做空的能量已经得到充分释放,股价(指数)就会出现止跌或暂时性止跌现象,如果此时再形成 1 根上升趋势线,那么股价(指数)很有可能就此出现止跌回升的行情。正是基于这个理由,我认为此时老冯绝对不

下降趋势线被有效突破示意图

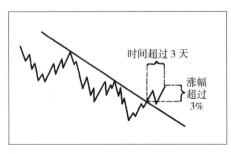

图310

250

应该认赔出局,而要坚持看多并采取持股待涨策略。

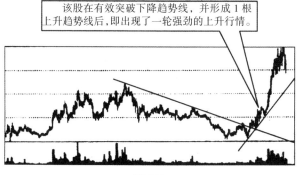

该股在有效突破下降趋势线,并形成1根
上升趋势线后,即出现了一轮强劲的上升行情。

图 311

股市操作经验漫谈之四十九

现代市场经济讲的就是快节奏,要想成为商战中的赢家,领先一步是必不可少的,对股市而言尤其是如此。但任何真理都是相对的,真理向前跨进一步就会变成谬误。譬如,在股市中你领先一步是个赢家,领先二三步就可能是个输家。别的不说,就拿趋势线突破这个问题来说,一旦股价向上突破趋势线,你就立即动作,这种作法就隐藏着很大的风险。因为,股价向上突破趋势线有真突破和假突破之分。如果是假突破,那你又怎么办呢?可见,这种抢在别人前面,超前二三步的作法很可能会落入主力设置的多头陷阱或空头陷阱之中。为了预防股市中这类不幸的事情发生,我们在股价向上突破趋势线这个问题上,只可领先一步,即在市场中大多数人还未醒来之时,跟着主力做多或做空,而不可领先二三步,抢在主力前面做多或做空。那么,又如何来证明主力是在做多,还是在做空呢?趋势线是否有效突破就是反映主力投资行为的一个重要标志。上升趋势线被有效跌破，常常是一轮跌势的开始，说明主力在做空，此时，你跟着主力做空就是了；下降趋势线被有效突破，常常会出现止跌企稳，或见底回升的现象，说明主力不想再继续杀跌，此时你就跟着主力一起守仓。如果在这之后，形成一条上升趋势线，说明主力在做多，你就跟着主力做多。这样领先一步，而不是领先二步、三步的操作方法就能踏准市场节拍。故而，投资者能不能在趋势线被有效突破后进行顺势操作，是关系到投资成败的一个原则问题，在这个问题上千万马虎不得。

五、新的上升趋势线与新的下降趋势线的识别和运用

习题81　图312中有2条斜线。请问：哪一条斜线是新的上升趋势线？其特征和技术含义是什么？投资者见此趋势线图形应如何操作？

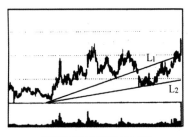

（该股往后走势见图314）

图312

参考答案　图312中的L₂这条斜线是新的上升趋势线。其特征是：原有的上升趋势线向下破位后，不是反转向下，而是继续上升且收盘创出了新高（见图313）。从技术上来说，新的上升趋势线是做多信号，无论大盘或个股在新的上升趋势线形成后往往都有一段较好

的升势出现。例如,图 312 中的个股在新的上升趋势线形成后,上升势头就十分明显。另外要注意的是:新的上升趋势线出现后,原有的上升趋势线就失去了参考价值,投资者应该按新的上升趋势线进行操作,股价在其上方运行就看多、做多,股价有效击穿该线并在其下方运行就看空、做空。这里投资者必须明白:新的上升趋势线确立,说明前期股价下穿原先的上升趋势线,是主力刻意打压所致,是为了诱空而故意设置的一个空头陷阱。其目的是要清洗浮筹,蓄势后再次发动新一轮上攻行情。这就是我们在新的上升趋势线形成后,不能看空,必须看多的一个最重要理由。当然看多并不是马上做多,如拉升过急要注意短期回调,投资者可先回避一下短线风险后再加入(见图 314)。

新的上升趋势线示意图

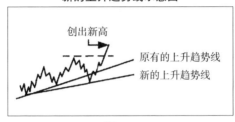

图 313

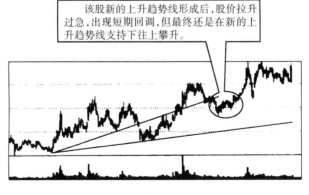

图 314

习题 82　图 315 中有 2 条斜线。请问:哪一条斜线是新的下降趋势线? 其特征和技术含义是什么?投资者见此趋势线图形应如何操作?

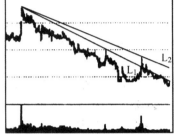

(该股往后走势见图 317)

图 315

参考答案　图 315 中的斜线 L_2 是"新的下降趋势线"。其特征是:下降趋势线被有效突破后,不是反转向上,而是继续下降且收盘创出新低(见图 316)。从技术上来说,新的下降趋势线出现是继续看跌信号。它表明目前市场正处于空方的控制之下。所以,原先的下降趋势线被有效突破后,多方没有继续发威,空方却乘机发动了新一轮攻势。投资者见此图形后,必须认识到:在新的下降趋势线形成后,原有的下降趋势线即失去了作用。此时,投资者应依据新的下降趋势线进行操作。只要股价(指数)在新的下降趋势线下方运行,投资者就应看空、做空(见图 317)。只有在股价突破新的下降趋势线,

新的下降趋势线示意图

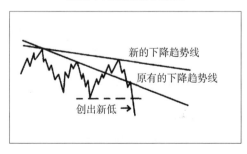

图 316

254

在其上方运行,并形成上升趋势线后,投资者才可考虑做多。

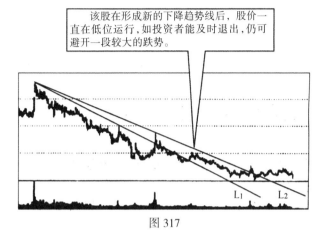

该股在形成新的下降趋势线后,股价一直在低位运行,如投资者能及时退出,仍可避开一段较大的跌势。

图 317

股市操作经验漫谈之五十

大凡有社会经验和懂得法律常识的人都知道,一个新的规章制度出台后,老的规章制度就失效了。如果你今后办事时再依老的规章制度去做,那就要碰壁。股市中也有类似情况。当新的上升趋势线或下降趋势线出现时,老的上升趋势线或下降趋势线就失去了参考价值。此时,假如你仍然依据老的趋势线来研判行情,买卖股票,投资就会出差错,从而给自己带来不必要的经济损失。当然,投资者在运用新的趋势线研判行情时, 也有感到难办的地方:生活中的新规章制度公布和实施,日期明确,内容清楚,大家照着办就不会出差错。而股市中新的趋势线出现,是不会有人"张榜公布"的,一切都要靠自己去分析。这时你又该怎么办呢?其实,你只要记住一句话:功夫在诗外。平时,对着书中新的趋势线画法多练习,多琢磨,用不了多久,你就能掌握它的操作技巧,日后,真正遇到行情出现新的变化时,你就能胸有成竹,胜机在握了。

第四节　趋势线操作难题分解练习

一、指数正处于上升趋势中而股价正处于下降趋势中的难题分解练习

习题 83　下面 2 张图,图 318 为大盘走势图,图 319 为某个股票走势图,它们都处在同一时间段。请问:投资者见此图形应如何操作?

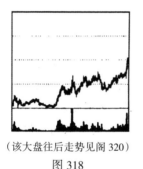

（该大盘往后走势见阁 320）

图 318

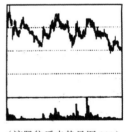

（该股往后走势见图 321）

图 319

参考答案　从上面 2 张走势图看,大盘指数正在不断地往上走;而个股股价却正在不断地往下走。这种现象在近年来的沪深股市中屡屡发生,值得人们关注。有些投资者认为,只要大盘走好,这些下跌的个股迟早会出现补涨行情。因此,当这些个股下跌时,这些人往往采取了越跌越买的策略。那么,这种操作方法究竟对不对呢?我们认为,这种操作方法很不理智。其道理在于:

第一，现在股市齐涨共跌的时代已经过去。随着股市规模扩大，牛市熊股、熊市牛股已屡见不鲜。如你在牛市中买了属于"牛市熊股"的那些股票，其套牢程度和资金损失亦不亚于熊市。而牛市熊股的一个主要特征就是：大盘在不断地走高，而它却不断地走低。

第二，自然界有一个规律叫"八二法则"（又称"二八法则"），股市也不能违反这个法则。何谓"八二法则"呢？简言之，即在任何事物运动中，起主要作用的，只占总比例的 20%，而其余 80% 只能起到次要作用，甚至是负面作用。例如，在世界上，最发达地区的 20% 人口控制着世界上 80% 的财富；在百货公司，20% 的商品销售额占总销售额的 80%。这种情况在股市中也处处可见。现在股评满天飞，如你把一年内股评作个统计，你就会发现，说准的，具有参考价值的只有 20%，而其余 80% 都是无用，甚至是有害的。在多达千家上市公司的沪深市场，你也会发现，在一轮行情中，只有 20% 的股票是涨势凌厉的，其余 80% 股票表现平平，甚至有一些股票逆大市而下跌。

可见，股市中同样也存在一个"八二法则"。当你了解"八二法则"后，你就会明白，为什么许多人股评月月听、天天听，但仍未取得好收益，即使在一轮大牛市中，亏损的人仍不在少数。其原因自然不言而喻。因此，一个成熟的投资者，无论在什么市场，即使在大牛市中也要坚持顺势操作，绝对不能乱买一气。所谓顺势，就要买处于上升趋势中的个股，而处于下降趋势中的个股，在其跌势未尽之前，不要轻易买入，除非你已有"内线人"，确切得知该股有重大利好题材，主力正在刻意打压吸筹，才可加入，否则越跌越买就会越套越深，最后沦为牛市中赚了指数亏了钱的伤心人，这是很不值得的（见图 320、图 321）。

故此，当我们看到大盘在上升趋势线之上运行，而个股在下降趋势线之下运行的走势图形时，就应坚决对这些个股看空、做空。持股的投资者要设法减磅操作，尤其不应该见其股价低了就买进，持币的投资者则应弃它而去，另找在上升趋势线之上运行的强势股买进。

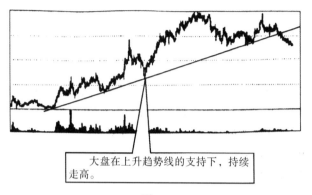

大盘在上升趋势线的支持下，持续走高。

图 320

虽然大盘出现了大涨行情，但该股却成了典型的牛市熊股，出现了大跌行情。

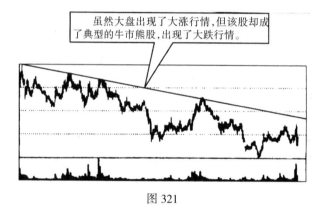

图 321

二、指数正处于下降趋势中而股价正处于上升趋势中的难题分解练习

习题 84 在弱势市场中，也有表现较好的个股。现在请你以同一时间段图 322~ 图 324(图 322 是大盘走势图，图 323、图 324 是个股走势图)为例，说明在大盘呈下降走势时，对逆市上扬的个股是不是可以做多？为什么？

参考答案 据统计，在大盘持续下跌的情况下，逆市做多的投

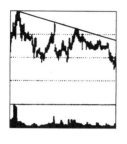
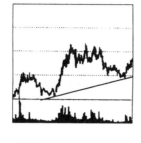
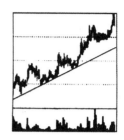

（大盘往后走势见图 325）　（该股往后走势见图 326）　（该股往后走势见图 327）

图 322　　　　　　　　　　图 323　　　　　　　　　　图 324

资者大多数亏了钱。所以，投资者买卖股票一定要看大盘走势如何。
大盘如在下降趋势线压制下，不断走低（见图 322），此时原则上不
宜看多、做多。但有的时候问题并不这样简单，例如，上面 3 张图显
示，大盘指数在不断下滑，而图 323、图 324 中的个股股价却不断走
高。这时怎么办呢？首先投资者应该明白，大盘处于空头市场，做任
何股票，包括做正在走上升通道的股票都要冒很大的风险。这些在
上升的股票说不定什么时候来个补跌，那时就惨了。因此，我们主
张，持币的投资者要耐得住寂寞，不轻易买进这些股票。但是，我们
也必须承认这样一个事实：在大盘不断翻绿的情况下，一些能逆市
上涨的强势股，说不定蕴含着某种潜在的利好题材，日后会有一个

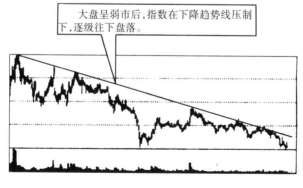

大盘呈弱市后，指数在下降趋势线压制
下，逐级往下盘落。

图 325

259

出色的表现。因此,手里持有这种股票的投资者可采取谨慎做多的策略。方法是:只要它们的股价能在上升趋势线上方运行,就一路持股(见图325、图326)。但一旦发现股价跌穿上升趋势线,跌幅超过3%,或收盘连续3天收在上升趋势线的下方,就应该先暂时退出观望(见图327)。为何要这样做呢?因为在多头市场和空头市场中做股票的原则是不一样的。前者整体局势看好,等个股向下有效跌破

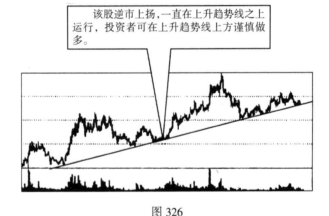

该股逆市上扬,一直在上升趋势线之上运行,投资者可在上升趋势线上方谨慎做多。

图 326

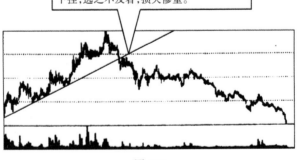

该股逆市上扬,但终因受大盘牵连,在股价走高见顶,击穿上升趋势线后,就一路下挫,逃之不及者,损失惨重。

图 327

再离场不迟;而后者整体局势看淡,等个股向下有效跌破再离场,股价可能已经跌得很惨。而且必须提防的是:大盘走熊,本来人气就十分散淡,一旦确认个股向下有效破位,就可能出现无人接盘的现象。故从操作安全角度考虑,在空头市场中,强势股的股价向下跌破上升趋势线,只要满足有效跌破的一个条件,就可先停损出局。

股市操作经验漫谈之五十一

有一本书说,做人难,做女人更难,做名女人则是难上加难。我们是不是可以把这句话套用过来,做股票难,做好股票更难,做好股票了解其规律则是难上加难。做股票难,难在它没有固定不变的模式;做好股票更难,难在输钱人总比赚钱人多;做好股票掌握其规律则是难上加难,难在很多人赚钱后,不知道幸运之神为什么会光顾自己,规律没摸清,现在赚了,到最后又赔了出去。股市中有这么多难,可见炒股也不是什么轻松的事。当然股市和其他任何事物一样,有难题存在,也就有解决难题的办法。就像本节中"指数处于上升趋势中而股价处于下降趋势中,指数处于下降趋势中而股价正处于上升趋势中"这一类难题,如果你能灵活地运用趋势线理论,正确地分析出现这种情况的原因,对症下药,这个难题就能得到很好解决。股市是个斗智斗勇的场所,知难而进,积极寻找解决难题的办法是智者的表现;知难而退,自己不动脑筋一切依赖别人是弱者的表现。历史已经证明并将继续证明:大智者必将赚大钱。在股市中要成为大智者除了多学习、多练习、多实践外,是没有什么捷径可走的。

第五节　趋势线综合练习

一、趋势线基本图形识别综合练习

习题 85　请分别指出图 328、图 329 中的斜线是什么趋势线？
并简要说出它们的技术含义？

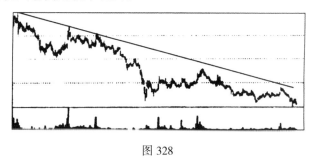

图 328

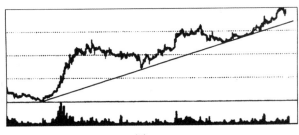

图 329

　　参考答案　图 328 中的斜线是下降趋势线。下降趋势线的技术
含义是：揭示股价（指数）运行的方向或趋势是向下的；下降趋势线
具有压制股价（指数）上升的作用。

　　图 329 中的斜线是上升趋势线。上升趋势线的技术含义是：揭
示股价（指数）运行的方向或趋势是向上的；上升趋势线具有支持股
价（指数）上升的作用。

习题 86 图 330 中的哪一条斜线是新的下降趋势线？新的下降趋势线的技术含义是什么？

图 330

参考答案 图 330 中的斜线 L_2 是新的下降趋势线。出现新的下降趋势线,表示空方经过休整后发动了新一轮反击,它反映市场正处于浓厚的空头氛围之中。

习题 87 指出图 331 中的几条斜线分别是什么趋势线？并简要说出它们各自的技术含义是什么？

图 331

参考答案 斜线 L_1 是慢速下降趋势线,斜线 L_2 和 L_4 是快速下降趋势线,斜线 L_3 是快速上升趋势线。从技术上来说,慢速下降趋势揭示股价(指数)运行的中长期趋势是向下的;快速上升趋势线揭示股价(指数)运行的短期趋势是向上的;快速下降趋势线揭示股价(指数)运行的短期趋势是向下的。

习题 88 下面图 332、图 333 中趋势线都被有效突破了,为了正确研判股价未来的走势,必须重新画出一条新的趋势线。现在请你把它画出来。

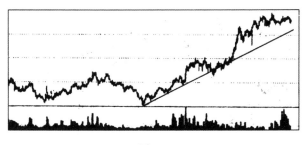

图 332

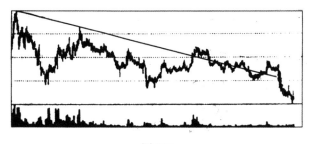

图 333

参考答案 图 334 中的斜线 L_2 是新的上升趋势线,图 335 中的斜线 L_1 是新的下降趋势线。

图 334

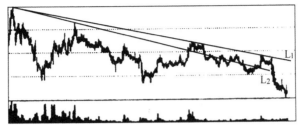

图 335

习题 89 仔细观察图 336，说明为什么斜线 L_2 不是新的下降趋势线？

图 336

参考答案 因为只有在原来的下降趋势线被有效突破，股价上升不久又返身向下并创出新低，而利用该趋势线已无法对它未来走势作出正确研判时，才需要画一条新的上升趋势线。而观察图 336 就可发现该股并没有有效突破过下降趋势线，所以不存在需要重新画新的下降趋势线的问题。如果随意画 1 根作为新的下降趋势线，就会对行情作出误判。

习题 90 请将图 337 中慢速趋势线和快速趋势线全部画出来，并一一说出它们的名称。

参考答案 在图 337 中所需要画的几条趋势线见图 338。其中，L_1、L_3 是快速下降趋势线，L_2、L_4 是快速上升趋势线，L_5 是慢速下降趋势线。

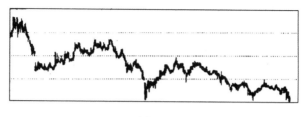

图 337

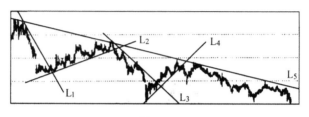

图 338

习题 91 请用趋势线分析图 339 中的个股走势,说出它目前是处于多头市场还是空头市场之中?并简要说明投资者应如何操作?

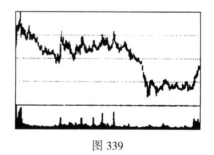

图 339

参考答案 将该股中最具有代表意义的 2 个高点联结,画出一条向下的斜线,这条斜线即为下降趋势线(见图 340)。按照趋势线理论,股价(指数)在下降趋势线之下运行,就是空头市场。在空头市场中,投资者原则上以看空、做空为主。如要博取短期差价,也只有等大盘或个股出现大幅下挫,或暴跌时,才可适量加入做多。

266

图 340

习题 92　仔细观察图 341,完成下面的作业:①画出该股的上升趋势线;②说明投资者见此图形应该是做多、观望,还是做空?

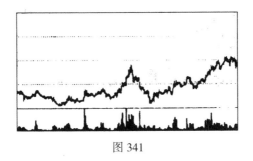

图 341

投资者见此图形后在此积极做多,获利仍然十分丰厚。

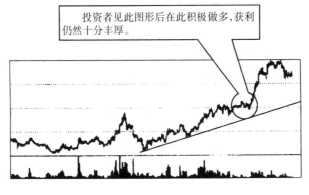

图 342

参考答案　①画出的趋势线见图342。②从图342中可以清楚地看出,该股目前正沿着上升趋势线往上移动。这说明该股正处于强势之中,投资者见此图形可积极做多。

二、趋势线操作技巧综合应用练习

　　习题93　图343显示该股突破下降趋势线已有一段时间,目前它筑底后正在向上运行。请问:投资者现在能不能买进?为什么?

图343

　　参考答案　不能买进。因为该股前一阶段虽然突破了下降趋势线,但小幅回升后就向下回落,并创出新低。这时,图中的下降趋势线也就随之失去了对行情研判的参考作用。根据趋势线理论,当原来的下降趋势线的参考作用失效后,就必须绘制出1条新的下降趋势线(见图344)。与此同时,投资者研判股价(指数)未来走势时,也必须以新的下降趋势线为依据作出判断。从图344中看,该股目前正在新的下降趋势线之下运行,股价短期回升已经快要触及到它的边线。一般来说,当股价反弹到它的边线附近时,就会因为新的下降趋势线对股价上升的巨大压制作用,将迫使股价再次掉头下行。况且该股反弹时,成交量又呈现逐渐缩小的状态,这说明这轮反弹仅是盘中存量资金所为,并无新的增量资金参与。在这种情况下,无量上涨,更易引发股价的下跌。综上所述,我们认为投资者现在非但不宜买进该股,而且手中有筹码的投资者也要看清形势,趁势减仓,免得越套越深,损失越来越大。

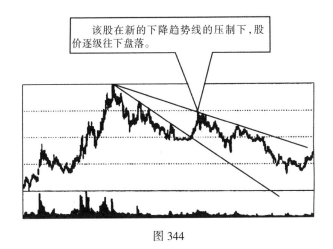

该股在新的下降趋势线的压制下,股价逐级往下盘落。

图 344

习题 94 某天,证券班张老师指着图 345 说,图中 A 点处表明该股的上涨行情已经结束,B 点处表明这一个点位是该股下跌后反弹的最佳卖出点,C 点处表明该股日后走势相当严峻,投资者应该在此全线做空。请问:张老师作出这样分析的理由是什么?

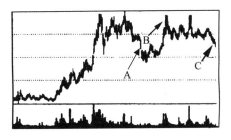

(该股往后走势见图 346)

图 345

参考答案 张老师是用趋势线和技术图形来分析该股走势的。先说趋势线,如我们将该股的上升趋势线画出后(见图 346),就可明显地看出,图中 A 点处已经满足了下降趋势线被有效突破的 2 个必要条件,即股价已连续 3 日以上收在上升趋势线的下方,且跌幅超过了3%。按照趋势线理论,当股价有效跌破上升趋势线后,即意味着一轮升势结束。之后,即使股价回升,也多数为反弹行情(除非股价再次创出新高)。而且这时原来的上升趋势线就变成了阻止日后股价向上的压力线。当股价向上触及该线时,就会受到它的反压向下回落。因此,投资者在操作时,应遵循这样一个原则:股价回升接近这根趋势线时卖出。可见,张老师把B点作为反弹的最佳卖出点是很有道理的。那么,为什么张老师要求投资者在图中C点处全线做空呢?这是因为该股反弹夭折后就进入了窄幅整理状态。从图中看,该股一段时期的横向整理已经形成了一个"矩形"[注]走势。根据矩形技术图形的操作规则,当股价击穿矩形的下边线,即为卖出信号。因此,张老师才要求做多投资者在C点处停损离场。那么张老师何以把C点处形势看得比A点处还要严峻,要求大家全线做空呢?这恐怕是张老师看到近阶段高位盘整时间较长,估计庄家在这中间已派发了大量筹码的缘故。众所周知,在股价大幅上扬后,一旦庄家高位出货完毕,股价下跌就会很厉害,所以张老师要大家看清形势,

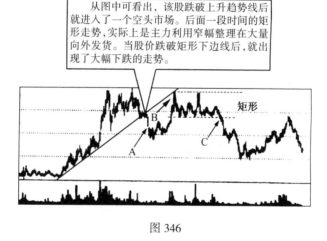

从图中可看出,该股跌破上升趋势线后就进入了一个空头市场。后面一段时间的矩形走势,实际上是主力利用窄幅整理在大量向外发货。当股价跌破矩形下边线后,就出现了大幅下跌的走势。

图 346

[注] 关于"矩形"技术图形的特征和技术含义,详见《股市操练大全》第一册(修订版)第269页~第271页。

全线抛空离场(见图346)。

　　习题95　苏小姐前段时期在图347的A点处进了不少货,现在该股已有效跌破了该股长期上升趋势线,走势变得十分难看。虽说该股过去也发生过跌破长期上升趋势线的现象,但那时股价在低位,而目前股价已到了相对高位。苏小姐在想:停损离场吧,这一刀割下去损失不小,万一股价止跌回升,就会割在地板价上,实在太冤了。捂股不抛吧,如果股价继续下跌,就会越套越深。对此她一直举棋不定,不知道这个时候应该是看多做多,还是看空做空好。现在请你依据趋势线理论和操作的规则,帮苏小姐拿个主意。

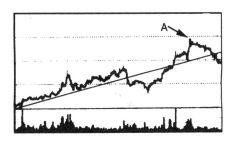

(该股往后走势见图348)

图347

　　参考答案　如果要我帮苏小姐拿个主意,我认为现在该股走势十分正常,后市仍可看好,苏小姐应该继续看多做多。我这样说并不是因为苏小姐现在套住了,对她说一些安慰的话。我说这话是有根据的,大家可以仔细看上面这张图,该股在前期跌破上升趋势线,股价在其下方徘徊了一段时间后,又返身向上,并创了新高。这时,图中的这根上升趋势线的作用就失效了。此时,投资者就应该及时对上升趋势线进行修正,重新画出1根新的上升趋势线(见图348)。从图中看,现在股价正在新的上升趋势线之上运行。虽说近几天股价从高点往下回落,但幅度不深,又未放量。它整体向上的走势并没有被破坏,那又为何要停损离场呢?近几天苏小姐对该股走势十分担心,操作上举棋不定,其原因就是:没有认识到当行情起了变化时,应该及时对趋势线进行修正。试想,苏小姐对这个关键性的问题认识不清楚,一旦行情发生了变化,自然就不知道应该是做多还是做空了。就像上图中的个股上升趋势线失效后,她忘了,或者还根本不知道在这个时候应该画出 1 根新的上升趋势线。如果她画了,该股走势就会看得十分清楚。此时应该是停损离场,还是继续持股做多,相信她对此一定会作出一个正确的选择。

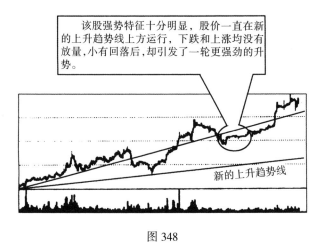

该股强势特征十分明显,股价一直在新的上升趋势线上方运行,下跌和上涨均没有放量,小有回落后,却引发了一轮更强劲的升势。

新的上升趋势线

图 348

习题 96　近两天,某营业部散户厅热闹非凡,两位技术派人士对图 349 走势发生了激烈争论,引来许多驻足观望者。甲说,该股已

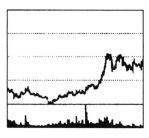

（该股往后走势见图 350）

图 349

272

经形成双顶,日后必跌无疑,此时,投资者应该积极做空。乙说,该股上升趋势未改,后市继续看好,此时投资者应该积极做多。请问:为什么同为技术派人士看法会出现这样大的分歧?你对这个问题如何看?在甲和乙的争论中,你同意谁的看法?其理由是什么?

参考答案 股市是个奇妙的地方,在其他领域可能发生意见一致的情况,但在股市中永远也不会有意见一致的时候。这不仅在信赖基本分析的人和相信技术分析的人之间,认识上会出现很大的差异,就是在他们各自内部之间,观点也常常会发生激烈的冲突。股市中出现这种情况并不奇怪,因为股市中的人本来就是由代表多空两方面不同观点的人组成的。一部分人对市场看空,必然有另外一部分人对市场看多。如果大家看法都一致了,股市也就不成股市了。试想,全部看空,谁来接盘呢?全部看多,又有谁来把股票卖出呢?显然这是不可能的。可见,股市中意见分歧始终是存在的。虽然,股市中不同观点很多,但最后印证股市实际走势的观点只有一个。那么谁的观点对,谁的观点错,就要靠我们自己来辨别了。其实,要做到这一点并不容易,如果自己对股市中的基本操作技巧不了解,不熟悉,就很难做到以人之长,补己之短,从而对股市行情作出正确研判。假如,我们对股市中的"双顶"技术图形[注]和趋势线的操作都有个基本的了解,对甲、乙两人的观点,就可作出一个较为客观的评判。先说双顶吧,从图349看,该股近来确实出现了两个小山峰。那么,这两个小山峰是否就是技术图形中所说的双顶?按照双顶技术图形的要求,双顶只有在股价有效击穿它下档的颈线后才能确立,现在双顶的颈线还没有被击穿,因此是否是双顶还不能肯定。接着我们再来分析乙的观点。乙认为该股上升趋势未改,后市继续看好。这个观点对不对呢?我们不妨把上升趋势线画出来看一看(见图350)。从图中可以看出,目前该股正在上升趋势线之上运行,而且价量关系配合也比较理想,涨时放量,跌时缩量,多方在这中间占有明显的优势。显然,乙方的观点比较正确。按照趋势线理论,只要股价在上升

[注] 关于"双顶"技术图形的特征和技术含义,详见《股市操练大全》第一册(修订版)第231页~第233页。

趋势线之上运行,就可看多、做多。如果我们再仔细观察图350中的
个股走势,就会发现该股回落时,几次都得到了上升趋势线的支持,
这说明主力护盘和做多决心很强。既然如此,何不跟着主力一起做
多呢?这样操作虽不能保证一定赚大钱,但输钱的可能性很小。通过
对甲、乙两人的观点分析后,我们完全同意乙方的观点。此时,投资
者应该以积极做多为宜。

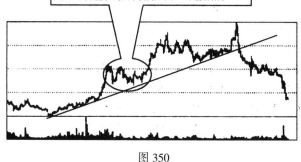

这是深圳1997年某大牛股的一年走
势图。从图中可以看出,该股上升途中所
谓的双顶只不过是主力在震仓洗筹而已。
之后,股价在上升趋势线支持下,仍然逐
级往上攀升。但最后两个月该股在高位跌
破上升趋势线后,就露出了一副熊相。

图 350

习题 97　老余手里有两个股票(见图 351、图 352),近几天在

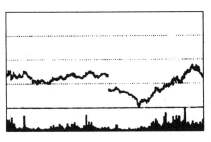

(该股往后走势见图 353)

图 351

274

上扬后都开始向下回落,目前,虽然回落的幅度不大,但为了回避短期风险,老余准备先退出观望。请问:老余这样操作对不对?为什么?

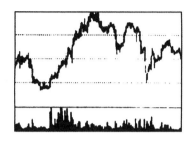

（该股往后走势见图354）

图352

参考答案 老余这样操作存在一定问题。为什么呢?因为老余只看到两个股票上扬后开始向下回落,但没有注意到,这两个股票目前的运行趋势如何?究竟是整体向上,还是整体向下呢?如果趋势整体向上,那就要看继续回落的空间还有多大,有无必要在这地方短线卖出;如果整体趋势向下,那就不是短线卖出的问题,而应该是中长线看空、做空了。我们先来看图351这个股票。如将该股最先形成的A、B两个低点联结,就可画出1条上升趋势线(见图353)。目前,该股正在上升趋势线之上运行,说明该股升势未尽,中长线可继续看多、做多。而这几天股价回落已接近上升趋势线的边线,如在此点位抛出,可能连回补的机会都没有,显然不适宜再短线卖出。接着,我们再来看图352这个股票。如将该股下跌途中的最具有代表意义的A、B两个高点联结,就可画出1条下降趋势线(见图354)。目前,该股正在下降趋势线之下运行,说明该股跌势未尽,中长线应继续看空、做空。可见,近几天股价小幅回落仅仅是新一轮下跌的开始,日后下跌空间到底有多大,还要看这根下降趋势线对该股的压制力度有多大来决定。故该股现在不仅仅是短线卖出,而应该是中长线做空,清仓离场。另外要记住,卖出股票后则不宜再轻易进场。

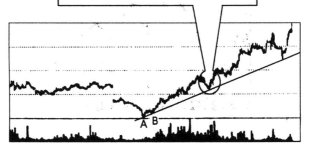

该股沿着上升趋势线往上不断攀升，如老余在图中画圈处短线做空，就没有机会在低位重新再将筹码捡回来。可见，不看趋势随意做空，踏空的风险也是很大的。

图 353

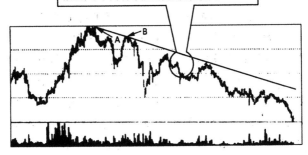

该股在下降趋势线的压制下，股价逐级往下盘落。对这类整体趋势向下的个股，不是什么暂时做空的问题，而是要一路看空、做空，尽早离场才能避免越套越深。

图 354

习题 98 一天，小李在仔细研究图 355 走势后，在图中画圈处进了大量货。其买进的理由是：①目前，该股已接近前一低点且出现止跌回升的迹象。②该股在不久前出现了很大的成交量，说明市场多头主力已领先一步建了重仓。请问：小李该不该买进该股？为什么？通过小李买股票这件事给我们有什么启发？

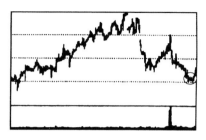

（该股往后走势见图 356）

图 355

参考答案　小李不应该买进该股。该股的往后走势与小李的期望相反，走出了令人沮丧的持续下跌行情。小李重仓出击成了重仓深套（见图 356）。为什么小李操作上会出现如此大的失误呢？其买进理由又错在哪里呢？客观地说，从小李买股票过程中可看出小李是个善于动脑筋的人，买股票时曾对所买对象做过仔细研究，他找的 2 条买进理由也不是完全没有道理。但问题是，小李在观察、分析该股时，只注意该股眼前的走势，而没有关注它的整体走势，从而犯了一个井底观天的根本性错误。

　　为何这样说呢？譬如，小李说该股在接近前期低点时出现了止跌回升的迹象。其实，这仅仅是一种表面现象，它的实质是什么呢？恐怕小李连想都没有想过。

　　从技术上来说，当一个股票大幅下跌，接近其历史低位时，常会出现一轮小幅反弹走势，但这种反弹走势只具有短线意义。如在此位置无新资金入场，要想止跌后马上反转向上是不太可能的。故而有实战经验的投资者，在股价大幅下跌接近历史低位出现止跌回升现象时，首先关心的不是进货，而是该股的整体走势如何，成交量有无异常变化。如无法从技术图形上证明有增量资金入场和多方主力有大动作之前，他们只会把股价回升当作反弹行情看待，用少量资金博取短差，而决不会把它当作反转行情去做，盲目抄底，大量买进。

　　再说，小李认为该股不久前下跌反弹时出现了很大的成交量，说明市场的多头主力建立了重仓,这样的分析也很牵强。因为下跌途中出现反弹放量,既有可能是主力建仓所为,也有可能是主力前期没出完货,现在趁反弹大量出货所致。至于是哪一种情况,日后必然会从股价走势中反映出来。但现在纵观其股价走势,该股放量之后,股价重心一直在下移,这就是说,该股下跌途中的反弹放量并非是主力建仓而是主力出货造成的。

　　还有更重要的是,我们在分析股价走势时,不能忘记对它整个趋势的研判,当我们把该股的上升趋势线和下降趋势线画出来后(见图 356),就可发现该股下跌途中反弹放量受阻的位置,恰恰就在原上升趋势线被击穿后转化为压力线和下降趋势线相交的地方,该股的反弹行情就是在这 2 条趋势线的双重压制下受阻回落的。反弹夭折后,股价在下降趋势线的步步紧逼下持续走低,熊股特征显露无遗。遗憾的是,小李对该股走势研究后,也找了一些买进的理由,但就是没有找到"用趋势线对行情进行分析研究"的点子上,从而犯了一个严重错误,对该股的整体走势这个带有根本性的问题没有看清楚就盲目看多做多。小李对行情的误判,付出了巨大的代价。在股价长期趋势向下的情况下,他不顾风险,大量重仓买进,出现了

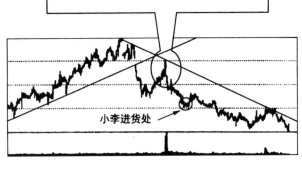

　　该股在下跌途中,曾出现过一波放量反弹行情,但反弹到 2 条趋势线的交叉处就嘎然而止。很明显,这 2 条趋势线对股价回升有巨大的压制作用。该股反弹夭折后,多方就失去了抵抗能力,在下降趋势线的重压下,股价一路走低。

图 356

278

一路深套,损失惨重也就很难避免了。

通过小李买股票这件事，我们可以得到以下两方面的启示:①买股要谨慎,尤其是重仓出击,一定要找到能经得起市场检验的买进理由才能这样做。退一步来说,即使买进的理由很充分,重仓出击也应该以分批买进为好。这样万一自己判断错了,手里有资金,还有办法补救。②买股票要看大势。这个大势不仅指国家经济形势、大盘趋势,同时还包括个股的整体走势。就个人操作而言,弄清所要买的个股的整体走势尤为重要。另外,我们必须注意的是,从局部来看可以做多的理由,在全局范围内不一定能站得住脚。因此,如需在低位中长线建仓,一定要看它是处在下降趋势中,还是处在上升趋势中,在还没有看出它走出下降趋势之前,不要轻易买进。

第六节　趋势线图形的识别和运用测验题

姓名＿＿＿＿＿＿　得分＿＿＿＿＿＿

一、是非题(每题 2 分,共 8 分)

在下列各题后的括号内填上"对"或"错"。

1. 图①中的斜线是上升趋势线。　　　　　　　　　(　)

2. 图②中的斜线 L_2 是快速上升趋势线。　　　　 (　)

3. 图③中的斜线 L_2 是新的上升趋势线。　　　　 (　)

4. 图④中的 A 处确认了上升趋势线被有效跌破。 (　)

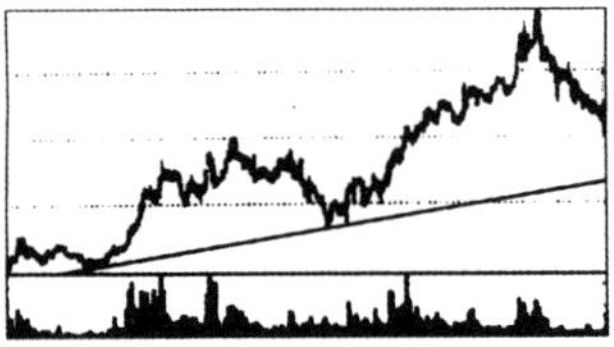

图①

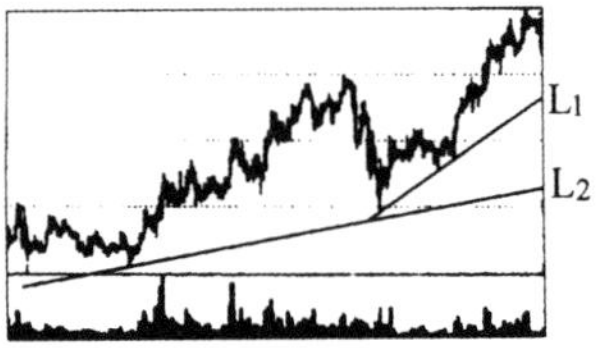

图②

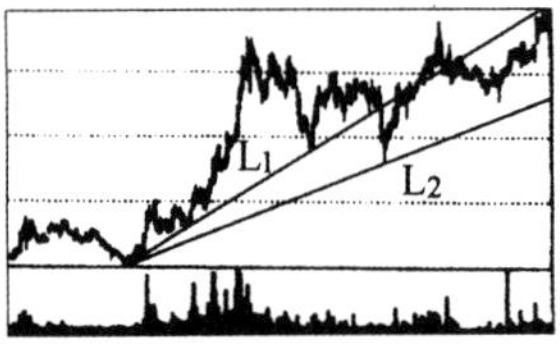

图③

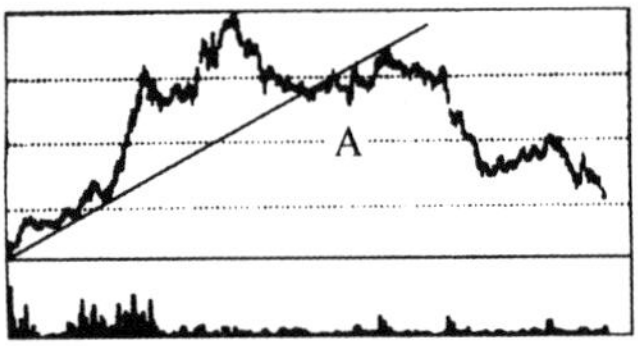

图④

二、判断题(每题 2 分,共 8 分)

下面各个小题中都有两句话,其中只有一句是正确的。请在正确的一句话后面的括号内打上"√"。

第一题:

(1)所谓上升趋势线,就是将最先形成的两高点或最具有代表

意义的两高点联结而成的一条向上的斜线。　　　　　（　　　）

（2）所谓上升趋势线,就是将最先形成的两低点或最具有代表意义的两低点联结而成的一条向上的斜线。　　　　（　　　）

第二题:

（1）在多头市场中,股指回档至长期上升趋势线附近,即可买进。在多头市场中长期上升趋势线对股价有重要支撑作用,一般不会轻易击穿。　　　　　　　　　　　　　　　（　　　）

（2）在空头市场中,股指反弹至长期上升趋势线附近,即可买进。在空头市场中长期上升趋势线对股价有重要支撑作用,一般不会轻易击穿。　　　　　　　　　　　　　　　（　　　）

第三题:

（1）太平的趋势线很容易被一个短期的横向整理形态所突破,因而其技术参考意义不大。　　　　　　　　　　（　　　）

（2）太陡的趋势线很容易被一个短期的横向整理形态所突破,因而其技术参考意义不大。　　　　　　　　　　（　　　）

第四题:

（1）如果股价在上升趋势线的上方运行,那么投资者可分批买进做多;如果上升趋势线被有效突破,那么投资者应及时退出观望。
　　　　　　　　　　　　　　　　　　　　　　（　　　）

（2）如果股价在上升趋势线的上方运行,那么投资者应及时退出观望;如果上升趋势线被有效突破,那么投资者应立即买进做多。
　　　　　　　　　　　　　　　　　　　　　　（　　　）

三、填空题(每题2分,共12分)

1. 投资者在图①中的 A 处可继续看多、做多,因为该股正处于（　　　　　）趋势中。

2. 图②中的慢速上升趋势线 L_2 是（　　　　）投资者看多和做多的重要依据。

3. 在图③中的 A 处投资者应坚持看空和做空,因为该股既处于慢速下降趋势线 L_2 的下方,又处于（　　　　）下降趋势线 L_1 的下方。

4. 虽然图④中的上升趋势线 L_1 被有效突破,但是该股不跌反

涨,且收盘价再创新高。所以,投资者应依据(　　　　　　　　)
L_2 进行操作。

5．在图⑤中的 A 处,虽然该股出现了下降趋势线被有效突破的现象,但它还没有形成(　　　　　　　)。所以,稳健型投资者不必急于买进做多。

6．在图⑥中,虽然大盘指数正处于上升趋势中,但是该股仍处于(　　　　　)趋势中。所以,投资者不宜对该股进行看多、做多。

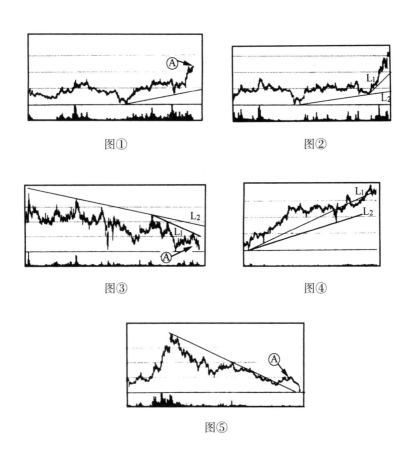

图①　　　　　　　　　　　　　　图②

图③　　　　　　　　　　　　　　图④

图⑤

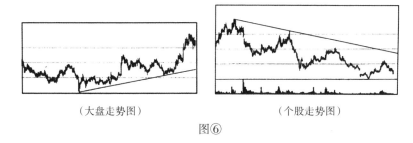

（大盘走势图） （个股走势图）

图⑥

四、简答题（每题 4 分，共 24 分）

1．请仔细观察下面两幅图，分别指出图①、图②中的斜线是什么趋势线？

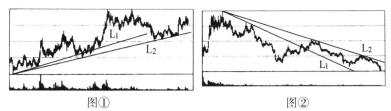

图① 图②

2．请仔细观察下面两幅图，分别指出图中的斜线是什么趋势线？

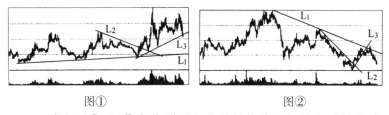

图① 图②

3．请在图①、图②中分别画出上升趋势线和新的上升趋势线。

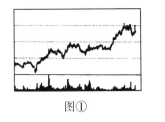 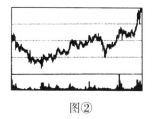

图① 图②

283

4．仔细观察下图，画出它的快速趋势线和慢速趋势线。

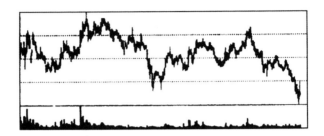

5．仔细观察下图，回答下面的问题：①图中 L_1 是什么趋势线？股价有效击穿 L_1 后为何会出现 L_2 这条线？这条线叫什么名称？②投资者见此图形应如何操作？

6．在下面两幅图（见下图①、图②）中，哪一幅图中画的新的下降趋势线是错误的？为什么？

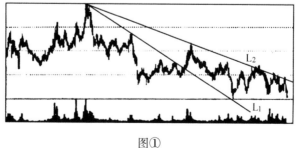

图①

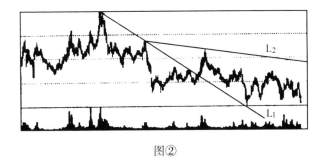

图②

五、问答题(每题 8 分,共 48 分)

1. 一天,证券班张老师拿来图①、图②两张图,问大家见此图形应如何操作。学员小明回答说,图①正在形成双底,现在正是买进时机;而图②正在出现双顶走势,见顶回落的可能性极大,现在应该卖出,停损离场。请问:小明的回答对不对? 为什么?

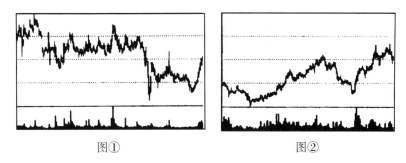

图①   图②

2. 小许是个技术派人士,平时看了很多股票书。因此,无论什么技术指标他都能说出其中的道道来。这次他对下图中的个股走势却犯难了,明明是股价突破了下降趋势线,为什么买进就套住了呢?对此他百思不得其解。现在你能帮他参谋一下,小许操作时问题出在哪里? 应该如何解决?

3．请仔细观察下图,回答下面的问题:(1)由 A 和 B 两高点联结的斜线是什么趋势线?(2)为什么投资者的最佳买进点不是在 C 点而是在 D 点处?

4．某天,证券班张老师指着下面一幅图问大家:从该股的下降趋势线看,投资者应该做空,但从该股上升趋势线看,投资者应该做多。对这一矛盾的说法应该如何理解?投资者见此图形究竟应该怎样操作?请你回答这个问题。

5．仔细观察下图,回答下面的问题:(1)斜线 L_1、L_2 是什么趋势线？(2)有人认为股价有效击穿 L_1,卖出筹码是中了主力诱空的圈套,今后遇此情况应加码买进。你认为这种观点正确吗？为什么？

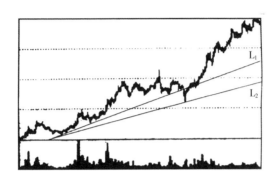

6．股市操作强化训练班结业时,张老师拿出 6 张图对学员说,图①是大盘走势图,图②~图⑥是个股走势图。张老师要求大家画出这 6 张图的各自趋势线图形,并问大家现在可不可以做多,如果要做多,稳健型投资者买哪一些股票比较合适?其理由是什么?这个作业请你来完成。

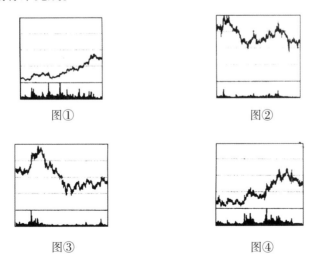

图①   图②

图③   图④

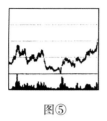

图⑤

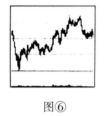

图⑥

288

趋势线图形的识别和运用测验题

参考答案

一、是非题

1．（对） 2．（错） 3．（对） 4．（对）

二、判断题

第一题（2） 第2题（1） 第三题（2） 第四题（1）

三、填空题

1．上升 2．稳健型 3．快速 4．新的上升趋势线 5．上升趋势线 6．下降

四、简答题

1．**参考答案** 图①中的斜线 L_1 是上升趋势线，斜线 L_2 是新的上升趋势线。图②中的斜线 L_1 是下降趋势线，斜线 L_2 是新的下降趋势线。

2．**参考答案** 图①中的斜线 L_1 是慢速上升趋势线，斜线 L_2 是快速下降趋势线，斜线 L_3 是快速上升趋势线。图②中的斜线 L_1 是慢速下降趋势线，斜线 L_2 是快速下降趋势线，斜线 L_3 是快速上升趋势线。

3．**参考答案** 图①、图②中的上升趋势线和新的上升趋势线分别见图③、图④（图中 L_1 为上升趋势线，L_2 为新的上升趋势线）。

图③

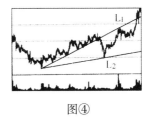

图④

4．**参考答案** 该图画出的快速趋势线和慢速趋势线见下图。其中斜线 L_1 是慢速下降趋势线，斜线 L_2 和 L_4 是快速下降趋势线，斜线 L_3 是快速上升趋势线。

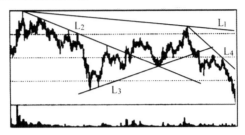

5．**参考答案** ①图中 L_1 是上升趋势线。观察该图可知，当该股的上升趋势线 L_1 被有效跌破之后，多方虽进行了顽强抵抗，股价又重新返回到上升趋势线 L_1 的上方，但遗憾的是，股价后来没有继续再创新高，反而创出新低。如果我们将图中两个高点用直线联结起来，就可画出一条 L_2 的向下斜线，L_2 这条斜线就是下降趋势线。②该股股价已有效击破上升趋势线，目前正处于下降趋势线的下方运行，未来的一段走势将会以下跌为主。此时投资者应对它采取看空、做空，或以做空为主的策略。持筹者应设法停损离场，或进行减磅操作；持币者应耐心持币观望，不要轻易买入。

6．**参考答案** 图②所画的新的下降趋势线 L_2 是错误的。按照趋势线的画线规则，只有当下降趋势线被有效突破后，没有反转向上，而其收盘价再创出新低时，才能画出一条新的下降趋势线。新的下降趋势线的正确画法是：把最高点和向上突破趋势线后形成的高点联结，以此画出一条向下的斜线，如图①中的 L_2。

五、问答题

1．**参考答案** 小明的回答是错的。为何这样说呢？因为小明说的"双底"[注 1]并不是真正的双底，"双顶"[注 2]也并不是真正的双顶。

[注1] 关于"双底"的特征和技术含义，详见《股市操练大全》第一册（修订版）第 229 页～第 231 页。

[注2] 关于"双顶"的特征和技术含义，详见《股市操练大全》第一册（修订版）第 231 页～第 233 页。

粗一看,小明的说法好像有一点道理,但经仔细推敲就站不住脚了。先看图①,该股下跌虽出现过两个低点,而且第二个低点要比第一个低点高,双底似乎呼之欲出。但小明有一点疏忽了,一个股票双底是否成立,其关键是要看股价能否有效冲破其颈线位。而从图①看,股价离开双底的颈线位尚有一定距离,日后碰到颈线是回落,还是冲破颈线后再跌下来,或者继续往上攀升都是未知数,这怎么可以断定双底已经成立,贸然做多呢?再则更重要的是,目前该股正在下降趋势线的下方运行(见图③)。一般来说,无论是个股还是大盘,下跌趋势还没有改变之前,是不宜看多、做多的,如不看趋势盲目买进,一路深套,损失就会很大。故深谙技术分析之道的一些海内外投资大师,反复告诫投资者:在下跌趋势中一定要保持空头思维,不要轻易买进股票。即使是激进型投资者,如果想博取短期差价,也只能以长空短多为主。操作时必须记住:只有在股价回幅较深,短期技术形态向好时买进,股价反弹至下降趋势线附近时卖出,而且一旦发现自己判断有误,无论抢反弹是否成功,都要及时止损离场。

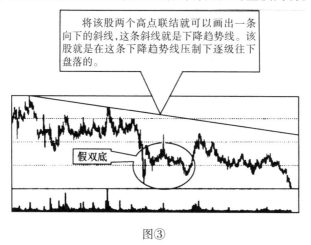

将该股两个高点联结就可以画出一条向下的斜线,这条斜线就是下降趋势线。该股就是在这条下降趋势线压制下逐级往下盘落的。

假双底

图③

接着,我们再来看图②,该股的双顶也并没有真正形成。因为是不是双顶,也要在股价跌破其颈线位后才能确定。当双顶还不能正式确定之前,就认为股价见顶回落,这往往会作出错误的判断。况且,看一个股价日后走势如何,首先要关注它的趋势是在向上还是在向下。现在我们只要找出图②中最具有代表意义的两个低点,画出一条上升趋势线(见图④),就可以清楚地看出目前该股正在趋势线之上运行。一般来说,无论是大盘还是个股,只要上升趋势线没有被跌破,投资者就可一路看多、做多。即使激进型投资者要想多获取一些短期利润,也只能以采取长多短空的策略,用少量资金进行高抛低吸。这些投资者在操作时如发现自己短线频繁进出,并无什么利润可赚,甚至亏损时,就应该暂停短线操作,老老实实地持股待涨,这样或许会赚得更多、更稳当些。

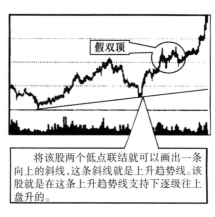

图④

2. **参考答案** 从图中看,小许能对该股画出一条下降趋势线,并坚持股价在下降趋势线之下运作不做多,这是对的。这也说明小许确实在按照趋势线分析方法进行操作,是名不虚传的技术派人士。但恕我直言,技术指标掌握不在于多,而在于精。小许操作失误,问题可能就出在这里。据统计,股市中的技术指标大大小小有几百种之多,而且每隔一段时间又会冒出一些新的什么技术指标。但是作为一个小股民,有必要去了解、知道那么多技术指标吗?答案是否定的。一来人的认识和精力有限,要想知道那么多技术指标,势必贪多嚼不烂,样样懂一点,样样都不精。而在股市中你如果以似懂非懂的技术分析方法去操作股票，风险是相当大的。这与略知一些医学知识，就给人看病容易出医疗事故的道理是一样的。二来技术指标一多，就会相互打架。一些指标反映股市处于强势，可做多；另一些指标反映股市处于弱势，可做空。公说公有理，婆说婆有理。最后，你信哪个指标？怎么操作？可见，作为普通投资者只要掌握一些主要技术指标（一般4、5种即可，最多不超过8种），把它真正弄懂弄通就足矣，技术指标太多反而会使你举棋不定，一头雾水。

以上是我们帮助小许从思想认识上寻找操作失误的原因。这里需要强调的是：这个问题带有一定的普遍性，我们见到股市中许多技术派人士不懂技术时，还知道如何操作股票，而懂了那么多技术，操作时反而要失误，恐怕原因就在这里。

现在，我们把话题转到该图上来，具体看看小许画趋势线时存在着什么问题。从图中看，小许画的下降趋势线和在下降趋势线之下做空都是对的。那么，问题出在哪里呢？问题就出在小许对该股突破下降趋势线后的认识和操作上。按照趋势线理论，股价冲破下降趋势线后至少有3天，且升幅要超过3%才算有效。此时还要注意，在上升趋势没有形成前还不能证明它已经进入了一个多头市场。因此从投资安全角度考虑，在上升趋势线没有出现前，即使想开仓，也只能用少量资金做多。但小许对这些都忘了，也就难免操作失误。

另外，根据趋势线形成的规则，当股价（指数）冲破下降趋势线，没有维持住升势，收盘反而创新低时，就应该马上修正原有的下降趋势线，把图中A、B两个高点联结，画出一条新的下降趋势线（见下图），并及时按照新的下降趋势线的规则进行操作：凡股价（指数）在它下方运行时就看空、做空。持股者要积极退出，停损离场；持币者要坚持持币观望。而小许这些都没有做，或许他根本就不知道有新的下降趋势线这回事。这样对小许来说，在新的下降趋势线形成后，操作上仍然要看空、做空就无从谈起了。

我们可以设想一下：假如小许对趋势线理论不是略知一二，而是知其所以然，操作上做到精益求精，"明明股价突破下降趋势

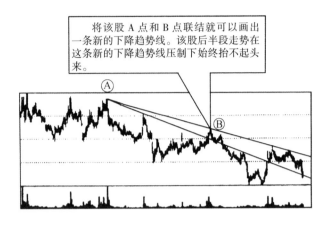

将该股 A 点和 B 点联结就可以画出一条新的下降趋势线。该股后半段走势在这条新的下降趋势线压制下始终抬不起头来。

线,买进即套"的现象,就不太可能发生,即使发生了,他也知道如何去及时纠正,不会陷入"百思不得其解"的窘境。

3. **参考答案** (1)由 A 和 B 两高点联结的斜线是下降趋势线。(2)从图中可知,C 点处确实已有效突破了下降趋势线,但此处还没有形成上升趋势线。所以,从投资安全角度考虑 C 点处可看多,但暂不做多,是不是要买进应作进一步的观察。这样做虽有可能失去一些投资机会,但投资行为会变得更加稳健,从而能避免操作上的许多失误。投资者不禁要问,为什么把最佳买进点定在 D 点呢?这是因为:首先,D 点处是在 C 点处有效突破下降趋势线后再经回探和确认的基础上形成的,它的收盘价已创了近期的新高。此时,一条上升趋势线已经出现(见下图)。其次,D 点处已突破了"头肩底"[注]的颈线。上升趋势线的形成和头肩底颈线被突破,都是积极做多的信号。一个股票在某一点位同时出现两个重要买进信号并不多见,这说明在这个点位建仓的安全系数很高。因此,人们才会把 D 点处视为投资者,尤其是稳健型投资者的最佳买进点。

[注] 关于"头肩底"的特征和技术含义,详见《股市操练大全》第一册(修订版)第224 页~第 226 页。

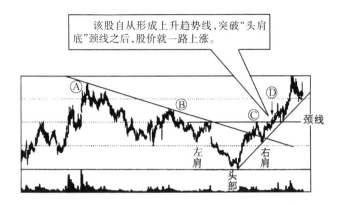

该股自从形成上升趋势线,突破"头肩底"颈线之后,股价就一路上涨。

颈线

左肩

右肩

头部

4. 参考答案 从表面上看,该股上升趋势线和下降趋势线确实发出了互相矛盾的信号。但如果我们深入分析,就会发现这种矛盾并不存在。因为图中这2根趋势线有主次之分。在这中间,下降趋势线是主要的趋势线,为慢速趋势线;上升趋势线则是次要的趋势线,为快速趋势线。按照趋势线理论,当快、慢趋势线同时出现时,就组成了以慢速趋势线为主的快慢趋势线组合。从技术上来说,在以慢速下降趋势为主的快慢趋势线组合中,慢速下降趋势线发出的卖出信号,是中长线做空信号;而快速上升趋势线发出的买进信号,仅是短线做多信号(见下图)。一般而言,快速趋势线发出的短线信号要服从于慢速趋势线发出的中长线信号。因此,投资者

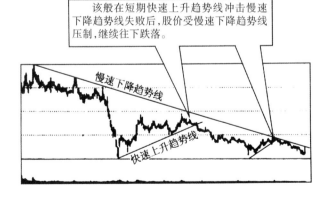

该般在短期快速上升趋势线冲击慢速下降趋势线失败后,股价受慢速下降趋势线压制,继续往下跌落。

慢速下降趋势线

快速上升趋势线

见此图形,应该看空、做空,或以看空、做空为主。如果你是稳健型投资者,可采取离场观望的策略;如果你是激进型投资者,可采取长空短多的策略,即在总体看空的前提下,见股价在快速上升趋势线之上运行时,可用少量资金参与短线炒作。但操作时必须注意,这种短线炒作风险是很大的,当股价上升到慢速下降趋势线附近时,往往会快速掉头向下。因此,激进型投资者做短线时,一定要保持高度警惕,进场前就应该预先设好止损点,一旦发现股价短期升势结束,掉头向下,无论输赢都要坚决斩仓出局,以免被深套。

5. **参考答案** (1)斜线 L_1 是上升趋势线,斜线 L_2 是新的上升趋势线。(2)有人认为,为了防止主力诱空,在股价有效击穿上升趋势线时应加码买进。这种观点是错误的。如有谁按这种观点研判行情,进行股市操作,那将有害无益,其结果往往会给自己的投资带来重大损失。

俗话说:没有规矩,不成方圆。既然投资者依据趋势线操作,就要遵循趋势线操作规则,在股价(指数)有效跌破上升趋势线后就应该清仓离场。绝不能因为担心股价(指数)跌破趋势线后再反身向上,就不再遵循趋势线操作规则,而跟它反着做。要知道,股价(指数)有效跌破上升趋势线,继续下跌的比例占总数 80%以上,而股价(指数)有效跌破上升趋势线,不跌反涨的比例不足 20%。当我们明白这个道理后,就会知道在股价(指数)有效跌破上升趋势线后,是停损离场好还是继续守仓,甚至加码买进好。

当然,主力操盘也很狡猾,有时他们故意让股价(指数)有效击穿上升趋势线,以此来吓出广大中小散户手中的筹码。这也就是平常所说的诱空行为。对此,我们有什么办法来对付主力的诱空行为呢?秘密武器是没有的,但公开的办法还是有一些。为何这样说呢?因为当股价(指数)有效击穿上升趋势线时,你无法断定主力是在诱空还是在杀跌,在日后走势没有走出来之前,即使用当前最先进的测市软件,也不会知道主力心里是如何想的。因此,我们说这方面秘密武器是没有的。但为什么又说公开办法还是有的呢?这也很好理解,主力再狡猾,行动上不会不露出蛛丝马迹。假如股价(指数)击穿上升趋势线是主力的一种诱空行为,那么,这种下跌幅度一般不会很深,时间也不会很长,且过后不久,股价(指数)就会掉头向上,甚或创出新高。主力不这样做,那么他们花了很大代价砸盘,击穿上升趋势线的诱空行为就变得毫无意义了。除非有突发性的意外情况发生,这种得不偿失的买卖,主力是不会干的。

简而言之,主力诱空的目的是为了日后轻松拉抬股价(指数)作准备。只要主力这样干,趋势线对此就会作出反应。按照趋势线操作规则,只要股价(指数)有效击穿上升趋势线,再反身向上,在收盘时并创出新高,这时就可画出一条新的上升趋势线(见下图)。这时投资者就可按照趋势线技术分析提供的方法,依照新的上升趋势线的提示再次做多,如及时加入仍然会获益匪浅。其次,主力击穿上升趋势线是诱空还是杀跌,还可以看当时股价(指数)涨幅有多大。一般来说,如股价(指数)上升幅度不大,下跌时成交量显著萎缩,那么,主力诱空的可能性就很大。作出这一估计的根据是:因为主力炒作一个股票,吸筹、拉升、出货要有一个适当的空间。如果上升空间

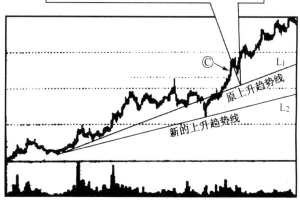

该股主力为了诱空,在图中刻意打压故意将 L₁ 上升趋势线击穿。当时很多人是不知道主力真正意图的,但当股价在 C 点处创出新高,形成一条 L₂ 新的上升趋势线后,主力的意图就昭然若揭了。此时,投资者如能看清形势,积极跟进做多,仍然有很大一段利润可赚。

© L₁ 原上升趋势线 L₂ 新的上升趋势线

太小,一出货就会接近主力建仓成本区,主力才不会干这种偷鸡不成蚀把米的傻事呢!反之,当股价已有相当大的涨幅后,出现击穿上升趋势线,尤其是出现下跌放量,这时主力出货的可能性就很大。

　　总之,平时我们只要多琢磨,并坚持按照趋势线规则操作,就不用担心股价有效击穿上升趋势线是主力在诱空,还是在杀跌,该离场时还得离场,该跟进做多时还得跟进做多。

　　6. **参考答案**　图①~ 图⑥的趋势线画法如下:

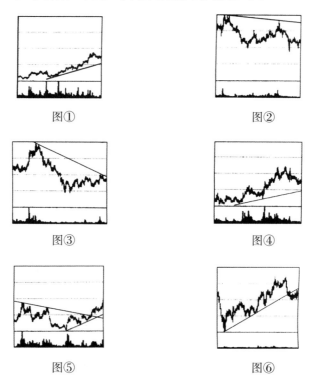

图①　　　　　　　　　　　图②

图③　　　　　　　　　　　图④

图⑤　　　　　　　　　　　图⑥

从上面所画的 6 张趋势线图形看,图①中的大盘指数正沿着上升趋势线往上运行。这说明整个股票市场正处于强势之中,现在做个股相对比较安全(大盘往后走势见图⑦)。因此,稳健型投资者可以选择走势相对较好的个股并积极参与。

那么上面 5 个股票中,有哪些股票可以做多呢? 我们不妨用趋势线对它们的走势作些分析。

图②、图③中的两个股票正受到下降趋势线的压制,其股价继续往下的可能性居多。因此,这两个股票现在不宜买进(图②、图③中的个股往后走势见图⑧、图⑨)。

图④中的个股正沿着上升趋势线往上运行,股价上涨时得到了成交量的积极支持。因此,该股现在可以考虑跟进(该股往后走势见图⑩)。

图⑤中的个股已有效冲破下降趋势线,并出现了一条上升趋势线,目前股价正在它上方运行。因此,该股现在也可以考虑跟进做多(该股往后走势见图⑪)。

图⑥中的个股已有效跌破了上升趋势线,目前股价正在它下方运行。因此,该股现在不适宜买进(该股往后走势见图⑫)

当然,上面只是用趋势线对哪些股票适宜做多,哪些股票不适宜做多作了初步筛选。至于具体以什么价位买进,何时进货,最好应该结合当时的 K 线和均线情况再作定夺。

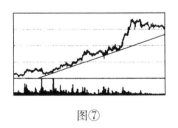

图⑦

图⑧

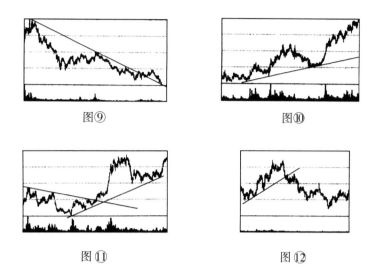

图⑨   图⑩

图⑪   图⑫

300

第七节　趋势线图形识别与练习小结

　　趋势线看似简单,只是两点连线,但它在研判股价(指数)的短期、中期、长期运行趋势,特别是中长期趋势中有其独特的作用。但是,由于趋势线使用规则不如移动平均线那样复杂,一些证券类书介绍它时都很简单,这往往使读者感到不得要领,也让很多投资者忽视了它对股市行情研判的独特作用。其实,要真正弄懂弄通趋势线,了解它对炒股的重要意义,掌握它的使用诀窍也并非易事。因此,投资者在学习趋势线理论时,特别要注意以下几点:

　　1. 依据趋势线操作,首先要学会辨别什么是长期趋势线、中期趋势线和短期趋势线,什么是慢速趋势线、快速趋势线等,其次要把趋势线画得准确无误,两者缺一不可。为何这么说呢?因为,前者如不搞清楚,依据趋势线操作就无从谈起;后者如不很好解决,线画错了,操作时就会频频出错。至于如何学会辨别趋势线种类和画好、画准确趋势线,除了多看多做练习外,别无他法。据我们调查,一般只要把本书有关趋势线的练习题和测验题做上两遍后,就能达到熟能生巧的程度。

　　2. 画趋势线要选择好画面和联结点。

　　第一,画面要适当。如你是做短线的,将大盘或个股二三年的走势浓缩在一个画面中,短期趋势线就很难画出,即使画出了,也很难准确地把握它的买点和卖点。因此,画短期趋势线,一个画面只要包容 3 个月,至多半年的走势就可以了。但是,如果你立足中长线,这样的画面容量就不够了。选择一年,甚至一年以上的大盘或个股的走势图浓缩在一个画面之中,比较适宜。本书在设计趋势线练习题时,就是考虑到这两方面需要,所选择的画面都在 3 个月 ~1 年之间,这样既能研判短期趋势,又能研判中长期走势,其用意也就在这里。有人可能要问,如何将 1 年甚至 1 年以上的走势浓缩到 1 个画面中呢?这很简单,只要敲击装有证券软件的电脑键盘中的有关键码即能做到[注]。此外,要研判大盘或个股的中长期走势,将日 K 线走势图换成周 K 线或月 K 线走势图,依次画出趋势线,效果也很好。

第二,联结点要远。因为趋势线的作用大小还同其连接两点的距离大小有关, 连成趋势线两端点的距离越大 (表示时间跨度越大),其作用和可靠性就越大。考虑到这个因素,投资者日后在画趋势线时,应该选择距离较远并具有代表意义的两点来画,这样做才比较具有参考价值。否则,趋势线的取点之间距离太近时,有效性将大为减弱。

3. 要全面和辨证地看待趋势线的作用。

上升趋势线是股价(指数)回档的支撑点。通常,股价(指数)回调到上升趋势线附近时就会止跌企稳,发出买进信号。但是要注意的是,一旦上升趋势线被有效跌破后,就会转化成阻碍股价(指数)上升的压力线。日后,当股价(指数)见底重新回升时,该线就会形成一道屏障,严重阻碍股价(指数)继续前进。这时被跌破的上升趋势线就由原来的买进信号变成了卖出信号。

下降趋势线是股价(指数)反弹的阻力位。通常,股价(指数)反弹到下降趋势线附近时就会受阻回落,发出卖出信号。但是要注意的是,一旦下降趋势线被向上有效突破后,就会转化成股价(指数)下探的支撑线。当股价(指数)回落时,该线就会像一块楼板形成支撑,阻止股价(指数)继续下探。这时原来的卖出信号就变成了买进信号。

趋势线的作用还表现在:越是被多条趋势线(长期、中期、短期趋势线)压住或支撑的点,其压力或支撑作用就越强;时间跨度越长,被行情触碰次数越多的趋势线,其构成的压力或支撑作用也就越有效。

4. 要把握股市运行的大趋势。就研判股市长期走势来说,无论什么技术分析方法都要比趋势线稍逊一筹。趋势线最大功能,就是能较准确地预示股市发展的未来,投资者要深刻认识趋势线这一特殊的测试功能,充分加以利用,这样就可以在把握股市运行大方向

[注] 在电脑屏幕上放大、缩小大盘或个股走势图画面的操作方法,详见本书第425页。

上，做到积极主动，以杜绝原则性的错误发生。

那么，如何来利用趋势线把握股市大方向呢？这里要注意两点：

第一，在多头市场中，指数回档至长期上升趋势线附近，即可买进。在多头市场中长期上升趋势线对指数有重要支撑作用，一般不会被轻易击穿。多头市场与基本面趋好有着密切联系。因此，观察经济形势在向好时，即使指数回落至长期上升趋势线附近也可以大胆买进。1996 年 12 月，沪深股市因过度投机，引起了一轮暴跌。当上海股市从 1258 点高位直泻下来时，一些有经验的投资者，在认准国家经济形势不断向好、股市不可能持续狂泻后，就在长期上升趋势线附近埋下大量买单。后来上证指数这一轮大跌，果然在长期上升趋势线附近嘎然止步，从而让那些有先见之明，预先埋下买单的投资者捡了一个大便宜货，在低位捉住了不少超跌股、黑马股，赚得盆满钵满。

第二，在空头市场中，指数上升到长期下降趋势线附近，即可卖出。在空头市场中长期下降趋势线，对指数上升有强大的压制作用，一般不会被轻易突破。空头市场与基本面向淡有着密切联系。因此在宏观经济形势尚未根本好转前，当指数上冲接近长期下降趋势线，就可以反手做空，卖出股票。1995 年 5 月，沪深股市在沉底之后爆发了一轮反弹行情。当沪股冲到长期下降趋势线附近时，舆论一片看好，认为登上 1000 点大关指日可待。但一些熟识我国经济运行规律的投资者，深知当时我国通货膨胀还十分严重，银行利率、保值贴补率居高不下，经济形势还十分严峻。因而，他们判断上证指数无力冲破长期下降趋势线，于是就在上证指数接近长期下降趋势线时，逢高离场，保住了胜利果实。相反当时那些在七八百点进货的投资者，在账面上获利后（实际上没有卖出不能叫真正获利），指望上证指数力克千点大关、重现辉煌时，却忘记了长期下降趋势线是空头市场难以逾越的障碍，最后都因上证指数受到长期下降趋势线的反压而快速下探，由赢变输，成为股市中的套牢者。

5. 要注意趋势线上升的角度。太陡的趋势线很容易被一个短期的横向整理（盘档）形态所突破；太平的趋势线虽然比较具有突破的意义,但股价往往在突破之后出现卖出信号时,行情已经下跌一大段了,因此这两种太平或太陡的趋势线,都比较缺乏实质的技术性参考意义。以经验来说,一般个股趋势线的斜率,随着它的市场习性(投机股较陡而投资股则较平)和原始周期(短期趋势线较陡而长期趋势线较平坦)的不同而有显著的差异。一般来说热门股票和指数的趋势线斜率,在 25 度至 45 度之间,比较具有实际的参考价值。

6. 依据趋势线操作要顺势而为。具体来说,顺势而为要掌握以下两个原则:

第一,在趋势线确认升势后,任何回落都可买进,趁回档加码;在趋势线确认跌势后,任何上升都应该卖出,趁反弹减仓。

第二,在趋势线确认升势后,不要轻易地卖出或高抛低吸;在趋势线确认下跌之后,不可轻易买入,因为后市可能跌得更惨。这里不妨举一个例子:当一个股票处于上升趋势中时,从 10 元起涨,只要上升趋势不改变,涨到 15 元、16 元、17 元都可买进,途中每一次回落,均是进货良机,但同样这个股票,它涨到 21 元见顶后,由上涨转为下跌,尤其下降趋势形成后,跌到 17 元、16 元、15 元都不能买进,途中每一次反弹,均是卖出的良机。

7. 对自己要有一个正确的定位。我们在前面习题中介绍过,在实际走势中,慢速趋势线和快速趋势线经常结合在一起使用,并以快慢趋势线组合的形式出现。快慢趋势线组合的最大特点是:既为激进型投资者提供了具体的买卖点,又为稳健型投资者如何操作指明了方向。那么,你如果把自己定位为激进型投资者,就可以在注意慢速趋势线变化的同时, 利用快速趋势线来博取一些短期差价;你如果把自己定位为稳健型投资者,那只要密切关注慢速趋势线的走向,而不必理会快速趋势线如何变化。这看似是个小问题,但从根本上来说,它是一个大的原则问题。因为如果你定位定错了,或者一会儿要充当激进型投资者,按照这种方法操作,一会儿又要充当稳健型投资者,按照那种方法操作,到头来事情肯定会搞得一团糟,最终成为股市中的输家。

8. 要根据趋势线的性质制定不同的投资策略。趋势线有长期趋势线、中期趋势线和短期趋势线之分。由于它们各自产生的背景不同,其作用也不同。长期趋势线管股市的长期趋势,可作为长线投资者进货、出货和捕捉长线黑马的重要参考依据;中期趋势线管股市的中期趋势,可作为中线投资者进货、出货和捕捉中线黑马的重要参考依据;短期趋势线管股市的短期趋势,可作为短线投资者进货、出货和捕捉短线黑马的重要依据。因此,我们在操作中绝不可以将短期趋势线作为长期投资和捕捉长线黑马的依据。反之亦然。另外,还必须注意的是,在长期上升趋势中出现的中期趋势线、短期趋势线,和在长期下跌趋势中出现的中期趋势线、短期趋势线,其操作手法也要有所区别。前者做多可大胆些,即使捕捉中线黑马、短线黑马失利,因为股市在上升途中,终有解套机会。但后者必须谨慎做多,持筹要少,时间要短,因为万一捕捉中线黑马、短线黑马失利,在大势向下的情况下,逃之不及,就会被深度套牢。

9. 克服思维定势,学会"追涨杀跌"。股谚说:"不在大涨之后买进股票,不在大跌之后卖出股票。"在一般情况下,这句话是正确的。例如当股价连拉了 3 根大阳线后,你再追进去,很可能就是吃套;在股价连拉了 3 根大阴线后,你再杀跌,很可能就杀在地板价上。因此投资专家反复告诫股民,不要追涨杀跌。但是,任何真理都是相对的。在一般情况下,不宜追涨杀跌的股市操作原则,如换成依据趋势线操作就不适宜了。沪深股市多年来的实践告诉我们,依照趋势线操作,一定要学会追涨杀跌。否则,你永远是股市中的冤大头。

为什么依据趋势线操作一定要学会追涨杀跌呢? 这完全是由趋势线的性质决定的,因为一旦某种趋势形成后,它总要延续很长一段时间,直到这种趋势终了,被另一种趋势所替代为止。这是任何人的意志都无法改变的客观规律。因此,投资者在这种情况下只能作出一种选择——跟着趋势走。这里我们举深股为例,1993 年 7 月上旬深圳股市跌破了长期上升趋势线。在这之前,深指几乎被拦腰斩断一半,从 360 点跌到 200 点,跌得也够惨的,按照不在"大跌之后卖出股票"的股谚,那时无论如何都不应该再割肉了。但是趋势线理论却告诉投资者在有效跌穿长期上升趋势线后,只有赶快逃命,才能避免更大的损失。

这两种意见谁是谁非呢？实践作了最好的回答。我们查了一下当年的交易资料,在深指跌破长期趋势线时,深圳一些著名的老牌上市公司如深宝安、深万科、深金田、深南玻、深华源、鄂武商等平均股价为 16 元左右,而一年之后当深指跌破 100 点时,它们平均股价已跌到 4 元左右,下跌了 75%。可见,在 1993 年 7 月深股跌破长期趋势线斩仓出局的投资者是做得很明智的。尽管当时割肉是很心疼的,但正是这一刀割下去才避免了一轮更大的跌势,从而为日后东山再起留下了宝贵的抄底资金。

　　同理,在股市向上有效突破长期下降趋势线后,追涨又是投资者必须作出的正确选择。1996 年 6 月,上海股指冲破了长期下降趋势线。这时股指已从谷底上涨了近 150 点,个股也有了很大的涨幅。例如,海尔从 4 元多涨至 8 元多,此时如按照"不在大涨之后买进股票"的股谚,面对涨幅已超过 100% 的海尔这样的个股,自然是不应该再追涨了。但趋势线理论告诉我们,在大盘和股价同时有效冲破长期下降趋势线之后,就会产生一段可观的升幅。这就是说,如不追涨(而且越早追越好)就会失去一个很好的赢利机会,从而在投资决策上铸成大错。后来的事实证明,在沪股大盘和一些个股突破长期下降趋势线后追涨是正确的。那个时候正是捕捉黑马最安全,也是赢利最大的时期。谁在那时买进海尔这样突破长期下降趋势线的股票,谁后来就成为大赢家。

　　10. 要搞清是真突破,还是假突破。从技术分析角度来说,突破趋势线的幅度必须超过 3%,时间必须在 3 天以上,才能称之为有效突破。否则就可能是假突破。之所以有这样的约定俗成,就是为了防止有人制造骗线,使投资者造成投资决策失误。

　　一般而言, 主力迫于经济形势或由于自身资金实力有限等因素,在制造骗线时很难在突破趋势线之后的 3% 以上的空间,和 3 天以上的时间跨度这些关键问题上不露出马脚。因此,我们只要把握好突破趋势线的空间和时间尺度,就会大大减少误判,避免沦为主力拉高出货,或低位震仓的牺牲品。

　　另外,真突破还是假突破还须看成交量,向上突破必须佐以成交量放大,如果上冲时成交量不足,冲上去也很难站稳脚跟,这种向上突破的信号就不那么可靠。而虽说向下突破无需量的配合，较小的成交量有时也能将其击破，但一旦确认突破有效后成交量会增大，或是开跌之前成交量已经放大过，主力在拉升或整理时出了不少货。否则，无量空跌很可能是主力玩弄的诱空把戏。

最后，判断大盘（不包括个股）是真突破还是假突破，除了从技术上进行把握外，还应结合国家政治经济形势进行分析。比如，就上证指数而言，如果上证指数有效突破长期下降趋势线，一定能从宏观基本面上找到股市向好的理由；反之，如果上证指数有效跌破长期上升趋势线，也一定能从宏观基本面上找到股市趋淡的原因。

下 篇
二类技术指标的识别与练习

第三章　成交量的识别与练习

　　股市中有一句格言:"什么都可以骗人,就是成交量不能骗人。"前几年沪深股市几乎一直在证明着这条真理:价升量增,说明股价上涨有扎实的基础;价升量减,说明股价上涨是空中楼阁。但是,沪深股市经过十多年的发展,现在已经有上千家上市公司。股市规模扩大了,这"成交量不能骗人"的格言似乎也不灵验了。不是吗?有的时候,股价上涨时,成交量在不断放大,看上去股价的上涨确实得到了成交量的支持,但转眼间,股价就像断了线的风筝一下子跌了下来;有的时候,股价上涨就根本没有什么大量,缩量上涨反而涨得更凶。可见,林子大了,什么鸟都有。股市发展到今天,如果我们再用过去的老眼光看问题,把成交量与股价涨跌的关系进行简单的格式化,并以此在股市中操作,那肯定是要吃大亏的。按照辩证法的观点,一切都是随时间、地点、条件变化而变化的,那么股市作为大千世界的一个方面,它所有的一切,包括成交量与股价的关系是不是也要遵循辩证法这一规律呢? 答案当然是肯定的。成交量的确是股市操作中必须关注的问题,但我们关注的不是静态的成交量,而是动态的成交量。也就是说,什么情况下价升量增是看多信号,什么情况下价升量增是看空信号;什么情况下价升量减是看空信号,什么情况下价升量减是看多信号,如此等等。读者可以注意到,本书在这一章中无论是对成交量的概念叙述,还是对成交量的习题设计,都是围绕这个基本理念而展开的。这是笔者在本章正文还没有开始前先给读者的一个提示。

第一节　成交量概述

一、什么是成交量

　　所谓成交量,就是在一定交易时间内买卖双方所成交的量,其计算单位为股和手,1 手 =100 股。例如:某日某股成交了 5 万手,即它当日的成交量为 500 万股。

二、成交量的分类

　　从时间上来说,成交量可分为"分时成交量"、"日成交量"、"周成交量"、"月成交量"和"年成交量"。其中分时成交量又可分为"1分钟成交量"、"5 分钟成交量"、"15 分钟成交量"、"30 分钟成交量"和"60 分钟成交量"。这些各不相同的成交量,读者只要根据其名称就能识别出它们的不同之处。例如,日成交量就是一日之内买卖双方所成交的量,周成交量就是一周之内买卖双方所成交的量。

　　从形态上来说,成交量又可分为"逐渐放量"、"逐渐缩量"、"快速放大量"、"快速出小量"和"量平"等几种情况。这些各不相同的成交量,读者也同样能顾名思义识别出它们的不同之处。例如,逐渐放量就是随着时间的推移成交量呈现越来越大的态势(见图 357),逐渐缩量就是随着时间的推移成交量呈现越来越小的态势 (见图358)。

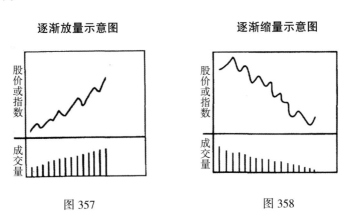

逐渐放量示意图　　　　　逐渐缩量示意图

图 357　　　　　　　　　　图 358

三、成交量的功能

　　股市的涨跌,说到底是由供求关系的变化所造成的。当股市的筹码供大于求时，股价或指数就以下跌形式来求得多空双方的平衡；反之，当股市的筹码供小于求时，股价或指数就以上涨形式使多空力量逐渐趋向一致。而目前最能反映股市供求关系的就是成交量。一般来说，在股价或指数处于低位时，成交量增加，就会使供小于求，引起股价或指数的上涨；在股价或指数处于高位时，成交量减少，就会使供大于求，引起股价或指数的下跌。可见，成交量最基本的功能就是真实地反映股市供求关系的变化，从而帮助投资者制定正确的买卖策略。

成交量的另一功能是可以观察多空换手是否积极，行情将向什么方向演变。如成交量放大，说明多空双方换手的量在增加，这样行情就会出现较大起伏，或是上涨或是下跌。如成交量减少，或持平，这样行情波动通常就会趋缓，甚至处于不上不下的胶着状态。在观察多空换手时，我们需要注意的是，目前市面上流传的所谓涨势中买进的量大于卖出的量，跌势中卖出的量大于买进的量的说法是缺乏科学根据的。事实上，这种现象过去从来没有发生过，现在和将来也不可能发生。诚然，从电脑显示屏上看，某日某个时段出现了多方委托买进的量大于空方委托卖出的量，或多方委托买进的量小于空方委托卖出的量，但经过电脑主机撮合后，多方、空方实际所成交的量是相等的。弄清楚这个问题，有些事情也就好解释了。譬如，行情大幅上扬后，出现价涨量增，既可以说明市场人气旺盛，有很多人继续看好它的前景，又可以理解为市场做空的力量在增强，越来越多的人在看淡它的后市。因此当行情处于高位时，仅凭价升量涨就说行情向好，而不看到它形势严峻的一面，显然这种认识是不全面、不科学的。在沪深股市中，一些投资者高位被套往往就是因为对成交量片面理解而引起的。这方面的例子很多，投资者应将它引以为戒，避免类似的错误再次发生。

第二节 成交量图形一览表

成效量图形一览表

序号	名称	图形	特征	技术含义和操作建议	备注
1	逐渐放量		(1)既可出现在涨势中,又可出现在跌势中。 (2)虽然量有时会出现忽大忽小的情况,但是成交量总体呈上升态势。	(1)在涨势初期出现,为上涨信号,可跟进做多。 (2)在上涨途中出现,后市看涨。可继续持股做多。 (3)在涨势后期出现,为转势信号,不可盲目跟进做多。 (4)在跌势初期出现,为卖出信号,应及时退出观望。 (5)在下跌途中出现,后市看跌,应继续持币做空。 (6)在跌势后期出现,为转势信号,不可盲目杀跌。	在大盘或个股有了较大涨幅后,出现逐渐放量的现象,要密切加以关注,以防接住最后一棒。
2	逐渐缩量		(1)既可出现在跌势中,又可出现在涨势中。 (2)虽然量有时会出现忽大忽小的情况,但是成交量总体呈下降态势。	(1)在跌势初期出现,后市看跌,应及时退出观望。 (2)在下跌途中出现,为弱势信号,应继续做空。 (3)在跌势后期出现,为止跌信号,不可盲目卖出。 (4)在涨势初期出现,信号方向不明,不必急于跟进做多。 (5)在上涨途中出现,有转弱的可能,谨慎做多。 (6)在涨势后期出现,为滞涨信号,可分批退出。	(1)在大盘或个股有了较大跌幅后,出现缩量现象。此时,不应盲目跟着杀跌,以防割肉割在地板上。 (2)在上涨途中,出现逐渐缩量,常会出现回档整理现象。 (3)对一些超强势股缩量后出现大幅上涨的现象,常规的量价分析方法对它已不适用,投资者可看5日均线操作,只要5日均线不破,就可一路持股做多。
3	快速放大量		(1)既可出现在涨势中,又可出现在跌势中。 (2)在连续出现较小量之后,突然出现很大的成交量。	(1)在涨势初期出现,为助涨信号,可及时跟进做多。 (2)在上涨途中出现,信号方向不明,应谨慎做多。 (3)在涨势后期出现,为见顶信号,不可盲目跟进做多。 (4)在跌势初期出现,为助跌信号,应及时退出观望。 (5)在下跌途中出现,继续看跌,不可逢低吸纳。 (6)在跌势后期出现,为转势信号,不必恐慌抛售。	(1)长期大幅上涨后,出现快速放大量,往往是多头陷阱,此时不宜再继续做多。 (2)长期大幅下跌后,出现快速放大量,往往是空头陷阱,此时不宜再继续做空。

序号	名称	图形	特征	技术含义和操作建议	备注
4	快速出小量		（1）既可出现在涨势中，又可出现在跌势中。 （2）在连续出现较大量之后，突然出现很小的成交量。	（1）在涨势初期出现，为回档信号，不必急于跟进做多。 （2）在上涨途中出现，信号方向不明，应谨慎做多。 （3）在涨势后期出现，为转势信号，可分批跟出。 （4）在跌势初期出现，为助跌信号，应及时退出观望。 （5）在下跌途中出现，后市看跌，应继续持币观望。 （6）在跌势后期出现，为见底信号，不应再继续杀跌。	（1）在上涨途中，出现快速出小量，常会出现回档整理现象。 （2）在涨势后期，出现快速出小量，往往是因为买盘跟不上，这样就很容易遭到空方的攻击，所以，此时应作减磅操作或退出观望。
5	量平	量小平 量中平 量大平	（1）既可出现在涨势中，又可出现在跌势中。 （2）虽然量有时会出现忽大忽小的情况，但成交量总体呈基本相同态势。 （3）量平具体可分为量小平、量中平、量大平。	（1）在涨势初期出现量中平或量大平，后市看好，可跟进做多。 （2）在上涨途中出现量小平，继续看涨，仍可持股做多；出现量中平，方向不明，谨慎做多；出现量大平，后市看淡。 （3）在涨势后期出现量大平，为滞涨信号，可分批退出。 （4）在跌势初期无论出现什么样的量平，后市看空，应及时退出观望。 （5）在下跌途中无论出现什么样的量平，继续看跌，仍应持币观望。 （6）在跌势后期出现量小平，为止跌信号，不应再看空、做空。	所谓量小平、量中平、量大平都是与量平之前的成交量相比较而言的。如果前期成交量一直很小，后来连续几日量放大1倍，或1倍以上，且总体呈基本相同态势，这就是量中平；连续几日量放大2倍，或2倍以上，总体成交量呈基本相同态势，这就是量大平。

说明：①本表只适用于普通个股。对走势异常的个股，除少数特殊的情况（如高位放出巨量为见顶信号，低位成交量极端萎缩为见底信号），尚有一定的参考价值外，其他价量分析关系对它们均不适用。因此，投资者如需对其走势进行研判，只能参考均线、趋势线等其他技术分析方法。

②本表所说的涨势初期，一般指股价从低点回升后的5%~20%范围之内，低于5%只能视为小幅波动，参考意义不大。上涨途中，一般指股价涨幅在30%~50%范围之内；涨势后期，一般指股价涨幅超过了70%，少数可能超过100%。

③本表中所说的跌势初期，一般指股价从高点回落5%~15%范围之内，低于5%只能视为小幅波动，参考意义不大。下跌途中，要区分两种情况：属于前期强庄股或质地较好的股票，一般指跌幅在25%~35%范围之内，冷门股一般指跌幅在40%~50%范围之内。跌势后期，也要区分两种情况：属于前期强庄股或质地较好的股票，跌幅接近或超过50%就可视为跌势后期，而冷门股跌幅要接近或超过70%，才能视为跌势后期。

④本表所指的涨势初期、上涨途中、涨势后期以及跌势初期、下跌途中、跌势后期等，只是对某股某一个阶段而言，过了这个阶段，则要进行重新论定。譬如，某股从5元上涨，第一轮次的上涨一直涨到12元，那么在它涨到8.50元以上时就可看作涨势后期。但当它从12元见顶后，回落到7.5元止跌，经过一段时间整理，又开始上涨。那么第二轮次的上涨，起始点就要按7.5元，而不是按5元计算。如果遇到某股下跌，下跌轮次计算方法与上面介绍的上涨轮次计算方法类同，这里就不再举例说明。

第三节 成交量的识别和操作技巧练习

一、逐渐放量与逐渐缩量的识别和运用

习题 99 指出图 359、图 360 画框处的成交量名称、特征和技术含义,并说明投资者见此成交量图形应如何操作?

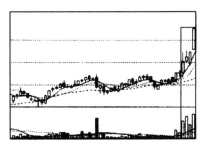

（该股往后走势见图 364）　　　（该股往后走势见图 367）
图 359　　　　　　　　　　　　图 360

参考答案 图 359、图 360 画框处的成交量叫"逐渐放量"。其特征是:虽然有时会出现忽大忽小的成交量,但是成交量总体呈上升态势(见图 361)。逐渐放量意味着买进的量越来越大的同时,卖出的量也相应越来越大,所以,投资者不能简单地把它理解为增量资金在源源不断地注入,后市可看高一线,其实,与此同时,也有相同的存量资金在不断地退出,后市究竟如何还是个变数。因此,投资者应该把成交量的变化与股价或指数正处于什么阶段结合起来

逐渐放量示意图

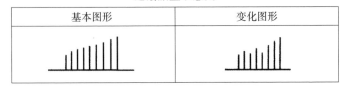

基本图形	变化图形

图 361

分析、研究,这样才能对行情的演变作出较为正确的判断。下面我们具体来分析一下,不同时期大盘或个股逐渐放量的原因,及我们应该采取何种对策:

(1)在涨势初期出现逐渐放量。其原因是:市场做多信心开始恢复,多方主力在大量建仓。面对这种情况,投资者应采取的对策是:逢低吸纳,跟着市场主力积极做多(见图362)。

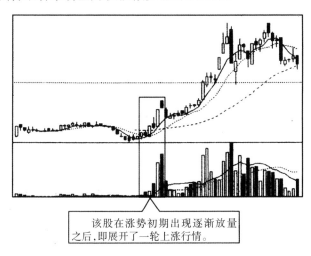

该股在涨势初期出现逐渐放量之后,即展开了一轮上涨行情。

图 362

(2)在上涨途中出现逐渐放量。其原因是:市场人气转旺,筹码出现了供不应求状况。面对这种情况,投资者应采取的对策是:持股待涨,不见巨量不离场(见图363)。当然,成交量不大,但跌破上升趋势线时也应该停损出局。

(3)在涨势后期出现逐渐放量。其原因是:行情连续上涨,已使很多人失去风险意识。一方面是一些不知底细的投资者在高位盲目追涨,另一方面是主力趁机大量派发筹码,获利出局。面对这种情况,投资者应采取的对策是:进行减磅操作,分批退出(见图359、图364)。

(4)在跌势初期出现逐渐放量。其原因是:在主力高位出逃后,

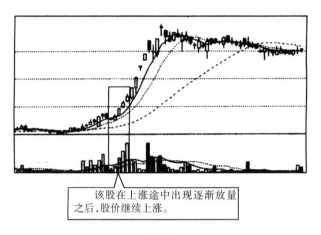

该股在上涨途中出现逐渐放量之后,股价继续上涨。

图 363

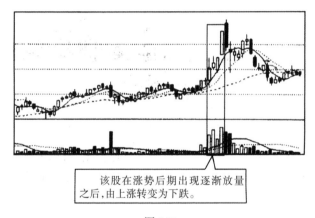

该股在涨势后期出现逐渐放量之后,由上涨转变为下跌。

图 364

行情转弱,一些对市场敏感的投资者发现情况不妙,也开始纷纷斩仓离场。面对这种情况,投资者应采取的对策是:全线抛空,停损出局(见图365)。

（5）在下跌途中出现逐渐放量。其原因是:越来越多的投资者开始看淡后市,加入了空方队伍。面对这种情况,投资者应采取的对策是:继续看空、做空(见图 366)。

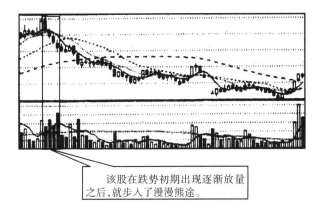

　　该股在跌势初期出现逐渐放量
之后,就步入了漫漫熊途。

图 365

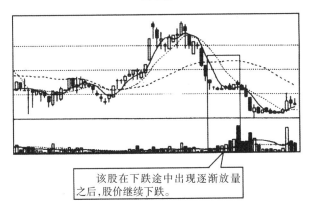

　　该股在下跌途中出现逐渐放量
之后,股价继续下跌。

图 366

　　(6)在跌势后期出现逐渐放量。其原因是:一些被深套的投资者
因忍受不了长期套牢的折磨,开始割肉出逃。此时,做庄主力为了捡
到廉价筹码,一边利用手中的股票往下砸盘,引发套牢盘恐慌杀跌,
一边又在低位承接了大量抛盘。面对这种情况,投资者应采取的对
策是:停止做空,分批建仓(见图 360、图 367)。

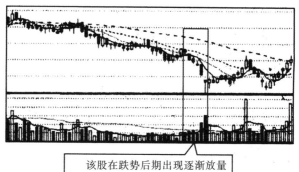

该股在跌势后期出现逐渐放量
之后,股价终于止跌回升。

图 367

习题 100 指出图 368、图 369 画框处的成交量名称、特征和技术含义,并说明投资者见此成交量图形应如何操作?

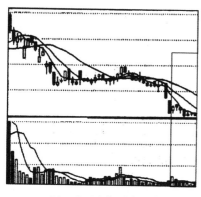

(该股往后走势见图 373)

图 368

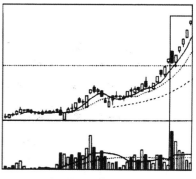

(该股往后走势见图 378)

图 369

参考答案 图 368、图 369 画框处的成交量叫"逐渐缩量"。其特征是:虽然有时会出现忽大忽小的成交量,但是成交量总体呈下降态势(见图 370)。逐渐缩量意味着买进的量越来越小的同时,卖出的量也相应越来越小。正如前面所述的逐渐放量在大盘或个股发展的不同阶段,引起的原因是不相同的。逐渐缩量情况也是这样。下

面我们就来具体分析一下股市中逐渐缩量的原因,及我们应该采取
的对策。

逐渐缩量示意图

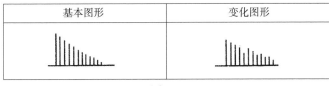

基本图形	变化图形

图 370

(1)在跌势初期出现逐渐缩量。其原因是:虽然刚下跌时,抛盘
不大,但市场信心已转弱,主动性买盘在减少,从而造成了缩量下跌
的现象。这种缩量下跌很可能造成持续阴跌的走势。面对这种情况,
投资者应采取的对策是:停损离场,果断了结(见图 371)。

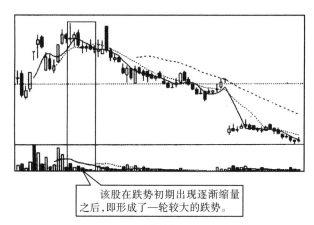

该股在跌势初期出现逐渐缩量
之后,即形成了一轮较大的跌势。

图 371

(2)在下跌途中出现逐渐缩量。其原因是:当某股趋势转弱已为
市场大众认同后,买盘不济造成股价不断缩量下沉。这种钝刀子割
肉的走势对多方伤害很大,使人无法看到它下跌尽头在何处?沪深
股市中曾经出现过一些从几十元跌到几元钱的股票,很多就是以这
种走势形式出现的。因此,投资者看到这种图形,只有一个办法:及

早认赔出局。留得宝贵的资金,以利东山再起(见图 372)。

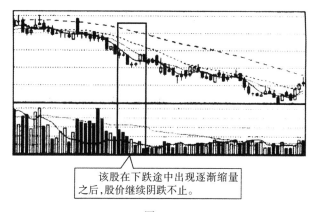

该股在下跌途中出现逐渐缩量
之后,股价继续阴跌不止。

图 372

（3）在跌势后期出现逐渐缩量。其原因是：当某股在长期大幅下
挫后,做空能量已得到充分释放。这时该抛的人早就抛了,剩下的都
是要把牢底坐穿的坚定做多者。因而造成缓慢下跌,成交特别稀少
的状况。面对这种情况,投资者应采取的对策是：谨慎看多,适量买
进。持股的投资者不宜再盲目抛售；持币的投资者要敢于逢低吸纳,
分批建仓(见图 368、图 373)。

（4）在涨势初期出现逐渐缩量。其原因是：虽然行情出现了止跌
回升,但无奈长期下跌已造成了市场心态不稳,股价上涨时敢于追
高的人不多。这说明行情在升势没有真正形成之前,将会出现较大
的反复。面对这种局势,投资者应采取的对策是：看多暂不做多。为
什么要这样做呢？因涨势初期出现逐渐缩量有两种可能：一是主力
试盘,在了解市场反应后就不再拉升,这自然成交量会递减下来；二
是主力没有参与,仅是短线资金所为,稍作用力,后面资金就无法跟
上,这样量也会缩下来。如果是第一种情况,将来涨势还可能延续下
去(见图 374)。如果是第二种情况,涨势很可能夭折(见图 375)。因
此,权衡得失,也只能采取看多暂不做多的策略。之后如行情趋稳,
或回档结束再次发力向上,就可判断有主力资金加入了。这时才可

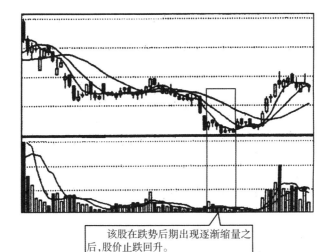

该股在跌势后期出现逐渐缩量之后,股价止跌回升。

图 373

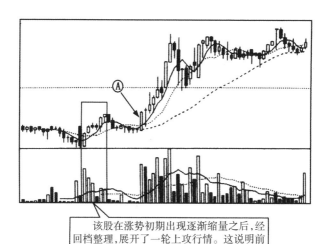

该股在涨势初期出现逐渐缩量之后,经回档整理,展开了一轮上攻行情。这说明前面的冲高回落是主力在试盘。投资者看懂主力操盘意图后,可在股价突破前面高点,成交量放大时买进(见图中箭头 A 所指处)。

图 374

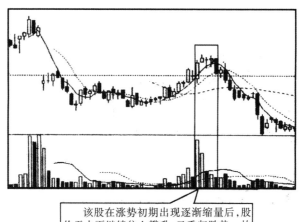

該股在涨势初期出现逐渐缩量后,股价无力再继续往上攀升,又重归跌势。故此,面对初期上涨后逐渐缩量的个股,在未认定升势确立前,不要轻易做多。

图 375

放心做多,持股待涨。

(5)在上涨途中出现逐渐缩量。其原因是:当个股经过一段时期上升后,跟风盘减少,或在庄家绝对控盘后,不用放量就能拉升,从而出现了逐渐缩量的现象。可见,上涨途中缩量是有两种因素造成的。假如是因为庄家做多意愿坚决,控盘后上涨时成交量逐渐缩小,那么,这种缩量上涨还会继续下去;假如是因为跟风盘减少,庄家又未控盘,或庄家无意再继续做多,行情很可能就此中断。现在投资者最难办的是:你怎么知道某股庄家现在想不想做多,是不是绝对控盘呢?确实,这光从成交量上是无法作出判断的,而目前唯一办法只能借助移动平均线、趋势线一起来研判(研判方法本书前面已作过介绍,这里不再展开)。面对这种局势,投资者应采取的对策是:持股者应该谨慎做多,一旦发现形势不对就要赶快出逃,持币者在设好止损的前提下适量参与(见图 376、图 377)。

(6)在涨势后期出现逐渐缩量。其原因是:当某股大幅上扬后,终因曲高和寡,买盘踌躇不前。成交量出现这种变化,预示行情随时

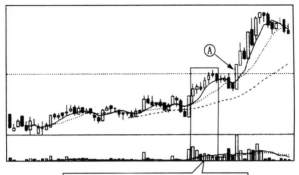

　　该股在上涨途中出现逐渐缩量后,股价经过小幅回调,又继续上涨。该股走势表明主力仍在继续做多。投资者可在股价突破前面高点,成交量再次放大时买进(见图中箭头 A 所指处)。

图 376

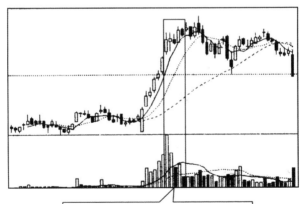

　　该股在上涨途中出现逐渐缩量后,股价就见顶回落。故此,投资者面对上涨途中出现缩量的个股,一定要作好两手准备:股价重心上移,做多;股价重心下移,做空。

图 377

会掉头向下。面对这种情况,投资者应采取的对策是:停止做多,分批退出(见图369、图378)。

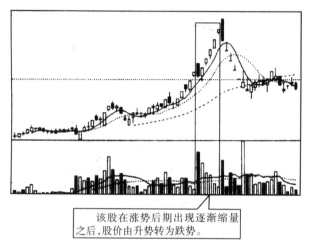

该股在涨势后期出现逐渐缩量之后,股价由升势转为跌势。

图 378

二、快速放大量与快速出小量的识别和运用

习题 101　指出图 379、图 380 画框处的成交量名称、特征和技术含义,并说明投资者见此成交量图形应如何操作?

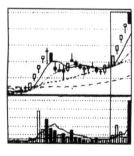

(该股往后走势见图 384)

图 379

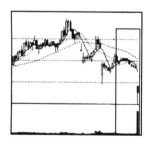

(该股往后走势见图 387)

图 380

参考答案 图379、图380画框处的成交量叫"快速放大量"。其特征是:在连续出现较小量之后,突然出现了很大的成交量(见图381)。快速放大量意味着多空换手积极,在此展开了一场殊死搏杀。那么这又是什么因素造成的呢?投资者应对它采取什么对策呢?现分别说明如下:

快速放大量示意图

基本图形	变化图形

图381

(1)在涨势初期出现快速放大量。其原因有二:一是突发性利好消息为市场某些人获悉,从而进场大量抢购筹码;二是主力在低位吸足筹码后,为了使股价迅速脱离他们建仓成本区,采取了快速放量拉升的动作。面对这种情况,投资者应采取的对策是:顺势做多,果断建仓。当然,这里所说果断建仓也不是说马上全线杀进,而是先果断地逢低买进一些筹码,其他看情况再说。因为在很多情况下大盘或个股在快速放大量后,会有一个横盘或回档整理过程,投资者可在其回调整理后出现再次向上迹象时重仓出击,这样操作既比较安全,胜算率也会显著提升(见图382)。

(2)在上涨途中出现快速放大量。其原因是:当某股在往上攻击某一关键阻力位时,多空分歧加剧,看淡的人纷纷退出,看好的人蜂拥而入,因而出现了成交量快速放大的现象。此时买卖双方搏杀十分激烈,鹿死谁手,一时很难预料。不过根据经验,在上涨途中,尤其是底部扎实的个股出现这种情况,若不出意外,多方主力会继续向上推进。因此,这些股票日后往上突破概率较大。面对这种图形,投资者应采取的对策是:密切关注盘面变化,如日后几天股价重心往上,就继续做多,并适量增加仓位(见图383);反之,则退场观望。

(3)在上涨后期出现快速放大量。其原因是:当某股连续上涨后,再加上好消息不断,媒体和股评的渲染,会诱使市场上一些踏空

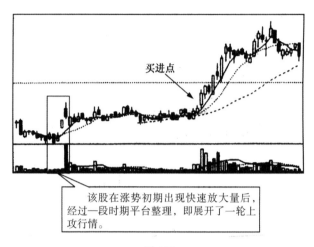

买进点

该股在涨势初期出现快速放大量后，经过一段时期平台整理，即展开了一轮上攻行情。

图 382

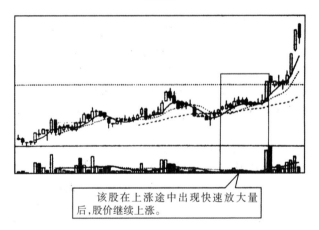

该股在上涨途中出现快速放大量后，股价继续上涨。

图 383

的投资者冒险追高买入。当场外资金蜂拥而至时，情况就会突变，主力来个逆向操作，采取你进我退的方式，趁机向外派发大量筹码。因此，有经验的市场人士一再指出，高位快速放大量，无论是拉阳线还是拉阴线，对多方来说，都是一个危险信号。面对这种情况，投资者应采取的对策是:停止做多,分批退出。如一旦发现股价掉头向下,这时就要毫不犹豫地抛股离场(见图379、图384)。

(4)在跌势初期出现快速放大量。其原因是:主力出货坚决,市场上已经形成了一股较大的做空力量。面对这种情况,投资者应采取的对策是:全线卖出,及时斩仓了结。(见图385)

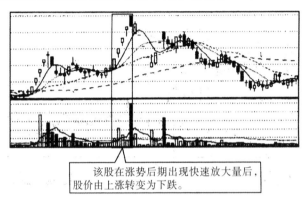

该股在涨势后期出现快速放大量后,股价由上涨转变为下跌。

图 384

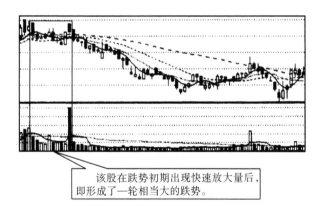

该股在跌势初期出现快速放大量后,即形成了一轮相当大的跌势。

图 385

(5)在下跌途中出现快速放大量。其原因有二:一是庄家第一次出货没有出清,现利用股价下跌趋缓,场中有人接盘时,再次集中出货所致;二是有相当多的投资者,包括中长线买家在此时已看清后市,在大量抛售筹码。但不管是上面哪种原因引起下跌途中快速放大量,都说明市场做空能量还很大。面对这种情况,投资者应采取的对策是:继续做空,退出观望。到了这个时候,持股者应审时度势,该出手时就出手,不应该再举棋不定,一路深套下去(如觉得把握不大,可先卖出一半筹码,弄点现金,以备后用);持币者则要保持冷静,切不可轻举妄动,去做什么逢低吸纳的傻事(见图386)。

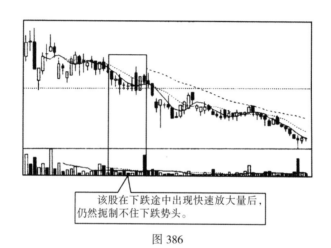

该股在下跌途中出现快速放大量后,仍然扼制不住下跌势头。

图 386

(6)在下跌后期出现快速放大量。其原因是:当某股经过连续大幅下跌后,股价已跌得面目全非,市场主力感到做多时机已到,但苦于短时期内在低位难以收集到足够的廉价筹码, 就借用利空消息,或先以向下破位的方式,制造市场恐慌情绪,让一些长期深套者觉得极端失望后,往外大量出逃。此时主力就会乘机把投资者低位割肉的筹码照单全收。这就造成了成交量快速放大的现象。面对这种情况,投资者应采取的对策是:跟着主力试着做多,逢低吸纳,分批建仓。持股者此时一定要冷静,珍惜低位筹码,少做或不做短线差价,切不可再轻易卖出(见图380、图387)。

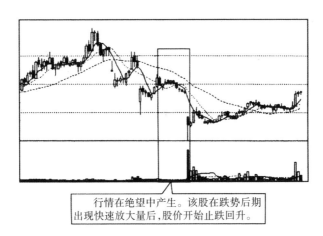

行情在绝望中产生。该股在跌势后期
出现快速放大量后,股价开始止跌回升。

图 387

习题 102 指出图 388、图 389 画框处的成交量名称、特征和技术含义,并说明投资者见此成交量图形应如何操作?

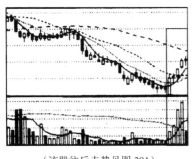

(该股往后走势见图 391)

图 388

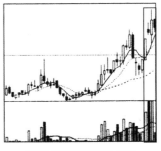

(眩股往后走势见图 393)

图 389

参考答案 图 388、图 389 画框处的成交量叫"快速出小量"。其特征是:在连续出现较大量之后,突然出现很小的成交量(见图390)。快速出小量意味着买进的量突然缩小的同时,卖出的量也相应突然缩小,所以投资者不能简单地就此判断市场上究竟是做空力量强,还是做多力量强,而要根据具体情况作出分析。这里我们将个股不同时期出现快速出小量的原因,及投资者应采取的对策介绍如下:

快速出小量示意图

基本图形	变化图形
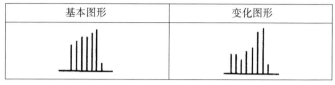	

图 390

（1）在涨势初期出现快速出小量。其原因是：当某股见底（包括阶段性底部）后，前期在行情下跌过程中建仓的主力，出现了连续拉升动作，此时成交量开始逐渐放大，但由于参与这次上攻活动的短线客太多，再加上前期套牢盘的涌出，使主力感到有必要对盘子进行一次清洗，蓄势后再继续上攻，这时主力突然来个休克疗法，停止做多，盘面就会出现成交量急剧减少的现象。另一种可能是，由于某种突发事件发生，使主力突然放弃了做多，股价上升时一旦无主力关照，成交量就会立即萎缩下来。虽然这种情况发生的概率不大，但也不得不防着点。因此，面对涨势初期出现快速出小量，投资者应采取的对策是：看多暂不做多，等待股价回落冲破上一轮高点后再买进（见图 388、图 391）。

（2）在上涨途中出现快速出小量。其原因是：当某股有了一段升幅后，获利筹码逐渐多了起来，多空之间出现了分歧。这时主力为了减轻日后上行压力，往往会采用短线做空策略，顺势对上升过快的股价作一些小幅调整。但由于这是一种强势回档，控盘主力打压力度不大，持筹者一般又不愿在此价位抛售，这就造成了成交稀少的局面（见图 392）。这是一种比较大的可能，还有一种可能，就是主力在前期拉升的过程中已实现了目标，完成了他们的派发任务。这时候突然来个釜底抽薪，成交量也会即刻萎缩下来。但这种可能性很小，缘由是上升空间较小，主力很难实现他们的既定目标。因此，面对这种情况，投资者应采取的对策是：谨慎做多。持筹者可继续持股待涨；持币者可在股价回落时适量买进（但不要一下子买进太多，以防主力假戏真做，打压过度，引起股价深幅回落），日后可待该股再次走强时跟进。

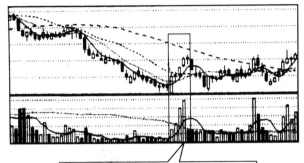

該股在涨势初期出现快速出小量后，没有马上展开上攻行情，投资者应耐心等待股价创新高后再买进。

图 391

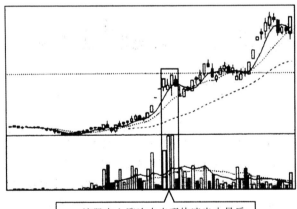

該股在上涨途中出现快速出小量后，仍然继续上涨。这说明前面的快速出小量是主力在震仓洗盘。

图 392

（3）在涨势后期出现快速出小量。其原因是：在股价连续上升过程中，主力通过边拉边撤的方法，抛出了大量筹码。当主力实现了胜利大逃亡的目的后,自然不会再拉抬股价。但此时由于惯性作用,股价仍有继续上冲的动力。所以,盘面上有时会出现成交量大幅萎缩,而股价继续上涨的现象。不过这种上涨缺乏主力关照,维持不了几天。一旦等市场参与者醒悟过来,行情就会很快出现逆转。面对这种情况,投资者应采取的对策是:进行减磅操作,随时准备抛空出局(见图 389、图 393)。

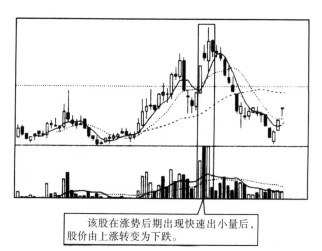

该股在涨势后期出现快速出小量后,股价由上涨转变为下跌。

图 393

（4）在跌势初期出现快速出小量。其原因是:主力出货有两种方式:一种是接近目标位后,大肆做空,利用手中的筹码狂轰滥炸,压低出货;另一种就是我们前面说的,在行情上涨时通过边拉边撤的方式完成他们的派发任务。主力采用前一种方式出货,下跌时成交量必然会急剧放大;采用后一种方式出货,因主力在股价上升时已完成了他们的派发任务,真到股价转跌时,已无货可发。而一般散户看见指数或股价回落又会产生一种浓厚的惜售心理,致使行情初跌时,只有一些非主力机构、散大户在抛售,开始下跌时还会出现较大的成交量,但紧接着成交量就会急剧减少。对于这种缺少市场主力,只有散户撑着的行情走势,日后大多会走上漫漫阴跌之路。面对这种情况,投资者应采取的对策是:快刀斩乱麻,及早撤退。如在这个时候犹豫不决,拖下去损失就会更大。根据沪深股市操作经验看,在跌势初期出现快速出小量,一般日后下跌空间是很大的,而要想行情再次变好,需要经过一个漫长时间的寻底过程才能出现。对此,投资者一定要有充分的认识(见图394)。

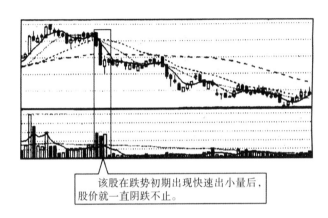

该股在跌势初期出现快速出小量后,股价就一直阴跌不止。

图 394

(5)在下跌途中出现快速出小量。其原因是:股价经过一段时期下跌,跌势开始趋缓,此时市场中会有一部分投资者认为行情已经着底,开始进货,但这时参与抄底的多半是短线客,主力机构和中长线买家并没有进场,而这些短线客中谁也不愿意也不可能去拉抬股价。当股价涨不上去时,就无法再吸引新的短线资金入场,因而会使原本放大的成交量一下又急剧萎缩下来。面对这种情况,投资者应采取的对策是:继续持币观望,不炒底,不抢反弹(见图395)。

(6)在跌势后期出现快速出小量。其原因是:当大盘或个股在长期下跌后出现快速出小量,说明市场做空能量已大大释放。从股价最后一跌的先放量后快速出小量来看,此时看空的、做空的,该出局的,基本上都走了,所以空方打压就成了强弩之末。成交量快速减少,反映在这个点位继续抛售的人已经屈指可数,此时股价虽不见得马上就见底回升,但再要下跌的可能性已经很小。面对这种情况,投资者应采取的对策是:转变空头思维,改看空为看多,并作好逢底吸纳的准备。空仓者,先不妨买进一些筹码垫底;重仓者,此时不能再去减仓,而要坚持守仓,采取持股待涨的策略(见图396)。

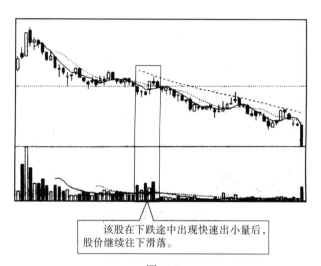

该股在下跌途中出现快速出小量后,股价继续往下滑落。

图 395

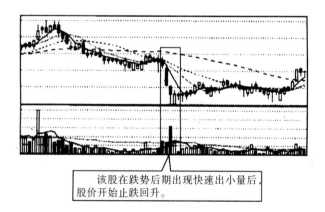

该股在跌势后期出现快速出小量后,股价开始止跌回升。

图 396

336

三、量平的识别和运用

习题 103 指出图 397、图 398 画框处的成交量名称、特征和技术含义,并说明投资者见此成交量图形应如何操作?

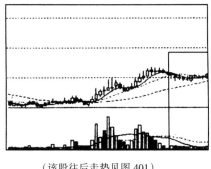

(该股往后走势见图 401)   (该股往后走势见图 405)

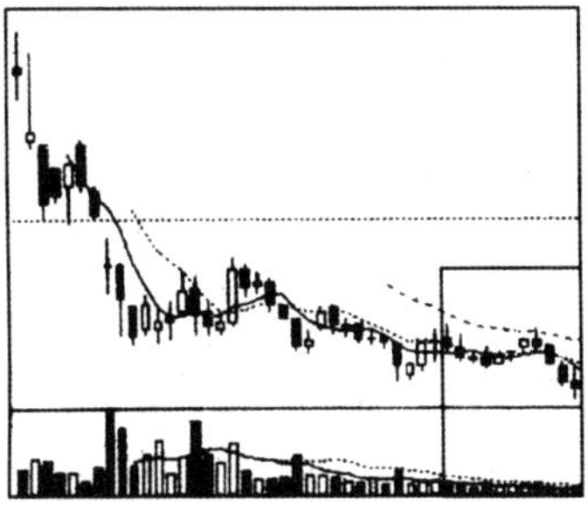

图 397   图 398

参考答案 图 397、图 398 画框处的成交量叫"量平"。其特征是:虽然有时会出现忽大忽小的成交量,但是总体呈现基本相同态势,量平根据某一时间段成交量的大小,又可分成量小平、量中平、量大平(见图 399)。量平不能简单地理解为风平浪静,其实,多空双方始终在相互交战。那么我们如何来正确看待量平呢?形成量平的原因是什么?投资者应该采取什么对策? 下面我们就这些问题作一简要分析:

量平示意图

名称	基本图形	变化图形
量小平	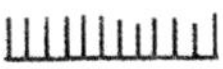 ‖‖‖‖‖‖‖	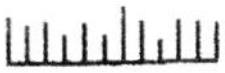 ‖‖‖‖‖‖‖
量中平	 ‖‖‖‖‖‖‖	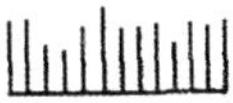 ‖‖‖‖‖‖‖
量大平	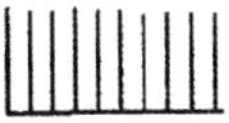 ‖‖‖‖‖‖‖	 ‖‖‖‖‖‖‖

图 399

337

（1）在上涨初期出现量大平。其原因是：多方主力采取稳扎稳打的策略，虽然上攻时动用了很多兵力，但在一段时间内投入的兵力基本相同。主力以此步步为营不断推高股价，这样反映到盘面上就会出现量大平的现象。显然在涨势初期，多方主力能调动这么多兵力投入战斗，这说明做多的主力实力非同一般。如不出意外，日后股价上涨空间一定会很大。面对这种情况，投资者应采取的对策是：重仓出击，跟着主力做多（见图400）。

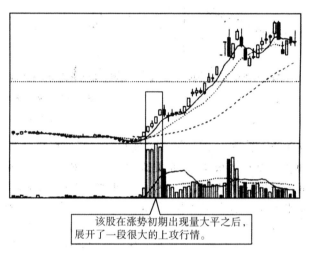

该股在涨势初期出现量大平之后，展开了一段很大的上攻行情。

图 400

（2）在上涨途中出现量小平、量中平。其原因是：当某股经过一段时期上升后，主力感到上升阻力越来越大，无意再把股价做上去，但又不想让股价深幅回落，让做空者有机可乘，于是采取了一种不温不火的作战方式，和空方打起太极拳来，以此慢慢消化上档浮筹，以实现用时间来换取上升空间的目的。这时盘面上就会出现量小平、量中平的现象。但投资者需要注意的是，如果盘面上出现的不是量小平、量中平，而是量大平，这就要提高警惕，谨防主力借连续大成交量往外发货。这里可掌握一个原则：一般来说，在上涨整理时，越是量小平，越能证明主力控盘能力强，做多意愿坚决，股价继续做上去的可能性就越大(见图397、图401)。如果是量大平,即使主力不出货,那也说明该主力实力一般,控盘能力差。这样,一旦市场跟风盘没有了,连同主力一起被套也不是没有可能的,这种情况在沪深股市中曾多次发生过。因此,投资者面对上涨途中的量平,可根据是量大平,还是量小平、量中平来制定不同的投资策略:是量小平就持股做多;是量中平就谨慎做多;是量大平就先退出观望。

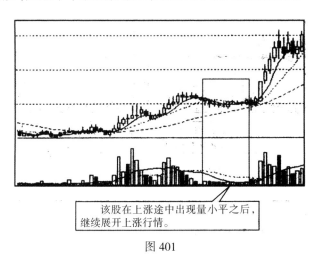

该股在上涨途中出现量小平之后,继续展开上涨行情。

图 401

(3)在涨势后期出现量中平、量大平。其原因是:当某股有了很大升幅后,主力迫切需要将账面利润兑现为现实利润,这时他们很有可能趁众人看好时不断往外发货, 反映到盘面上来就会出现量中平、量大平的现象。面对这种情况,投资者应采取的对策是:如果盘中显示的是量中平、量大平,就分批退出,特别是见到量大平要多抛出一些筹码(见图402)。一旦发现 K 线见顶信号出现,或上升趋势线被击破就立即抛空出局。如果盘中显示的是量小平,估计主力一时出不了货,可能还会有一段升势,此时可先持股观望一段时期再说。

(4)在跌势初期出现量平。其原因是:空方主力已经完全掌握了市场主动权,他们只需要用基本相同的兵力就可将盘子砸下来。这时无论是量小平、量中平还是量大平性质都是一样的,都是出货信号,只不过量大平对多方的打击更厉害些罢了。面对这种情形,投资者应采取的对策是:全线做空,及时停损离场(见图403)。

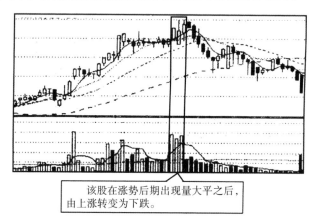

该股在涨势后期出现量大平之后,由上涨转变为下跌。

图 402

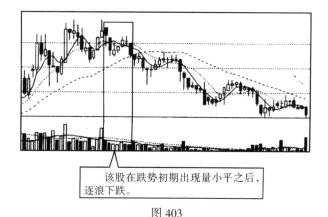

该股在跌势初期出现量小平之后,逐浪下跌。

图 403

(5)在下跌途中出现量小平、量中平。其原因是:下跌趋势已经形成,持股者中每日总有一批人醒悟过来,觉得这样下去不行,尽管是不情愿,但也只得咬咬牙抛出一部分筹码。从概率上讲,这种抛售虽然时间上先后不一,但每日的成交量大致相同,这正如虽无人相约,但每日到一个百货商店购物的人数基本相等的道理是一样的。只要市场上没有突发性的利好消息或利空消息,这种平静但又趋弱的走势还得继续下去。因此,面对这种情况,投资者应采取的对策是:晚退场不如早退场,及早离场为好(见图404)。

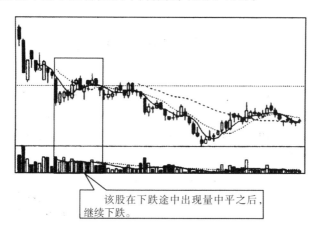

该股在下跌途中出现量中平之后,继续下跌。

图 404

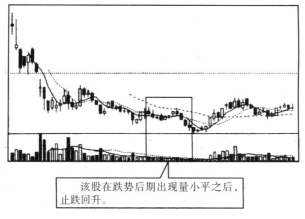

该股在跌势后期出现量小平之后,止跌回升。

图 405

（6）在跌势后期出现量小平。其原因是：股价经过长期下跌，已使市场里的大多数股民麻木不仁，这种零零星星的抛盘和买盘，很容易造成量小平的现象，而且这种现象会延续一段时间。面对这种情况，投资者应采取的对策是：持股者不宜再看空、做空；持币者要密切注意盘面变化，作好随时入场的准备（见图398、图405）。

第四节　成交量的难题分解练习

一、逐渐缩量而股价或指数大幅上升的难题分解练习

习题 104　图 406 中的个股出现了逐渐缩量而股价大幅上升的走势。试分析出现这种现象的原因，并说明投资者见到这种现象应如何操作？

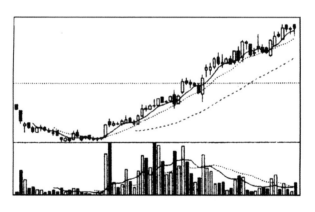

图 406

参考答案　传统的股市技术分析理论认为：正常的价量关系应该是价涨量增、价跌量减。于是，大多数投资者习惯于行情向上逐渐放量时跟进做多，行情向下逐渐缩量时退出观望。股价或指数的上升要有大的成交量来推动的观点，已被相当一部分咨询机构、股评人士、股民当作分析大盘或个股运行趋势的金科玉律。所以，我

们就不难发现,很多投资者尤其是做短线的投资者,常常会依据成交量的大小来判断股价走势,有时会把正处于强势上升过程中的好股票轻易地恭手出让,把应得的利润随便让给了他人,唯一的原因就是成交量太小使他们放心不下,从而使他们不敢再坚持做多。这些投资者看不懂更想不通的是,在逐渐缩量的情况下,股价或指数竟然会大幅上升甚至成倍上涨(见图407)。众所周知,所谓成交量就是交易期间买卖双方所成交的量,买进的量等于卖出的量,股票总数绝对不会因交易而增加或减少。它只能从甲投资者手里转移到乙投资者手里,也就是说,过去看好持有该股的甲投资者转让给现在看好并想持有该股的乙投资者。可见,从成交量本身含义来说,它并没有规定上涨时必须要有量。在一定条件下,缩量上涨和放量上涨一样,都是一种合理现象,因而没有什么可奇怪的。例如,我们从图406中可发现,该股上升初期曾经出现过很大的成交量,这说明该股前期已进行了非常充分的换手,空方抛出的筹码被看好该股未来的多方主力接走,当多方主力把大量筹码锁定后,只要动用少量兵力就可轻松拉抬股价,这样就出现了逐渐缩量而股价大幅飙升的走势。由此可见,一旦多方主力控盘后,股价的继续上

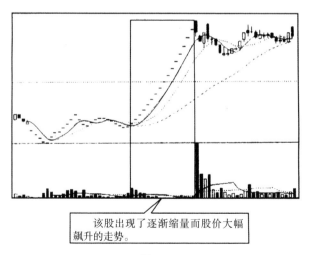

该股出现了逐渐缩量而股价大幅飙升的走势。

图 407

343

升已不需要很大的成交量来推动。其实,在这种时候,成交量放大反而对多方不利,这说明空方的抛盘在增强,多方主力对盘面失去了控制。所以,投资者对逐渐缩量而股价大幅上扬的个股,千万不要因为它不符合传统的价升必须量增的量价关系,就看空、做空,这样很有可能与大黑马擦肩而过。对这类个股正确的操作方法是:股价上升时成交量越小越要捂住股票不放,只要上升趋势不改变就坚决不退场。

二、逐渐放量而股价或指数大幅下降的难题分解练习

习题 105 某天小王在电脑屏幕前对着图 408 沉思良久,在临收盘前,把前两天买进的股票都给抛了,同室的股友问他为何要这样做?他指着该股的成交量说,现在不抛,将来损失会更大。请问:小王这样操作对不对,为什么?

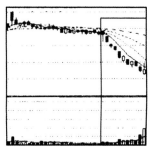

(该股往后走势见图 409)

图 408

参考答案 小王这样操作是对的。因为该股的成交量情况确实让人担忧。初一看,该股在下跌途中成交量呈现逐渐放大态势,说明尽管股价在下跌,但盘中接盘力量很强。有人会这样想:既然该股在低位有如此多的资金在吸纳,这就表示很多人在看好它的未来,形势已对多方十分有利。坦率地说,小王前两天买进该股也是这样考虑的。那么,为什么现在小王又突然改变自己的主意,割肉离场呢?这正是小王坐在电脑屏幕前看着该股成交量反思后的结果。小王经

过一番深思熟虑后认识到,下跌途中成交量逐渐放大,不一定就是好事(当然,是不是好事最终要看成交量逐渐放大时,对股价走势会产生什么影响)。如果股价就此止跌或见底回升,那自然对多方有利,但如果股价重心仍在下移,这样对多方就不利了。毋庸讳言,在下跌途中成交量逐渐放大,的确是有增量资金在入场,否则也不会有成交量放大现象出现。但问题是,这些增量资金属于什么性质的资金?它们入场的目的是什么?这些问题投资者必须搞清楚。假如是做多的主力资金入场,那么,他们一定会为此作好充分准备,日后必然要设法阻止股价下跌,否则就会偷鸡不成蚀把米,反而把自己一路套死,这样的傻事没有一个主力肯干的。但从图408的K线走势看,该股在下跌途中成交量逐渐放大时,股价仍在下跌,这样基本上就可排除这些新进场的增量资金来自多方主力。那么不是主力,这又是谁干的呢?要知道,在股市中除了主力资金外,还有中小机构,个人大户和中小散户。这些非主力资金在这个时候冲进来,是因为他们看见股价大幅下跌,冲进来是来捡皮夹子的。老实说,这些冲进来的都是短线资金,短线资金进来"抄底"是有可能,但要他们把力量捆在一起,如同主力资金一样,拉抬股价,这比登天还难。这个道理很简单,市场中除了主力,还有谁有能力对这些从四面八方流进来的"抄底"资金发号施令呢?可见,我们从成交量和股价关系

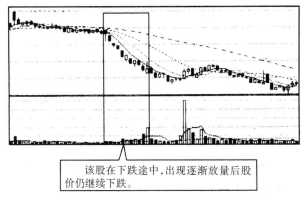

该股在下跌途中,出现逐渐放量后股价仍继续下跌。

图 409

345

上就能大致判断出做多的资金来自何方。小王经过对图408成交量和股价关系仔细研判后，终于看清了问题的本质，痛下决心停损离场。从操作层面上讲，这样做当时虽受了一些小损失，但它却避免了日后因股价继续下跌所带来的更大的风险(见图409)。

通过小王先买后卖这件事，我们认为，分析成交量不能就事论事，而要从动态中把握成交量和股价的关系，这样操作起来才会少犯错误，提高买卖的成功率。

第五节　成交量的识别与练习小结

1．要辩证地看待成交量和股价的关系，这里既要重视传统的价量关系理论，又要关注在新形势下价量关系的变化。两者不可偏废。

传统的价量关系理论认为，价升量增，价跌量减为价量配合；价升量减，价跌量增，为价量背离。如价量配合，说明主动权掌握在多方主力手里，后市可看好；如价量背离，说明主动权掌握在空方主力手里，后市应该看淡。这种传统的价量关系，在过去对投资者研判股价走势时曾发生过重大指导作用。现在股市规模扩大了，形势发生了变化，传统的价量关系理论不再像以往那样成了不可变更的金科玉律。但这不等于说，它对股市实战的参考作用就没有了。客观地说，在很多情况下，它的影响和作用还是存在的。譬如，当股价上升时，成交量不断减少，就大多数个股而言，出现这种现象股价就要回落，上升行情就此可能夭折，只有少数个股出现这种现象，不跌反涨，越涨越凶。因此，如投资者碰到价升量减情况，首先要考虑到它可能出现回档，要作好退场准备，其次要想到它可能是庄家控盘所致，会缩量一路涨上去，这时就不要轻易把筹码恭手出让，继续坚持做多。这两者看上去似乎是矛盾的，因具体到每一个投资者不可能在同一时间里既做空又做多。但是股市真正的大赢家就是在正确处理这些矛盾时把握机会，获取胜利的。这并不像有些投资者想象的那样，股市高手正确处理这些矛盾关系的方法，是只可意会，不可言传,无法仿效的。如同我们在习题中反复强调的,缩量上涨的个股,一定可以从均线、趋势线上找到支持它缩量上涨的理由,投资者只要把均线、趋势线和成交量结合起来研判,就能看清价升量减会使股价(指数)朝何种方向演变。股市在发展,主力操作手法、庄家控盘技巧都在不断变化。如果我们拘泥于一种格式化的价量关系来炒股,就很容易陷入主力设置的圈套之中,吃亏就在所难免。因此,投资者在用价量关系分析股价走势时,对传统价量关系和变化了的价量关系,都要有所了解,要学会两手都要抓,两手都要过得硬,那么日后不论主力庄家在价量关系上玩什么花招,我们都能找到对付它们的办法。

2．对价量关系中一些重要现象要高度关注。无论股市如何发展,有些带根本性、规律性的东西,是不会改变的,这在价量关系中也有反映。譬如,当股价(指数)连续大幅上扬后,成交量急剧放大,尤其是某日成交量出现了暴增现象,这说明行情也走到了尽头。这时不管当日收的是阳线,还是阴线,都是一种危险信号。投资者遇到这种情况,要作好随时出局的准备。又如,股价(指数)大幅下挫,成交量出现了极端萎缩情况,与过去高峰时相比只有八分之一、十分之一,甚至更少,这说明行情很可能会出现柳暗花明的戏剧性变化。这时投资者如果再盲目看空、做空,就很可能会犯历史性的大错误。

3．要在动态中把握价量关系。离开具体的时间、条件,笼统地说价量关系是没有意义的。我们在分析价量关系时,无论是逐渐放量、逐渐缩量,还是快速放大量、快速出小量、量平等,都要放到具体环境中去考察,弄清成交量变化的原因,以及它可能对股价产生何种影响,然后再进行综合评判,找到市场中的主要矛盾,解析主力的操盘意图。当这些工作都做好了,就能制定出一套落地生根,行之有效的投资策略。

第四章　指数平滑异同移动平均线的识别与练习

在五彩缤纷的世界里,有两种颜色特别引人注目,一种是红色,每到节假日,到处都是红旗、红花,广场、街道都成了红色,让人们觉得一股股暖意;一种是绿色,在人与环境这个主题中,绿色总是主角,绿树、绿草,放眼望去,整个周围都成了绿色,让人们觉得一丝丝凉意。正因为"红"、"绿"两种颜色的对比如此突出,所以在股市中很多用以区分看多、看空的指标也常以红、绿两色标明。其中最突出的莫过于MACD这一指标了。看多时用红柱状表示,一根根红柱连起来,近看像一堆堆燃烧的篝火,远看像一座座喷发的火山;看空时用绿柱状表示,一根根绿柱连起来,近看像一片片绿色的湖泊,远看像一座座绿色的山谷。见红山看多,见绿谷看空,原先纷繁复杂的股市操作方式竟然变得如此简单明了, 这不能不说是MACD的一大特色。也许就凭着这点,人们对其寄予一份眷恋、一份热爱,希望在股市里能从MACD这红山绿谷的变化中寻找到一条股市赢家之路。

第一节　指数平滑异同移动平均线概述

一、什么是指数平滑异同移动平均线

指数平滑异同移动平均线,又称"平滑异同移动平均线",其英文简称是"MACD"。MACD是利用快速移动平均线与慢速移动平均线之间的聚合与分离状况,对买进、卖出时机作出研判的技术指标。目前MACD在欧美市场广泛流行,使用的人非常多。在国内市场中,MACD也被证明为较有效的技术分析手段之一。

二、指数平滑异同移动平均线的设计原理和计算方法

我们在本书第一章里详细介绍了移动平均线的特点和作用,但毋庸讳言,移动平均线尽管功能显著,然而也时常会发出一些虚假信号。为了弥补这方面的不足,人们想到了是否对移动平均线作一些特殊处理,而几经摸索,终于有了突破,于是指数平滑异同移动平均线也就应运而生了。起初指数平滑异同移动平均线的计算方法比较复杂,人们使用它多有不便,但是,到了现在随着电脑技术的普及,一切都变得简单好办了。过去那种既费时又费力,还常要出差错的人工计算方法,今后谁也不会再去使用它。如果我们再在这里详述它繁琐复杂的计算公式已属多此一举。不过,从有利于投资者日后用 MACD 来分析、研判行情出发,关于它的设计原理和计算方法大家还是应该了解的。

下面我们就简要地向大家介绍一下 MACD 的设计原理和计算方法:

要画出 MACD 的走势图,首先要设置两条均线,一条为快速移动平均线,一条为慢速移动平均线,以便对它们作特殊处理。通常,人们把快速移动平均线设定为 12 日, 慢速移动平均线设定为 26 日。然后,再来处理它们,即用时间短的均线值减去时间长的均线值,这样计算就会得出一个差额。这个差额称之为差离值,用 DIF 表示。如 12 日移动平均线值减去 26 日移动平均线值的差额为正数,称为正差离值(+DIF);反之,称为负差离值(–DIF)。在持续的涨势中,正差离值会愈来愈大,在跌势中,差离值可能变负,其绝对值同样会越来越大。这样经过特殊处理的移动平均线,虚假信号就会大大减少。当 DIF 计算出来后,再由 DIF 的多日平均值计算出 MACD 值,又称"差离平均值",用 DEA(又称 MACD)表示[注]。可见,DEA 实际上是连续一段时间的 DIF 算术平均值。DIF 和 DEA 数值都计算出来后,就能在 MACD 图中画出 2 条线。一条为快线,即 DIF;一条

[注] 在钱龙软件中,DEA 用 MACD 来表示。考虑到目前钱龙软件已被广泛使用,为了便于读者看盘,本文在后面叙述 DEA 这个指标时,将和钱龙软件中的名称保持一致。

为慢线,即 DEA。此外,MACD 图里还出现了一种柱状线,即 BAR。这又是怎么回事呢? 原来柱状线是用来表明 DIF 和 DEA 两者之间距离大小的。BAR 通常指的就是最近 9 日之内 DIF 与 DEA 之差的算术平均值,故 BAR 一般设定为 9 日。当我们将 DIF、DEA、BAR 的天数设定好后, 电脑就可根据行情的变化自动描绘出各自的形态。此时,投资者即可按照当时 MACD 的图形变化来研判股价(指数)的走势变化,选择买进或卖出时机。

三、指数平滑异同移动平均线图像的构成

电脑屏幕上指数平滑异同移动平均线图像有以下 3 部分组成。

1. 运行区域　位于股价(指数)走势图的最下方,呈长方形,当中用 1 条横线隔开。横线为 O 轴,在其上方处称为正值区域,在其下方处称为负值区域(见图 410)。正值区域为多方领地,负值区域为空方领地。

指数平滑异同移动平均线运行区域示意图

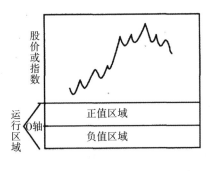

图 410

2. 曲线　有 2 条曲线随行情的起伏围绕 O 轴作上下运动。1 条叫 DIF,其运行速度相对较快,电脑里一般用白色曲线表示;另 1 条叫 MACD,又叫 DEA,其运行速度相对较慢,电脑里一般用黄色曲线表示(见图 411)。2 条曲线在 O 轴上方正值区域运行,说明现在的市场为多头市场;2 条曲线在 O 轴下方负值区域运行, 说明现在的

市场是空头市场。另外 DIF 由下往上穿过 MACD 称为 MACD 黄金交叉，为买进信号；DIF 由上往下穿过 MACD，称为 MACD 死亡交叉，为卖出信号。

指数平滑异同移动平均线曲线运行示意图

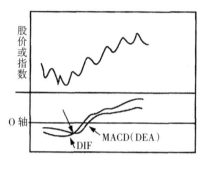

图 411

3．柱状线　分为红色柱状线和绿色柱状线两种。在指数平滑异同移动平均线正值区域出现的柱状线是红色柱状线；在指数平滑

红色柱状线逐渐增多拉长示意图

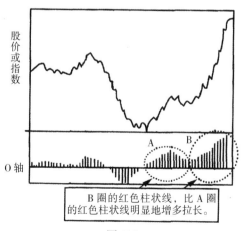

图 412

异同移动平均线负值区域出现的柱状线是绿色柱状线。红色柱状线
为做多信号,当红色柱状线增多拉长时,说明多方气势旺盛,多头行
情仍将继续(见图 412);反之,当红色柱状线减少缩短时,说明多方
气势在衰减,股价(指数)随时可能会下跌(见图 413)。绿色柱状线
为做空信号,当绿色柱状线增多拉长时,说明空方气势旺盛,空头行
情仍将继续(见图 414);反之,当绿色柱状线减少缩短时,说明空方

红色柱状线减少缩短示意图

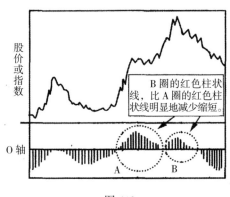

图 413

绿色柱状线逐渐增多拉长示意图

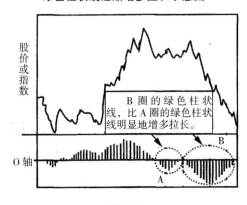

图 414

气势在衰减,股价(指数)随时会止跌或见底回升(见图415)。

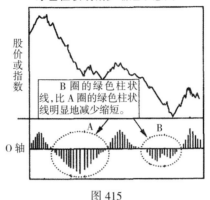

图 415

第二节 指数平滑异同移动平均线图形一览表

指数平滑异同移动平均线图形一览表

序号	名称	图形	特征	技术含义	操作建议	备注
1	指数平滑异同移动平均线上穿O轴,又称 MACD 上穿O轴。	+1 0 -1 DIF MACD	MACD 由负值变为正值。	表示股价或指数走势开始进入强势。	投资者在看多之后可跟进做多。	MACD 上穿O轴是投资者看多的依据。
2	指数平滑异同移动平均线下穿O轴,又称 MACD 下穿O轴。	+1 0 -1 MACD DIF	MACD 由正值变为负值。	表示股价或指数走势开始进入弱势。	投资者在看空之后应退出观望。	MACD 下穿O轴是投资者看空的依据。

序号	名称	图形	特征	技术含义	操作建议	备注
3	指数平滑异同移动平均线调头向上，又称 MACD 调头向上。	黄金交叉 DIF MACD +1 0 −1 / +1 0 −1 DIF MACD 黄金交叉	(1)既可出现在正值区域，又可出现在负值区域。(2)向下移动的MACD转为向上移动。(3)DIF与MACD产生"黄金交叉"。	(1)在O轴之上出现，表示后市看好，为做多信号。(2)在O轴之下出现，表示反弹开始，为短线买进信号。	(1)在正值区域出现该图形，激进型投资者可跟进做多，而稳健型投资者更可继续持股待售。(2)在负值区域出现该图形，激进型投资者如要博取短期差价，只能在设好止损的前提下，用少量资金抢反弹，而稳健投资者则应坚持看空、做空。	DIF和MACD发生的黄金交叉，是在O轴之上出现还是在O轴之下出现，性质是不一样的。前者通常表示回档结束，新一轮升势开始；后者通常表示反弹行情出现，但并不说明空头打压已经结束，反弹行情随时可能夭折。
4	指数平滑异同移动平均线调头向下，又称 MACD 调头向下。	死亡交叉 MACD DIF +1 0 −1 / +1 0 −1 MACD DIF 死亡交叉	(1)既可出现在正值区域，又可出现在负值区域。(2)向上移动的MACD转为向下移动。(3)DIF与MACD产生"死亡交叉"。	(1)在O轴之上出现，表示短期回调开始，后市谨慎看多。(2)在O轴之下出现，表示要继续下跌，后市看淡。	(1)在正值区域出现该图形，激进型投资者可暂时退出观望，而稳健投资者仍可继续持股观望。(2)在负值区域出现该图形，投资者应看空、做空，持币观望。	DIF和MACD发生的死亡交叉，是在O轴之上出现，还是在O轴之下出现，性质是不一样的。前者通常表示短期回调开始但中长期走势仍可继续看多；后者通常表示反弹结束，中长期走势继续看淡。

354

序号	名称	图形	特征	技术含义	操作建议	备注
5	指数平滑异同移动平均线与股价（指数）底背离，又称MACD与股价(指数)底背离。		(1)出现在跌势中。(2)股价（指数）逐波下行，而DIF和MACD不是与其同步下降,而是在逐波上升。	预示股价跌势将尽，短期内可能止跌回升。	持筹者不宜再看空、做空；持币者应积极作好看多、做多的准备。	如果此时DIF由下往上穿过MACD形成黄金交叉，出现的次数越多，则股价(指数)见底回升的可能性就越大。
6	指数平滑异同移动平均线与股价（指数）顶背离，又称MACD与股价（指数）顶背离。		(1)出现在涨势中。(2)股价（指数）逐波走高，而DIF和MACD不是与其同步上升,而是在逐步下降。	预示股价升势将尽，短期内可能见顶回落。	持筹者要逐步减磅，以至退出观望；持币者应该耐心观望。	如果此时DIF由上往下穿过MACD形成死亡交叉，出现的次数越多，则股价(指数)下跌的可能性就越大。

第三节　指数平滑异同移动平均线的识别和操作技巧练习

一、指数平滑异同移动平均线上穿 O 轴与指数平滑异同移动平均线下穿 O 轴的识别和运用

习题 106　指出图 416 中箭头所指处的指数平滑异同移动平均线的名称、特征和技术含义，并说明投资者见到这种类型的指数平滑异同移动平均线图形应如何操作？

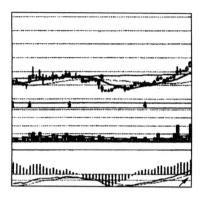

（该股往后走势见图418）

图 416

参考答案　图416中的箭头所指处叫"指数平滑异同移动平均线上穿O轴"，又称"MACD上穿O轴"。其特征是：MACD翘头向上穿过O轴，由负值变为正值（见图417）。从技术上来说，MACD上穿O轴，表示股价或指数的走势开始进入强势。例如，在图416中的箭头所指处，出现MACD上穿O轴的现象。此时投资者不仅可以开始看多，而且还可以跟进做多（见图418）。

MACD上穿O轴示意图

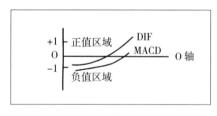

图 417

习题 107　指出图419箭头所指处的指数平滑异同移动平均线的名称、特征和技术含义，并说明投资者见到这种类型的指数平滑异同移动平均线图形应如何操作？

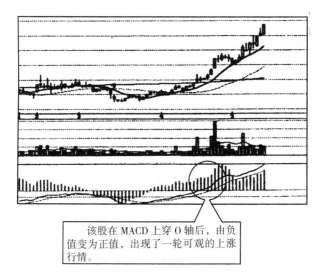

　　该股在 MACD 上穿 O 轴后，由负值变为正值，出现了一轮可观的上涨行情。

图 418

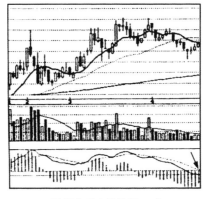

（该股往后走势见图 421）

图 419

　　参考答案　图 419 中的箭头所指处叫"指数平滑异同移动平均线下穿 O 轴"，又称"MACD 下穿 O 轴"。其特征是：MACD 弯头向下穿过 O 轴,由正值变为负值(见图 420)。从技术上来说,MACD 下穿 O 轴,表示股价或指数的走势开始进入弱势。例如,在图 419 中的箭头所指处,出现了 MACD 下穿 O 轴,投资者不仅应该开始看空,而且应该及时退出观望(见图 421)。

MACD 下穿 O 轴示意图

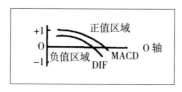

图 420

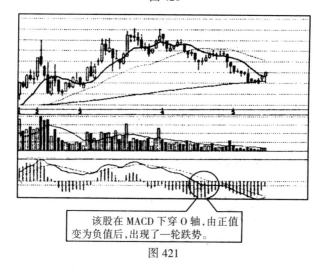

该股在 MACD 下穿 O 轴,由正值变为负值后,出现了一轮跌势。

图 421

二、指数平滑异同移动平均线调头向上与指数平滑异同移动平均线调头向下的识别和运用

习题 108　下图为某股周 K 线走势图。现在请你指出图 422 中箭头所指处的指数平滑异同移动平均线的名称、特征和技术含义,并说明投资者见此指数平滑异同移动平均线图形应如何操作?

358

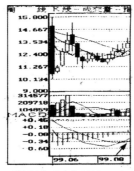

（该股往后走势见图425）

图422

参考答案 图422中的箭头所指处叫"指数平滑异同移动平均线调头向上"，又称"MACD调头向上"。其特征：一是向下移动的MACD转为向上移动；二是DIF向上穿过MACD并与其产生了"黄金交叉"（见图423）。从技术上来说，MACD调头向上，说明多方占了一定的优势。这里可分为两种情况：

（1）在正值区域，即MACD在O轴之上运行，出现了MACD调头向上，通常表示回档暂告结束。这时激进型投资者可跟进做多，而稳健型投资者更可继续持股待售（见图424）。

（2）在负值区域，即MACD在O轴之下运行，出现了MACD调头向上，通常表示反弹开始。这时，激进型投资者如要博取差价，可

MACD调头向上示意图

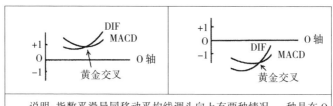

说明：指数平滑异同移动平均线调头向上有两种情况：一种是在O轴上方出现，如左上图；一种是在O轴下方出现，如右上图。

图423

359

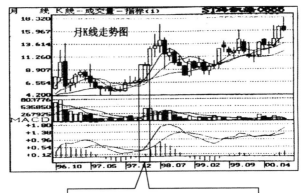

月K线走势图

　　该股是深市某股的月 K 线走势图。从图中可以清楚地看出，从该股 MACD 在 O 轴之上第一次翘头算起，2 年半时间，股价足足涨了 3 倍。可见，利用 MACD 研判股价中长期走势还是有相当参考价值的。

图 424

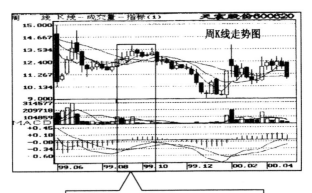

周K线走势图

　　该股是沪市某股的周 K 线走势图。从图中可以发现，该股 MACD 在 O 轴之下调头向上后，股价仅出现了一轮小幅反弹行情，随后股价又继续向下寻底。

图 425

在设好止损点的前提下,用少量资金去抢反弹。当然,没有什么把握就不要参与反弹行情,因为在跌势中,这种反弹行情随时有可能夭折。稳健型投资者则应遵循安全第一、赚钱第二的操作原则,此时仍要坚持看空、做空(见图425)。

习题 109　下图为深市某时段的日 K 线走势图。请指出图 426 中箭头所指处的指数平滑异同移动平均线的名称、特征和技术含义,并说明投资者见此指数平滑异同移动平均线图形应如何操作?

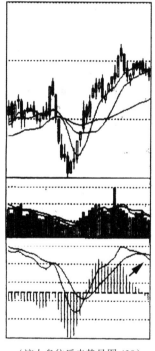

(该大盘往后走势见图428)

图 426

参考答案　图 426 中的箭头所指处叫"指数平滑异同移动平均线调头向下",又称 "MACD 调头向下"。其特征是:一是向上移动的 MACD 转为向下移动;二是 DIF 向下穿过 MACD 并与其产生了"死

MACD 调头向下示意图

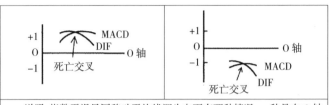

说明:指数平滑异同移动平均线调头向下有两种情况:一种是在 O 轴上方出现,如左上图;一种是在 O 轴下方出现,如右上图。

图 427

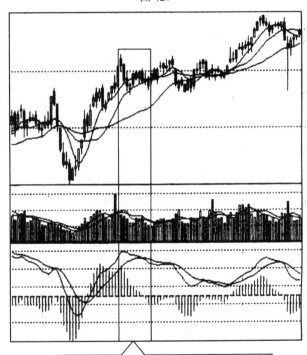

这是深市某段时期大盘日 K 线走势图。该图显示 MACD 在 O 轴之上调头向下,指数仅作了极为有限的调整,不久,大盘又继续向上。

图 428

亡交叉"(见图 427)。从技术上说，MACD 调头向下，说明空方占了一定的优势。这里可分为两种情况：

（1）在正值区域，即 MACD 在 O 轴之上运行，出现了 MACD 调头向下，通常表示回档开始（见图 428）。这时投资者应该如何操作呢？如果你是激进型投资者为回避短期风险，可先暂时退出观望，而稳健型投资者因大势整体向好的格局没有改变，可不理会股价（指数）的短期波动，仍可持股观望。

（2）在负值区域，即 MACD 在 O 轴之下运行，出现了 MACD 调

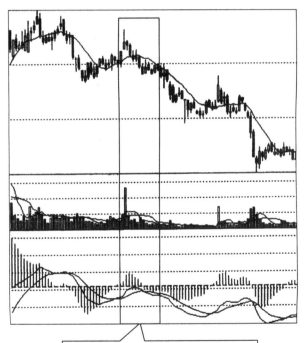

这是沪市某股日 K 线走势图。从图中可看出，该股 MACD 在 O 轴之下调头向下后，股价又出现了继续下跌的走势。

图 429

363

头向下,通常表示反弹结束,风险大增(见图 429)。这时投资者应该
怎么办呢?持股的应及时抛空离场,持币的应继续持币观望。

三、指数平滑异同移动平均线与股价(指数)顶背离、底背离
的识别和运用

习题 110   仔细观察图 430 中股价和 MACD 的走势,回答下面
问题:图中股价和 MACD 这种走势叫什么名称?其特征和技术含义
是什么?投资者见此图形应如何操作?

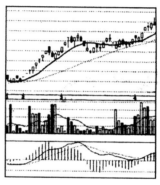

(该股往后走势见图 432)

图 430

参考答案   图 430 中股价和 MACD 的这种走势,叫"指数平滑
异同移动平均线与股价(指数)顶背离",又称 "MACD 与股价(指数)
顶背离"。其特征是:股价(指数)逐波走高,而 DIF 和 MACD 不是与
其同步上升而是逐步下降(见图 431)。从技术上来说,MACD 与股价
(指数)顶背离,预示着股价(指数)一轮升势将尽,短期内可能见顶
回落,尤其是股价(指数)出现大幅上涨后,且同时出现 DIF 两次向
下穿过 MACD,形成两次死亡交叉,则下跌的概率就更大。因此,投
资者见此图形要作好离场准备。此时,重仓者应逐步减磅,一旦发现
股价趋势向下,即应及时停损离场;轻仓者应继续看空、做空,持币
观望(见图 432)。

指数平滑异同移动平均线与股价(指数)顶背离示意图

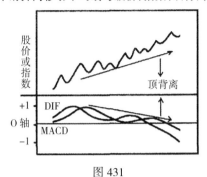

图 431

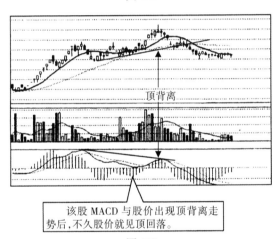

该股 MACD 与股价出现顶背离走
势后,不久股价就见顶回落。

图 432

不过,这里投资者需要注意的是:在强势市场或强势股中,
MACD 与股价(指数)出现顶背离后,股价(指数)并不一定会马上下
跌。股价(指数)逐步走高与 MACD 逐步走低的顶背离状态将会维
持一段时间。这时投资者如一见到 MACD 和股价(指数)顶背离马
上做空离场,就会陷入筹码卖出而股价(指数)继续大幅上扬的尴尬
境地。因此,日后投资者在操作时,如遇到强势股出现 MACD 与股
价顶背离时,不要立刻做空,而应采取看空暂不做空的策略。有筹码

的在股价上升趋势没有改变之前,可继续持股观望;持币的则应停止做多,不宜再继续买进。

习题 111　仔细观察图 433 中股价和 MACD 的走势,回答下面的问题:图中股价和 MACD 这种走势叫什么名称?其特征和技术含义是什么?投资者见此图形应如何操作?

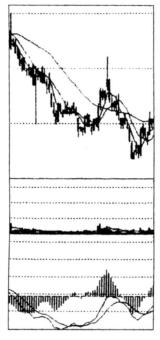

(该股往后走势见图 435)

图 433

参考答案　图 433 中股价和 MACD 的这种走势,叫"指数平滑异同移动平均线与股价(指数)底背离",又称 "MACD 与股价(指数)底背离"。其特征是:股价(指数)逐波下行,而 DIF 和 MACD 不是与其同步下降,而是逐波上升(见图 434)。从技术上来说,MACD 与股价(指数)底背离,预示着股价(指数)一轮跌势将尽,短期内可能止跌回升。尤其是股价(指数)出现大幅下跌后,且同时出现 DIF 两次由下往上穿过 MACD,形成两次黄金交叉,则上涨的概率就更大(见图 435)。因此,投资者见此图形,不宜再继续看空,而要改变思维,作一些做多的准备。此时,持筹者不应再盲目杀跌,持币者可用少量资金试盘,逢低吸纳一些潜力股,待 MACD 上穿 O 轴后再加码跟进。

指数平滑异同移动平均线与股价(指数)底背离示意图

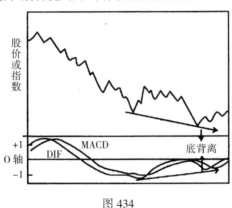

图 434

不过,这里要提醒投资者注意的是:虽然大盘或个股与 MACD 走势出现底背离后,趋势发生逆转就此见底回升的不在少数。但是,底背离出现后股份仍在下跌,底背离之后再继续底背离的情况也时有发生。这就给我们提出了一个问题:为什么会出现这种现象呢?出现这种现象时投资者应该怎么办?我们认为,出现这种现象,说明大盘或个股正处于极弱势状态中。因而对处于极弱势状态中的大盘或个股,操作时一定要坚持这样一个原则:在 MACD 走势与它们呈现底背离时,先不忙做多,更不要急于去抄底。这时有筹码者虽不宜再抛出股票,但也不要急于补仓;持币者则应密切关心它们的走势变化,不要轻易买进。总之,只有等待其底背离发挥了作用,大盘或个股真正止跌回升时,再考虑跟进做多,这样操作就安全多了。

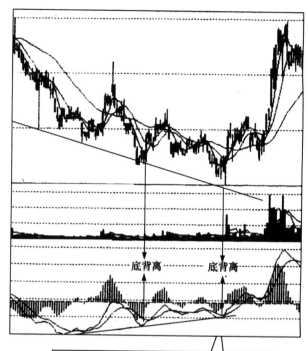

底背离　　　　底背离

该股 MACD 与股价第一次出现底背离走
势,股价没有止跌,第二次出现底背离,终于见
底回升,且升势十分凌厉。

图 435

第四节　指数平滑异同移动平均线的难题分解练习

一、指数平滑异同移动平均线为负值而股价或指数创新高的难题分解练习

习题 112　图 436 中出现了指数平滑异同移动平均线为负值
而股价创新高的走势,试分析出现这种现象的原因,并说明投资者
见此现象应如何操作?

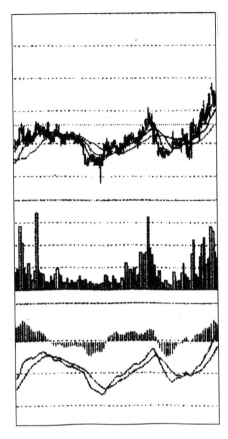

（该股往后走势见图 437）

图 436

　　参考答案　MACD 这一指标是反映股价（指数）的中期趋势的，
因而，有时会出现 MACD 向上移动，但仍在 O 轴下方运行，而股价
（指数）已创下新高的现象。投资者见此现象可既不买进也不卖出，
以观望为佳。为何要这样做呢？因为我们必须要考虑到一个问题：虽
然 MACD 在上移，股价（指数）在上涨，但 MACD 仍在 O 轴之下的负

值区域运行,其弱势格局还未得到根本改变。这时,如果你贸然买进,一旦反弹结束,股价(指数)掉头向下,就会被套牢。我们查了一下沪深股市的个股资料后发现,一些熊股的早期走势就是如此。但是话要回过头来说,并不是所有出现这样图形的个股日后股价都是向下的。有时也会出现下面的现象:股价上涨时虽然 MACD 在 O 轴下方运行一段较长时间,但它最后还是回到了 O 轴上方运行。这说

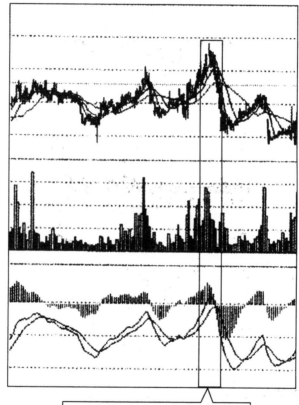

该股创新高时,MACD 在 O 轴下方上移,且逼近 O 轴。之后,MACD 在 O 轴处受阻掉头向下,股价又重归跌势。

图 437

明股价上涨并非是主力蓄意拉高出货所为,而是市场上的做多能量还没有得到充分释放的缘故。若盘中出现这种情况,反弹就可能变成反转。面对这种走势,那么该怎么办呢?当然不能再卖出,而要适量跟进做多,以免遭受踏空之苦。当我们明白了这个道理后,再来看图 436 就知道应该如何操作了。

　　读者在仔细观察图 436 后,就会发现该股股价在上涨,MACD在 O 轴下方运行一段时间后已调头向上,且接近 O 轴,此时要我们判断 MACD 将继续向上,还是在 O 轴处止步再往下运行呢?这恐怕在结果出来之前谁也无法肯定。因为 MACD 接近 O 轴,说明多空力量处于相对平衡,今后局势究竟偏向空方还是多方,有待时态的进一步发展。一旦遇到这种情况,自然不能轻易说卖出好还是买进好,最佳的策略只能采取观望态度了。如果日后局势偏向空方,MACD继续在 O 轴下方运行,且调头向下,那么投资者就应及时退出,另觅投资良机(见图 437)。如果日后局势偏向多方,MACD 上穿 O 轴,那么,投资者可适量跟进做多(见图 438)。当然,做多也要讲究一个方法:不要一下子大量买进。因为股市存在着许多不确定因素,要预防MACD 上穿 O 轴以后,再回头向下,尽管出现这种情况较少,但也不得不防。因此,较稳妥的办法以分批建仓为宜。

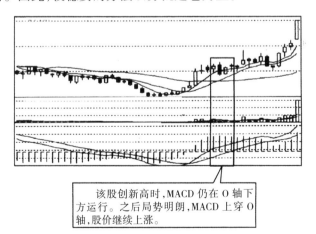

该股创新高时,MACD 仍在 O 轴下方运行。之后局势明朗,MACD 上穿 O 轴,股价继续上涨。

图 438

371

二、指数平滑异同移动平均线为正值而股价或指数创新低的难题分解练习

习题 113　图 439 中出现了指数平滑异同移动平均线为正值而股价创新低的走势,试分析出现这种现象的原因,投资者见此现象应如何操作?

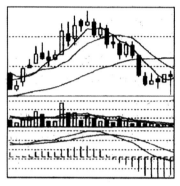

（该股往后走势见图 440）

图 439

参考答案　MACD 为典型的趋势类指标,着重中期走势的判断与把握,对股价(指数)的短期变化存在着滞后反应。所以,有时会出现 MACD 在向下移动但仍在 O 轴上方运行,而股价(指数)已创下新低的现象。这时投资者见此图形应该怎么办呢? 这与我们上一习题中介绍的办法一样:以不变应万变,即既不买进也不卖出,之所以这样做,完全是根据 MACD 与股价(指数)当时运行态势,以及投资者一下子很难断定主力是在诱空还是在做多这一情况决定的。如果是主力在诱空,那么,股价(指数)创新低,则是主力为了在低位吓出散户手中的筹码而蓄意制造的一个空头陷阱。这时如果你贸然卖出,一旦股价(指数)掉头向上,就会把煮熟的鸭子弄飞了。我们查了一下沪深股市的个股资料后发现, 一些大黑马的早期走势就是如此。但是话要说回来,并不是所有出现这样图形的个股日后股价都

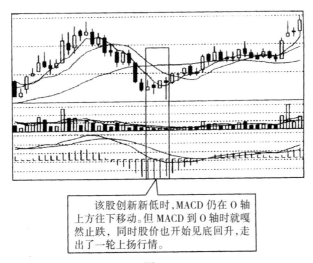

该股创新新低时,MACD 仍在 O 轴
上方往下移动。但 MACD 到 O 轴时就嘎
然止跌,同时股价也开始见底回升,走
出了一轮上扬行情。

图 440

是向上的。有时也会出现这样的现象:股价下跌时,虽然 MACD 在 O
轴上方运行较长时间,但它还是避免不了回到 O 轴下方运行。这说
明股价(指数)下跌并非是主力蓄意打压所为,而是市场上的做空能
量还没有得到充分释放的缘故。可见,在股价(指数)是向上还是向
下方向尚不十分明了的情况下,投资者也只能如此——以静制动,
以逸待劳。

不过这里需要注意的是:以静制动也不是说要大家在多空之间
保持绝对的中立。偏向还是要有的,因为毕竟是 MACD 在 O 轴上方
运行,将来上涨的机会要多于下跌。因此,我们主张在这个时候空头
思维要少一些,多头思维要多一些。如果股价创新低,MACD 在 O 轴
上方运行的现象是出现在股价(指数)大幅下跌后就更应如此。日后
一旦发现股价(指数)下跌趋缓,成交量开始放大,而 MACD 仍在 O
轴上方运行,激进型投资者就可以适当吃进一些筹码。如股价(指
数)出现止跌回升,那就不宜再继续观望,而要开始做多,分批建仓
(见图 439、图 440)。当然,如发现股价(指数)继续创新低,MACD 也
掉头跌进 O 轴下方,那也只能认赔出局了(见图 441)。这种情况出

373

现的机会不多,但未雨绸缪,作好防范还是需要的。

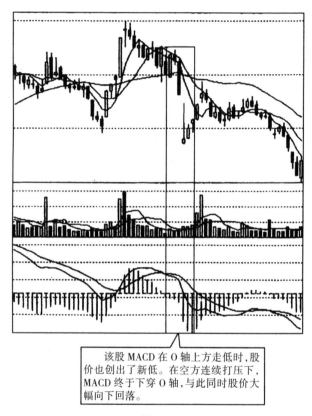

该股 MACD 在 0 轴上方走低时,股价也创出了新低。在空方连续打压下,MACD 终于下穿 0 轴,与此同时股价大幅向下回落。

图 441

第五节　指数平滑异同移动平均线的识别和运用小结

1. 要全面、准确地认识 MACD 的买入信号和卖出信号。

虽然 DIF 和 MACD 发生黄金交叉、红色柱状线逐渐放大，MACD 上穿 O 轴都是买入信号。但投资者要区分的是：这究竟是弱势市场中短线做多信号，还是强势市场中中线做多信号。这两者在性质上是不同的。

属于短线做多信号显示的上升行情大多为反弹性质，买入时稍有不慎，就会被套牢，因此，做多风险较大，这仅适合激进型投资者操作，而稳健型投资者此时仍应持币观望。属于中线做多信号显示的上升行情大多为新一轮涨势开始，买入时风险较小，这比较适合稳健型投资者做多，当然，激进型投资者也可以积极参与。

一般来说，属于弱势市场的短线做多信号的有：在 O 轴之下 DIF 和 MACD 出现黄金交叉；在 O 轴之下红色柱状线逐渐放大。属于强势市场的中线做多的信号有：MACD 上穿 O 轴；在 O 轴之上 DIF 和 MACD 出现黄金交叉；在 O 轴之上红色柱状线逐渐放大。

同样的道理，MACD 发出的卖出信号也很多，有的仅表示强势市场的中短线出现回调，如贸然卖出，很容易踏空，因此，做空风险较大，这仅适合激进型投资者高抛低吸，而稳健型投资者此时仍应继续持股待涨。有的表示强势市场正在转为弱势市场，或弱势市场反弹行情结束，股价(指数)将重归跌势。此时，无论是激进型投资者还是稳健型投资都应该及时停损出局。

通常，属于强势市场的短线卖出的信号有：在 O 轴之上 DIF 和 MACD 出现死亡交叉；在 O 轴之上出现绿色柱状线放大。属于强势市场转向弱势市场，或弱势市场继续看跌的中长线卖出的信号有：MACD 下穿 O 轴；在 O 轴之下 DIF 和 MACD 出现死亡交叉；在 O 轴之下绿色柱状线放大。

2．要慎重对待 MACD 与股价(指数)顶背离发出的卖出信号和底背离发出的买进信号。

诚然从理论上讲 MACD 与股价(指数)顶背离与底背离是不可能长久的，行情迟早要发生逆转。但问题是，MACD 与股价(指数)顶背离后还有顶背离，你不知道它何时才会发挥作用，促使股价(指数)见顶回落；同样的道理，MACD 与股价(指数)底背离后还有底背离，你也不知道它何时才会发挥作用，引发股价(指数)见底回升。因此,如投资者一见到它们顶背离就贸然做空,或一见到它们底背离就贸然做多,都会为此付出代价,尤其是在它们底背离时去抄底风险更大。故投资者一定要对 MACD 与股价(指数)顶背离发出的卖出信号,和底背离发出的买进信号作慎重处理。

具体可以这样操作:投资者见到它们顶背离时,应作好做空准备(持股者不必急于卖出,发现情况不妙时再退场,持币者不应该再买进);投资者见到它们底背离时,应作好做多准备(持币者不必急于买进,发现走势转强时再买进,持股者不应该再卖出)。

不过,这里需要注意的是:如遇到下列情况则应该当机立断,该出手时还得出手。这就是:(1)MACD 与股价(指数)出现顶背离,且股价升幅已接近或超过 100%。与此同时 DIF 与 MACD 形成多次死亡交叉,这时候就应该马上卖出。(2)MACD 与股价(指数)出现底背离,且股价跌幅已接近 50%或超过 50%,与此同时 DIF 与 MACD 形成多次黄金交叉,这时候激进型投资者即可开始分批建仓。

3. MACD 为典型的趋势类指标,着重中期走势的判断与把握。因此,将它作为中线买卖时的参考比用它作为短线买卖时的参考,实际效果要好得多。故有许多投资者将它列为中线买卖的依据之一。另外,投资者在把它作为中线买卖的依据时,除了观察日 K 线中 MACD 走势外,还应该密切关注周 K 线、月 K 线图中 MACD 的变化情况,如能将两者结合起来,反复比较,相互验证,操作时成功率就会得到进一步提高。

4. 正视 MACD 的缺陷,积极寻找弥补和解决方法。

MACD 的缺点:

(1)正如前面所述,由于 MACD 是一项中线指标,所以,当行情出现忽上忽下,幅度太小或盘整情况时,常会出现刚按照信号进场随即又要出场的尴尬境地,这样不但赚不到钱,甚至还要赔点差价或手续费。

(2)一两天内涨跌幅度特别大时,MACD 来不及反应,因为 MACD 的变化比即时行情的变化要缓慢得多,所以,一旦行情出现快速上升或快速下跌,MACD 不会立即产生信号。

弥补方法:

（1）当行情处于盘整或者波动幅度太小时，应避免采用 MACD 交易。

（2）如果不贪图大利者，可根据个人的爱好和需要，将日线图转变为小时图或周期更短的图形。这样一来可以把 MACD 改变为短线指标，二来可以较灵敏地应付突发性大行情。

（3）修改 MACD 的参数。例如，将 DIF 和 MACD 的参数值 12、26、9 改为 6、13、5，就可以提高 MACD 的灵敏度。这里必须注意的是：不论放大或缩小参数，都应尽量用原始参数的倍数。

第五章 乖离率的识别与练习

中国有一句老话,叫做矫枉必须过正。其意是做任何事情都不能过头,一旦事情做过了头,情况就要朝相反方向转化。想当初,身为沪深股市第一绩优股的四川长虹,在彩电市场三分天下有其一的时候,提出了要垄断彩电市场半壁江山的宏伟目标,然而,在新千年来临之际,垄断不成,反而引发了济南罢卖、彩管风波等一系列麻烦事件,从绩优滑到绩平,丧失了配股资格,不禁令人扼腕叹息。一个企业发展是如此,一个股票炒作又何尝不是如此呢? 有些股票你不要看它涨起来气势汹汹,半个月,甚至一个星期,股价就上涨了几倍,但忽然间,又出现狂泻,不仅跌回原地,甚至跌得更低。这一切都是矫枉过正的结果。在股市上,我们把这种现象称为乖离现象。矫枉过正与乖离现象有相同之处,说的都是同一个道理,但它们之间也有很大的区别, 前者没有量化概念, 而后者有具体的量化指标,即"乖离率"。由于有了乖离率这一指标,人们就能预先知道什么时候股票涨过了头或跌过了头,需要进行矫枉过正了,什么时候股票还没涨过头或跌过头,还不需要进行矫枉过正。可见,学习、研究、使用乖离率的同时,矫枉过正这一中国古代哲学思想也就得到了进一步发扬光大。这是一件既有利于提高人们股市操作水平,又能开拓人们视野,锻炼人们思维的很有意义的事情。

第一节 乖离率概述

一、什么是乖离率

乖离率也称偏离度,其英文简称是"BIAS"。它是由移动平均线派生出来的,是反映股价(指数)的收盘与某一时期的移动平均线之问偏离程度的一种技术指标。

二、乖离率的设计原理与计算方法

前面我们已经讲到,移动平均线是反映一段时期内投资者平均持股成本的。因此,当指数或股价形成暴涨时,就会出现指数或股价在上方远离移动平均线的现象。这说明经过一段时期的暴涨,持股者获利丰厚,这样随时都有可能因持股者获利回吐,大量套现,而迫使指数或股价掉头下行。反之,当指数或股价形成暴跌时,就会出现指数或股价在下方远离移动平均线的现象。这说明经过一段时期的暴跌,持股者损失惨重,这样随时有可能因投资者惜售和捡便宜货的人增多,而致使指数或股价见底回升。美国人格兰维尔是最早注意到这种现象并对此作出正确分析的投资大师。他在著名的格兰维尔移动平均线买卖法则(见本书附录四)中,有两处对这种情况进行了描述。格兰维尔认为:当指数或股价在上方远离移动平均线时属于超买,是卖出时机;当指数或股价在下方远离移动平均线时,属于超卖,是买进时机。但限于当时的条件,所谓指数或股价与移动平均线之间的"远离",格兰维尔并没有给它一个明确的说法。因此,后来人们只能根据格兰维尔的描述,用目测方法来判断指数或股价与移动平均线之间的距离远近,以此来决定是买进还是卖出。但这种直观,即近乎原始的目测方法,误差很大,实际使用效果不佳。于是,人们想到了要对指数或股价远离移动平均线作出定性定量的分析,以弥补目测出现的误差,这样就产生了乖离率这个技术指标。

乖离率指标问世不久,很快就得到了广大投资者的认同。目前它已成为国内外股市中投资者使用得最多的技术指标之一。乖离率计算方法相当简单,其计算公式如下:

$$指数乖离率 = \frac{当日收盘指数 - N 日平均指数}{N 日^{[注]}平均指数} \times 100\%$$

[注] 设立 N 日的参数可按自己选用的移动平均线确定,一般有 5 日、6 日、10 日、12 日、24 日、30 日、72 日等几种参数可选用。在实际运用中,沪深股市短线使用 6 日乖离率较为有效,中线则放大为 10 日或 12 日。

$$个股乖离率 = \frac{当日收盘价 - N日平均股价}{N日平均股价} \times 100\%$$

这里的移动平均线可以任意选择，比如你可以选用 10 日或 30 日移动平均线，这样算出来的就是指数或股价相对于 10 日或 30 日均线的乖离率。乖离率分为"正乖离率"、"负乖离率"和"乖离率为 0"三种情况。如果指数或股价在移动平均线上方收盘，算出来的乖离率就是正数，称为正乖离率；如果指数或股价在移动平均线下方收盘，算出来的乖离率就是负数，称为负乖离率；如指数或股价与移动平均线重合，则乖离率为 0（这种现象很少出现）。

通常，无论是大盘或个股的上涨行情还是下跌行情，只要趋势稳定，乖离率都将在一个常态范围内波动，若超出常态范围则可视为乖离率过大，股价将向移动平均线靠拢。这也就是说，正乖离率涨至某一百分比值时，表示短期之内多头获利回吐可能性很大，是卖出信号；负乖离率降到某一百分比值时，表示空头回补的可能性很大，是买入信号。至于乖离率达到何种程度为正确的买入点或卖出点，它并没有统一规定，投资者可凭手中的乖离率档案资料[注]对此作出判断。

运用乖离率测市有两种方法：一种是选定均线后，代入公式，通过人工计算得出乖离率数值，然后投资者根据乖离率数值大小来分析行情可能会出现什么变化；一种是选定均线后直接输入电脑，由电脑根据乖离率公式自动计算出其结果并生成各种各样的乖离率图形，投资者再以此来研判股价（指数）走势的变化。因现在电脑技术已很普及，用后一种方法的人将会越来越多。再说电脑计算的准确性，以及图像变化的形象性、生动性也是前一种方法所不能相比的。所以，有条件的投资者在利用乖离率测市时，应首选第二种方法。

三、乖离率图像的构成

电脑屏幕上的乖离率图像由以下两个部分组成。

[注]　关于乖离率档案资料的作用和建立方法，详见本书第 434 页 ~ 第 436 页。

1. 运行区域 位于股价(指数)走势图的最下方,呈长方形,并被一条横线分隔成上下两个区域。横线为 O 轴,在其上方为正值区域,在其下方为负值区域(见图 442)。正值区域是多方领地,负值区域是空方领地。

乖离率图像运行区域示意图

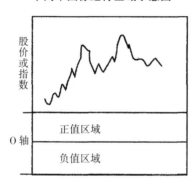

图 442

2. 曲线 有 1 条曲线、2 条曲线、3 条曲线等几种情况,可根据各人需要任意设置。随着行情的涨跌,乖离率曲线将不断地在运行区域窜上窜下(见图 443)。一般而言,乖离率曲线在 O 轴上方运行,表示现在是一个多头市场;乖离率曲线在 O 轴下方运行,表示现在是一个空头市场。在乖离率曲线设置上,通常设 2 条线,1 条代表时间短的,用白色表示,1 条代表时间长的,用黄色表示。如果白色曲线在 O 轴上方运行,其数值接近或高于历史最大值时,说明股价(指数)在上方与短期均线距离过大,短期回调在所难免,这就是短线卖出信号。反之,假如白色曲线在 O 轴下方运行,其数值接近或低于历史最小值时,说明股价(指数)在下方与短期均线距离过大,股价(指数)随时有可能走出一轮短线反弹走势,这就是短线买进信号。与此同理,黄色曲线如出现上述变化,它所提供的就是中线(长线)买进或卖出信号。

乖离率曲线运行示意图

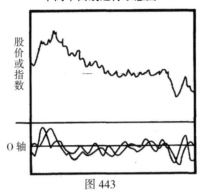

图 443

第二节　乖离率图形一览表

乖离率图形一览表

序号	名称	图　形	特　征	技术含义	操作建议	备　注
1	乖离率由负值变为正值	+1 0 −1	(1)既可出现在移动平均线向上移动过程中,又可出现在移动平均线向下移动过程中。(2)乖离率曲线向上穿过O轴。	为转强信号,但它必须与移动平均线走势结合起来研判,才能确定其是否是真正的转强信号。	(1)当移动平均线向上移动时,可跟进做多。(2)当移动平均线向下移动时,行情仍有继续向淡的可能,因此还不能看多、做多。	(1)当移动平均线向下移动时,乖离率由负值变为正值的转强信号不够可靠。(2)当移动平均线处于横向波动时,乖离率随即进入盲区。
2	乖离率由正值变为负值	+1 0 −1	(1)既可出现在移动平均线向上移动过程中,又可出现在移动平均线向下移动过程中。(2)乖离率曲线向下穿过O轴。	为转弱信号,但它必须与移动平均线走势结合起来研判,才能确定其是否是真正的转弱信号。	(1)当移动平均线向下移动时,应及时退出观望。(2)当移动平均线向上移动时,可继续持股待售。	(1)当移动平均线向上移动时,乖离率由正值变为负值的转弱信号不够可靠。(2)当移动平均线处于横向波动时,乖离率随即进入盲区。

382

序号	名称	图形	特征	技术含义	操作建议	备注
3	乖离率接近历史最大值	接近历史最大值 +1 0 -1	(1)出现在涨势中。(2)乖离率曲线接近或高于历史最高点。	为转势信号，因多方发威已接近极限，行情随时会掉头向下。	(1)持股投资者可分批派发。(2)持币投资者不应盲目追高买进做多。	股价或指数经快速大幅上涨后，离移动平均线过远，从而出现了继续买进做多的高风险。
4	乖离率接近历史最小值	+1 0 -1 接近历史最小值	(1)出现在跌势中。(2)乖离率曲线接近或低于历史最低点。	为转势信号，因空方发威已接近极限，行情随时会掉头向上。	(1)持股投资者不应再割肉出逃。(2)激进型投资者可逢低吸纳，稳健型投资者仍应持币观望。	股价或指数经快速大幅下跌后，离移动平均线过远，从而出现了继续卖出做空的高风险。

第三节　乖离率的识别和操作技巧练习

一、乖离率由负值变为正值与乖离率由正值变为负值的识别和运用

习题114　指出图444、图445中箭头所指处的乖离率名称、特征和技术含义，并说明投资者见此乖离率图形应如何操作？

参考答案　图444、图445中箭头所指处叫"乖离率由负值变为正值"。其特征是：乖离率曲线向上穿过O轴（见图446）。乖离率由负值变为正值意味着多方攻破了空方用移动平均线构筑的一道防线，是转强信号。但是，移动平均线所处的状态不同，乖离率的转强信号的可靠程度也就不相同。这里分为几种情况：

（1）当移动平均线向上移动时，出现乖离率由负值变为正值，表明多方已控制局势，投资者可跟进做多（见图444、图447）。

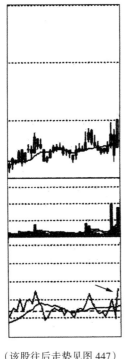

（该股往后走势见图 447）

图 444

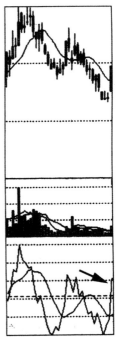

（该股往后走势见图 448）

图 445

（2）当移动平均线向下移动时，出现乖离率由负值变为正值，表明虽然多方经过努力，暂时将股价或指数拉到了移动平均线上方，但是，因为移动平均线仍处于向下移动过程中，所以，多方并没有从根本上把局势扭转过来。此时，行情仍有继续向淡的可能，因此，投资者还不宜看多、做多（见图 445、图 448）。

（3）当移动平均线处于横向波动时，乖离率随即进入了盲区。所以，即使乖离率由负值变为正值，实际上已经没有参考价值。此时，投资者究竟是应该做多、做空，还是观望，只能参考其他技术分析方法后再作出选择。

乖离率由负值变为正值示意图

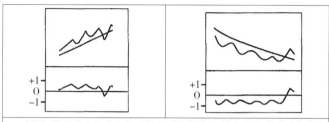

说明:乖离率由负值变为正值有两种情况:一种出现在移动平均线向上移动时,如左上图;一种出现在移动平均线向下移动时,如右上图。

图 446

该股乖离率由负值变为正值时,移动平均线正在向上移动,之后,股价出现了一轮上扬行情。

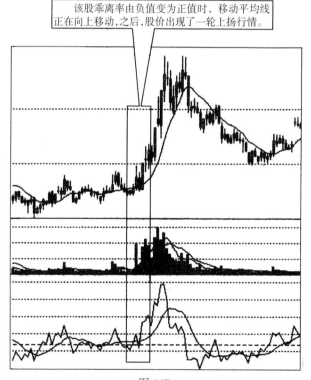

图 447

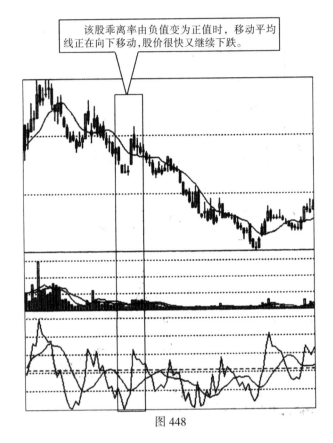

该股乖离率由负值变为正值时，移动平均线正在向下移动，股价很快又继续下跌。

图 448

习题 115　指出图 449、图 450 中箭头所指处的乖离率名称、特征和技术含义,并说明投资者见此乖离率图形应如何操作?

参考答案　图 449、图 450 中箭头所指处叫"乖离率由正值变为负值"。其特征是:乖离率下穿 O 轴(见图 451)。乖离率由正值变为负值意味着空方攻破了多方用移动平均线构筑的一道防线,是转弱信号。但是,移动平均线所处于的状态不相同,乖离率的转弱信号的可靠程度也就不相同。这里分为几种情况:

（1）当移动平均线向下移动时,出现乖离率由正值变为负值,表明空方继续控制着局势，投资者应及时退出观望（见图 449、图452）。

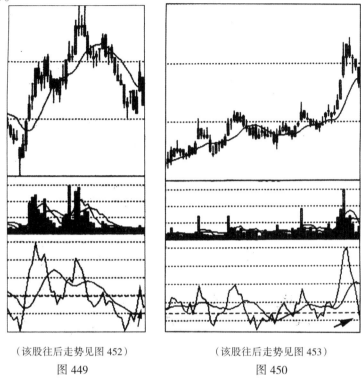

（该股往后走势见图 452）　　　（该股往后走势见图 453）

图 449　　　　　　　　　　图 450

（2）当移动平均线向上移动时,出现乖离率由正值变为负值,表明虽然空方攻破了多方用移动平均线构筑的一道防线,股价或指数的走势暂时由强转弱。但是,因为移动平均线仍处于向上移动过程中,整个局势还在多方控制之中。因此,行情仍有可能继续向上发展,这时投资者可继续持股待售(见图 450、图 453)。

（3）当移动平均线处于横向波动时,乖离率随即进入盲区,因而即使乖离率由正值变为负值也变得没有意义了。此时,投资者究竟是应该持股、持币、还是观望,只能参考其他技术分析方法后再作出选择。

乖离率由正值变为负值示意图

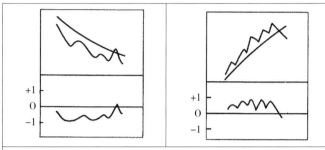

说明:乖离率由正值变为负值有两种情况:一种出现在移动平均线向下移动时,如左上图;一种出现在移动平均线向上移动时,如右上图。

图 451

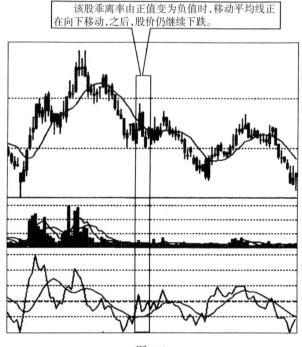

该股乖离率由正值变为负值时,移动平均线正在向下移动,之后,股价仍继续下跌。

图 452

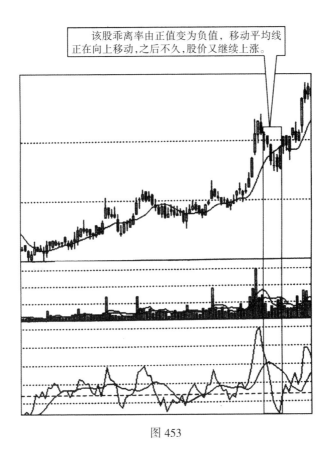

该股乖离率由正值变为负值，移动平均线正在向上移动，之后不久，股价又继续上涨。

图 453

二、乖离率接近历史最大值与乖离率接近历史最小值的识别和运用

习题 116 指出图 454 箭头所指处的乖离率名称、特征和技术含义，并说明投资者见此乖离率图形应如何操作？

参考答案 图 454 箭头所指处叫"乖离率接近历史最大值"，其特征是：乖离率曲线接近或高于历史最高点（见图 455）。从技术上来说，乖离率接近历史最大值，表明盘中做多能量已到极限，行情随

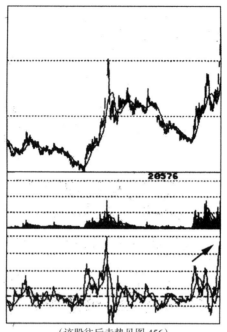

（该股往后走势见图456）

图 454

乖离率接近历史最大值示意图

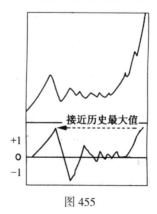

图 455

时会掉头向下。因此,投资者见到这种乖离率图形,应做好卖出的准备,持股的投资者可分批派发,持币的投资者不应再盲目追高买进,以免出现高位被套的风险(见图456)。

该股在前一轮快速上攻之后,经过长达近一年时间的回调,接着又发动了第二轮攻势。但它在大幅上扬时,乖离率接近了历史最大值,股价随即出现了深幅下挫。

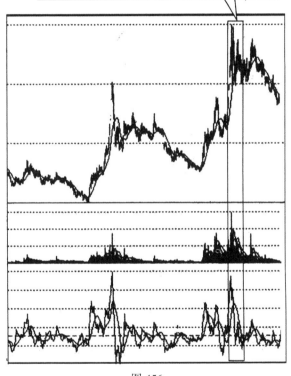

图 456

习题 117 指出图 457 中箭头所指处的乖离率名称、特征和技术含义,并说明投资者见此乖离率图形应如何操作?

参考答案 图 457 中箭头所指处叫"乖离率接近历史最小值"。

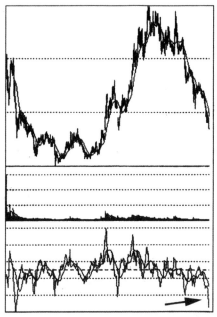

（该股往后走势见图459）

图 457

乖离率接近历史最小值示意图

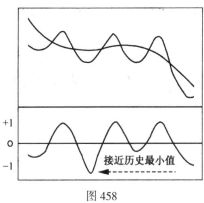

+1

0

-1

接近历史最小值

图 458

其特征是：乖离率曲线接近或低于历史最低点（见图458）。从技术上来说，乖离率接近历史最小值，表明盘中做空能量已到极限，行情随时会掉头向上。因此，投资者见到这种乖离率图形，不应该对行情再继续看空、做空，相反，要做好积极做多的准备。此时，持股的投资者切勿再盲目割肉出逃，轻仓或空仓的激进型投资者可逢低分批吸纳，稳健型投资者因该股新的上升趋势还未形成，暂时不急于买进，仍可持币观望，等时机成熟再跟进（见图459）。

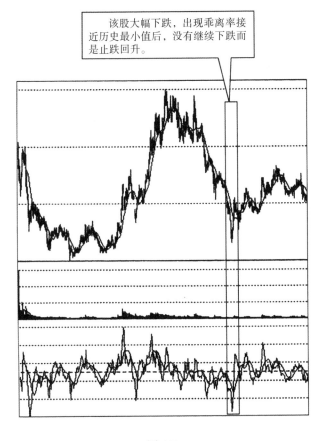

该股大幅下跌，出现乖离率接近历史最小值后，没有继续下跌而是止跌回升。

图459

第四节　乖离率的难题分解练习

一、指数乖离率接近历史最大值而个股乖离率接近历史最小值的难题分解练习

习题 118　在图 460 中,指数乖离率接近历史最大值,此时,在图 461 中,个股乖离率接近历史最小值,投资者见此乖离率图形应如何操作?

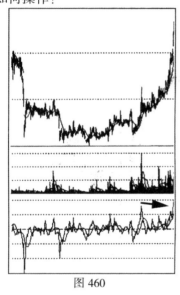

图 460

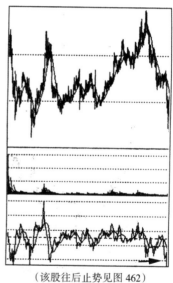

(该股往后止势见图 462)

图 461

参考答案　前面我们已经说过,乖离率接近历史最大值,说明风险已不期而遇。此时,作为一个理性投资者应该适时减仓,甚至抛空离场。但是,有时也会出现这样的现象,在一轮上涨行情中,有些股票不涨反跌(即指数在涨,个股在跌),等一轮上涨行情快要结束时,个股也跌得差不多了,乖离率已接近历史最小值(见图 460、图

461)。投资者如碰到这种情况究竟是应该卖出还是买进呢？这确实是个比较伤脑筋的问题。因为,乖离率接近历史最小值,说明股价经过大幅下跌后已离底部不远,随时会出现反弹走势,如果在这个时候再割肉离场,很可能卖个最低价,那损失可就大了(见图462)。若是买进呢？对这种牛市熊股也的确没有多大把握,谁能保证它在大势向好的时候不涨反跌,大势变坏的时候,仅凭"乖离率接近历史最小值"就会逆市上扬呢？根据股市实战经验,对指数乖离率已接近历史最大值,而个股乖离率已接近历史最小值的最好处理办法是:以静制动。即手里有这个股票的投资者可采取持股不动的策略,而手

该股在大盘见顶回落时,因其乖离率接近历史最小值,成为短线资金的避风港,出现小幅反弹的走势。

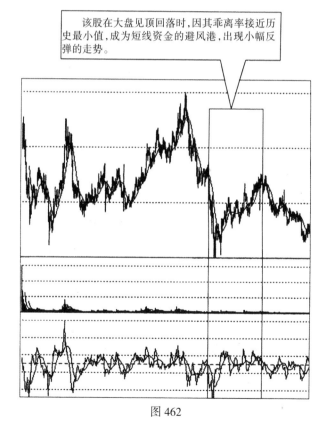

图 462

395

里没有这个股票的投资者,也不要贸然买进。看看大势转向后该股表现如何再作定夺。按照股市涨跌规律,天下没有只涨不跌的股票,也没有只跌不涨的股票。如果大势向淡的时候,市场将前期跌得很惨的股票作为避风港,那可能机会就来了,这时再加入也不迟。如果大势向下,该股虽然前期跌透了,现在也跌无可跌,但因整个局势不好,近期也无上涨的可能,这时就不应该轻率买进。当然,研判个股的往后趋势,只看乖离率指标是不够的,还必须从移动平均线、趋势线、成交量等技术指标上去分析、把握。关于这个问题,本书前面几章已有详细论述,这里就不再展开了。

二、指数乖离率接近历史最小值而个股乖离率接近历史最大值的难题分解练习

习题 119　在图 463 中,指数乖离率接近历史最小值,此时,在

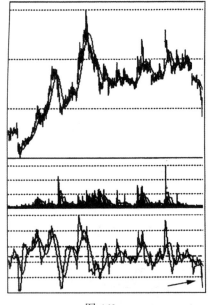

图 463

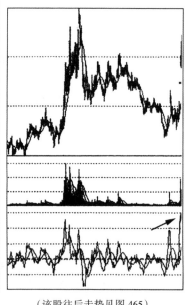

(该股往后走势见图 465)

图 464

图 464 中,个股乖离率接近历史最大值,投资者见此乖离率图形应如何操作?

参考答案 随着证券市场的不断发展,股市越来越不可能出现齐涨共跌的现象,自然也就会不可避免地出现熊市牛股的现象。例如,在图 463 中,指数乖离率接近历史最小值,说明整个市场正处于极度衰弱之中,持股的投资者不应再割肉出逃,因为指数经大幅下跌后,离移动平均线过远,从而出现了卖出做空的高风险。但是,令许多投资者困惑的是,在图 464 中,该股出现了与整个大势背离的

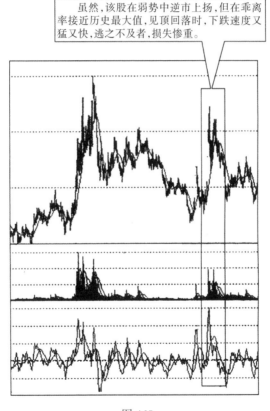

> 虽然,该股在弱势中逆市上扬,但在乖离率接近历史最大值,见顶回落时,下跌速度又猛又快,逃之不及者,损失惨重。

图 465

走势,它的乖离率接近历史最大值,说明该股经快速大涨后,离移动平均线过远,从而出现了继续买进做多的高风险。那么面对这个现状,投资者如何操作才能较为理想呢?要回答这个问题,其实也不困难。众所周知,指数乖离率反映的是整个大势在短期内超买和超卖的程度,而个股乖离率反映的则是某一股票在短期内超买和超卖的程度。既然一些个股摆脱了大盘的束缚走出了独立行情,那么我们就应该把它与大盘的走势进行区别对待,直接以其乖离率的大小来研判它行情的变化,该做多的时候就做多,该做空的时候就做空,这时根本不需要考虑大盘的乖离率是多少。投资者唯一要考虑的就是:弱势中逆市上扬的个股乖离率接近历史最大值的见顶回落,比强势中顺势上扬的个股乖离率接近历史最大值的见顶回落,下跌的速度更快,跌得更深。因为在弱势市场中人气本来就很低迷,一旦逆市上扬的个股因庄家拉高出货,或放弃控盘后,补跌起来情景就会十分惨烈。故投资者对弱势中那些逆市上扬且乖离率接近历史最大值的个股,不必等它见顶回落,就应该分批派发,尤其当发现股价走弱时,卖出更要快,做空的态度更要坚决(见图464、图465)。

第五节　乖离率的识别与练习小结

1. 要分清主次,抓住重点。乖离率测市功能表现在多个方面。例如,乖离率在 O 轴之上或 O 轴之下运行,可以表示股价(指数)为强势或弱势,乖离率与股价(指数)顶背离或底背离[注]可以表示行情即将发生逆转,等等。但这些测市功能都不是主要的,相对于其他技术指标也有这方面的功能而言,其作用要比它们稍逊一筹。但是,乖离率的绝对值接近或超越历史最大值和历史最小值,对股价(指数)

[注]　乖离率与股价(指数)顶背离,是指股价(指数)创出新高,而乖离率曲线反而一波一波往下走,为卖出信号;乖离率与股价(指数)底背离,是指股价(指数)创出新低,而乖离率曲线相反地一波一波往上走,为买进信号。

暴涨和暴跌会引发行情逆转的预警作用,是任何技术指标都无法与之相比的。可见,对乖离率的研判一定要抓住重点,只有充分发挥它的长处,才能取得事半功倍的效果。

2.要明确目的,选好均线。先确认一条均线作为计算乖离率的基础。一般来说,选择多少日的均线,要看你的目的是什么,是捕捉短期顶(底)还是中长期顶(底)。短期顶(底)可用短期均线,中长期顶(底)须用中长期均线。但一般来说,即使是短期的,也不能太短,太短有效性就比较差,比如少于5日,就没有多大意义。

3.要做有心人,建立一套适合自己操作的乖离率档案资料。我们已经知道,正乖离率过大时,会出现超买现象,这是卖出信号;负乖离率的绝对值过大时,会出现超卖现象,这是买进信号。但是如何界定乖离率过大[注]呢?这就要对乖离率指标作量化分析,当它达到某一数值时,投资者就可采取行动,或是买进,或是卖出。可见,乖离率这个指标用得好坏,关键是在确定乖离率标准值上。只要这个乖离率标准值定得恰到好处,接下来的事情就好办了。在股价(指数)暴涨时,一旦超过所定的乖离率这个标准值,投资者立即卖出股票就能有效地保护自己,同时又不会减少盈利;反之,在股价暴跌时,只要达到界定的乖离率标准值,投资者立即买进股票,就能买到相对较便宜的股票,而与此同时,承担的投资风险却很小。

乖离率的标准值,说起来是一个简单数字,但要找到它很不容易。因为,迄今为止,对乖离率值达到何种程度才是买进或卖出时机,仁者见仁,智者见智,并没有统一的标准。另外,无论是大盘还是个股,对象不同,时间不同,乖离率标准值就会有所不同。这里既要考虑移动平均线周期的长短,又要考虑股票的活跃程度、市场所处的背景等因素。乖离率标准值的确定也就不可能一蹴而就了。

[注] 乖离率是否过大,与乖离率的参数大小成正比。一般说来,参数选得越大,则允许股价远离移动平均线程度就越大。换句话说,这个远离的程度是随着乖离率参数变大而变大的。例如,参数为5时,乖离率到了4%就该回头了;而参数为10时,乖离率到7%才认为股价该回头。

根据成功人士的经验，为了针对不同对象找到所需要的乖离率标准值，建立一套适合自己操作的乖离率档案资料是很有必要的。这项工作可从以下三个方面入手：

　　第一，将大盘和自己所关注的个股，每一次回调或反弹的乖离率情况记录下来；如乖离率百分比值上升或下降到什么程度，就会出现回档或反弹，等等。

　　第二，将它们历次的顶与底的乖离率分成几个档次，然后，当以后股价（指数）接近这个程度时，就留意它们的趋势变化。

　　第三，在初次统计心中还没有底的情况下，可以先借鉴别人成功的经验，用他们测出的乖离率标准值（见本书附录三"乖离率运用经验荟萃"），来验证大盘和自己所关注的个股趋势，看看哪些地方是适合的，哪些地方还不适合，在实践中不断对它们作出修正。

　　这里要特别强调的是，建立乖离率档案资料要以长期的资料统计为基础。只有经过长期统计才能找到符合实际的乖离率指标。例如，笔者在搜集资料时曾发现一位夏先生谈《10日乖离率在沪市的运用》的文章。文中介绍了夏先生一些做法与经验，这位夏先生在利用乖离率操作时很是得心应手。其特点是，他并没有被证券书籍介绍的乖离率数值所束缚，而是经过长期统计找到了一个适合自己操作的乖离率指标。他说："根据沪市自1992年5月21日放开股价至1995年4月28日上证综合指数的10日乖离率统计与分析，归纳其买入时机是：当10日乖离率为−15%至−20%或以下时为绝佳的买入时机。上证收盘指数至今为止10日乖离率仅出现过6次这种情况，均是因为恐慌性抛盘所致，此时人人都不看好后市，殊不知，这却是千载难逢的绝好机会。沪市每遇到这种情况，后市均会很快地出现报复性的强劲反弹。例如1994年10月7日，上证指数由638点开盘，在利空传言的作用下一路暴跌至546点，此时10日乖离率竟达到−30%，当日上证指数就在1小时之内暴涨至761点，全日振幅高达近40%（注：当时沪深股市中的股价都是放开的，没有设立涨停限制）。遇到这种特殊情况，许多技术指标都不会给你以明确的买入信号，唯有乖离率能给出明确的指示。""在10日乖离率达到40%以上时是绝好的卖出时机,这通常出现在大的上涨行情的第一阶段,且会面临深幅的调整,有较好的短差机会。沪市历史上曾出现过3次这种情况:第一次是股价放开后的几日,第二次是由386点上涨至841点时,第三次是由325点上涨至754点时。第一次是特殊情况,参考意义不大,不过10日乖离率达40%以上后,股市即反转下跌进入了空头市场(即进入了熊市)。后两次均是在上证指数由底部上涨的第一阶段中出现的,接着都出现了较深的回档,然后再进入稳步上升阶段,而指数即使再创新高,10日乖离率也难以达到40%以上。"此外,这位夏先生还认为,在空头市场中,10日乖离率在 -6% ~ -15% 之间是较好的买入时机,一般都会有一轮像样的反弹。在多头市场中10日乖离率第一次靠近0轴或下穿0轴是买入时机,而第二次靠近0轴或下穿0轴就是卖出时机,等等。

我们在此不厌其烦地介绍这位夏先生的看法,并不是要求大家根据他所说的乖离率指标进行操作,因为现在的股市情况和夏先生当时说的股市情况又有了很大不同。再则那只是夏先生个人的看法,我们这样举例只是为了说明一个道理,只有经过自己亲手统计得出来的乖离率指标才能在实践中发挥出真正的作用,从而能帮助投资者捕捉到最佳的买入或卖出机会。

其实,要建立乖离率档案资料也并不是一件难事,投资者只要每隔一段时期就进行一次统计(可根据证券报刊、杂志提供的交易资料,当然,用电脑统计更好),花不了多少时间就能建立一套完整的大盘或个股(可选择几个自己所熟悉的股票)的统计资料,这样计算出来的乖离率指标就一定比较符合实际。一旦手头有了这些资料,今后应对股市或个股的暴涨暴跌就有办法了。知道什么时候应该逢高卖出,什么时候应该逢低吸纳了,操作起来就会有的放矢,手到擒来,从而可大大提升股市操作的致胜率。

4.要注意乖离率的一些其他特点:(1)在一般情况下,对同一条移动平均线来说,买进时要求乖离率值相对小一些,而卖出时要求乖离率值则相对大一些。(2)通常在大势上升时如遇负乖离率,可以趁回调适量买进,因为此时进场风险较小;在大势下跌时如遇正乖离率,可以趁回升逢高派发,因为此时卖出把握较大。

　　5.要正视乖离率的缺陷,切勿进入乖离率使用盲区。盘局中乖离率指标参考意义不大,可弃之不用。另外,乖离率在多头市场中,仅能指出正乖离率接近或高于一定百分比值时,是卖出时机,但却不能明确指出回档时在何处买进为宜;反之,乖离率在空头市场中,也仅能指出负乖离率接近或低于一定百分比值时, 为买进时机,但也未能明确指出反弹时在何处卖出为好。因此,在回档或反弹行情中,投资者应该配合 K 线、移动平均线、趋势线、MACD 等指标来研判它们具体的买卖点在什么地方。

附录一　看盘、操盘小常识

《股市操练大全》第一册出版、发行后，我们收到全国各地大量读者的来信。很多读者要求我们在《股市操练大全》第二册中介绍一下看盘和即时操盘的有关知识。为了满足读者的需要，现结合沪深股市实战图例，对此作一些简要介绍。

一、大盘分时走势图信号识别法

大盘分时走势，又称大盘即时走势，它可用两种图像来表示（见图466、图467）。

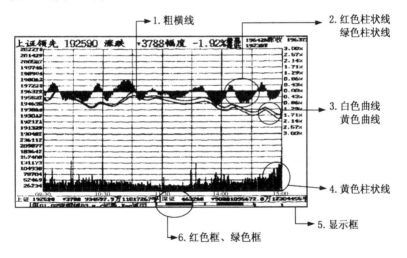

图466　大盘分时走势示例图（一）

图 466 说明

1．[粗横线]　表示上一交易日指数的收盘位置。它是当日大盘上涨和下跌的分界线。它的上方，是大盘上涨区域；它的下方，是大盘下跌区域。

2. [红色柱状线、绿色柱状线] 大盘向上运行时,在横线上方会出现红色柱状线,红色柱状线出现越多、越长,表示上涨力度越强,若渐渐减少、缩短,表示上涨渐渐减弱。大盘向下运行时,在横线下方会出现绿色柱状线,绿色柱状线出现越多、越长,表示下跌力度越强,若渐渐减少、缩短,表示下跌力度渐渐减弱。例如,在大盘指数横盘时,横线下方突然出现较长,甚至很长的绿色柱状线,且越来越多,越来越长的时候,大盘就开始跳水了。

3. [白色曲线、黄色曲线] 在综合指数中,总股本越大,权重就越大,如超级大盘股每上涨或下跌 0.1 元,市价总值就发生较大变化,这样对大盘指数自然会产生很大影响;反之,小盘股每上涨或下跌 0.1 元,市价总值变化很小,因而对大盘指数的影响就非常小。当我们知道这个道理后,对白色曲线、黄色曲线的含义就容易理解了(注:因电脑设置的不同,这两条线有的电脑软件中会出现黑色与黄色或白色与红色等。但基本原理是一样的)。白色曲线表示的是加权指数,黄色曲线表示的是不加权指数。所谓加权与不加权,前者所考虑的是股票的总股本大小,后者不考虑股票的总股本大小,即将所有股票对指数的影响看作是相同的。因此,一般认为白色曲线代表的是大盘权重股,黄色曲线代表的是小盘股。当白色曲线领先黄色曲线上涨时,表示大盘权重股在领先小盘股上涨,同样的道理,当白色曲线领先黄色曲线下跌时, 表示大盘权重股在领先小盘股下跌。一般来说,观察白色曲线、黄色曲线的变化,对分析和把握市场热点有一定的帮助(当然,仅以此来分析、把握市场热点是远远不够的)。

4. [黄色柱状线] 表示成交量。一条黄色柱状线代表一分钟的成交量。成交量大时,黄色柱状线就拉长;成交量小时,黄色柱状线就缩短。

5. [显示框] 可显示数字或字母。如你要查工商银行这个股票的走势,那只要在键盘上敲击它的代码 601398,显示框上就会显示出 601398 这几个数字。如显示框显示出 601399 或 602398,就表示你敲击错了,需要重敲。

6. [红色框、绿色框] 红色框比绿色框长度愈长,表示买气愈强,大盘指数往上运行力度愈大;绿色框比红色框长度愈长,表示卖压愈大,大盘指数往下运行的力度愈大。

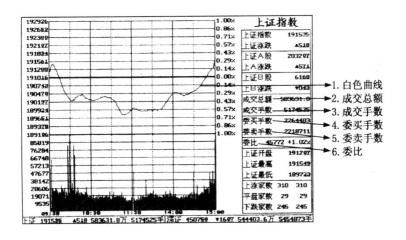

图 467　大盘分时走势示例图(二)

图 467 说明

1. [白色曲线]　表示上证指数,即上证综合指数的一日走势情况。

2. [成交总额]　一日交易下来的总金额,以万元为单位。

3. [成交手数]　一日交易下来的股票总数,以手为单位,一手=100 股。

4. [委买手数]　当前所有个股委托买进前五档的手数之总和。委托买进的手数比委托卖出的手数多,表示买气比卖压强,指数向上的概率较大。

5. [委卖手数]　当前所有个股委托卖出前五档的手数之总和。委托卖出的手数比委托买进的手数多,表明卖压比买气强,指数向下的概率较大。

6. [委比]　委比是委买手数、委卖手数之差与之和的比值,它是衡量一段时间内场内买、卖强弱的一种技术指标。其计算公式是:

$$委比 = \frac{委买手数 - 委卖手数}{委买手数 + 委卖手数} \times 100\%$$

委比值的变化范围为 -100% 至 $+100\%$。一般而言,当委比为正值,尤其数值很大的时候,表示买方比卖方力量强,指数上升概率大;当委比为负值,特别是其绝对值很大的时候,表示买方比卖方力量弱,指数下跌概率大。

二、大盘 K 线技术走势图信号识别法

通常,大盘 K 线技术走势图有 3 个部分组成(见图 468)。最上面的部分是日 K 线走势图,中间的部分是成交量图形,最下面的部分是某技术指标图形(可任意选择)。

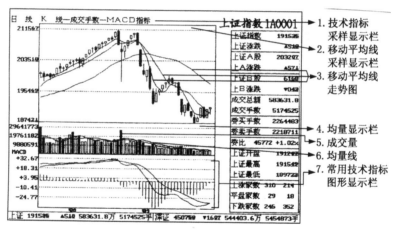

图 468　大盘 K 线技术走势示例图

图 468 说明

1. [技术指标采样显示栏] 该栏的时间周期、技术指标,可以根据采样需要任意变动。例如,本栏中"日线 K 线——成交手数——MACD 指标",表示下面整幅图的变动都是以日为单位的,图中所看到的 K 线走势图就是日 K 线走势图,成交手数(成交量)也就是日成交手数,MACD 走势图也是日 MACD 走势图。假如采样后变成"周

线 K 线——成交手数——MACD 指标"，那就是说下面整幅图的变动都是以周为单位了，图中所看到的 K 线走势图就是周 K 线走势图，成交手数就是周成交手数，MACD 走势图就是周 MACD 走势图。其他可依次类推。

2. [均线采样显示栏]　在这一横栏中依次显示短期、中期、长期 3 条不同移动平均线的日期。例如，本栏中最前面的"5PMAl903.34"表明当天上证指数的 5 日移动平均线位于 1903.34 点。本栏中后面的 2 条移动平均线表示方法，与此相同。

3. [移动平均线走势图]　一般设 3 条移动平均线，分别用不同颜色表示。这 3 条移动平均线究竟是 5 日、10 日、30 日移动平均线，还是别的什么移动平均线，在"移动平均线采样显示栏"有明确提示。比如，时间最短的移动平均线（如 5 日均线）用黄色表示，时间最长的移动平均线（如 30 日均线）用绿色表示，时间居中的移动平均线（如 10 日均线）用紫色表示。

4. [均量显示栏]　如该栏中"5PMA 4718312"，表示 5 日均量为 4718312 手。关于均量的含义洋见本页"6. 均量线"。

5. [成交量]　绿色（或黑色）柱状线表示大盘指数收阴时每日或每周、每月的成交量，红色（或白色）柱状线表示大盘指数收阳时每日或每周、每月的成交量。例如，图 468 反映的是大盘日线走势情况，因此，一条柱状线就表示一天的成交量。

6. [均量线]　是以一定时期成交量的算术平均值在图形中形成的曲线。它是参照移动平均线的原理以成交量平均数来研判行情趋势的一种技术指标（见下面：均量线研判方法），又称为"成交量平均线指标"。

附：均量线研判方法

第一，均量线在成交量的柱状线之间穿梭波动，投资者可用它来预测指数或股价变动的趋向。在上涨行情初期均量线随着指数或股价不断创出新高，显示市场人气聚集。行情进入高潮时，如果均量线先于指数或股价出现疲软走势，这时即使指数或股价再创新高，也意味着行情可能要接近尾声了。

第二，在下跌行情初期，均量线一般随指数或股价持续下跌，显示市场人气散淡。然而,当行情持续下跌并创出新低,但均量线开始走平,或出现上升迹象时,表明买盘在逐渐增加,指数或股价有可能见底回升。此时,投资者应该作好做多的准备。

第三,均量线一般设置两条,互相配合使用。比如,时间短的均量线(如 5 日均量线)用黄色表示,时间长的均量线(如 10 日均量线)用紫红色表示。一般而言,当短期均量线在长期均量线上方并继续上扬时,行情将会保持上涨势头;反之,当短期均量线在长期均量线下方并继续下滑时,显示跌势仍将继续。

第四,盘局时,短期均量线与长期均量线表现出互相缠绕的情形,最后短期均量线与长期均量线出现向上或向下扩散,则可预示盘局会被打破,投资者应密切注意其变化。

第五,当短期均量线与长期均量线交叉,出现类似移动平均线黄金交叉或死亡交叉的现象时,可参照移动平均线黄金交叉、死亡交叉的原理,分析它对行情助涨或助跌的作用。

第六,均量线不论是向上或是向下拐头,都预示行情可能转势,是一种警戒信号。

第七,均量线相对于单日(单周、单月)的成交量来讲,更注重整体趋势的把握。不过,均量线单纯地从"量能"的角度去分析价格趋势,其准确性是有限的,它应该与移动平均线、趋势线等主要技术指标配合使用。

7. [常用技术指标图形显示栏] 该栏技术指标图形可根据需要任意选择(选择方法详见本书第 423 页"查阅大盘或个股的技术指标操作法"),如 MACD、SAR、RSI、KDJ 等。

三、个股分时走势图信号识别法

图 469(见下页)说明

1. [卖盘等候显示栏] 该栏中卖一、卖二、卖三、卖四、卖五表示依次等候卖出。按照"价格优先,时间优先"的原则,谁卖出的报价低谁就排在前面,如卖出的报价相同,谁先报价谁就排在前面,而这一切都由电脑自动计算。卖一(卖二、卖三、卖四、卖五)后面的数字

为价格，再后面的数字为等候卖出的股票手数。比如，"卖一 1398
（注：有很多炒股软件，将它标注为'13.98'。下同。）208"表示第一排
等候卖出的报价是 13.98 元，共有 208 手股票，即有 20800 股在这
个价位等候卖出。

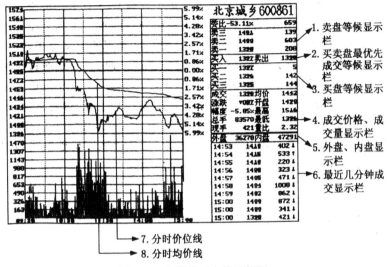

图 469　个股分时走势示例图

2. ［买卖盘最优先成交等候显示栏］　该栏中的买进的报价和
卖出的报价，表示当时等候在最前面的买入、卖出的报价（注：有的
炒股软件中不显示这一栏，则"买一"代表最前面的买入价，"卖一"
代表最前面的卖出价）。

3. ［买盘等候显示栏］　该栏中买一、买二、买三、买四、买五表
示依次等候买进，与等候卖出相反，谁买进的报价高谁就排在前面，
如买进的报价相同，谁先报价谁就排在前面。如图 469 显示："买一
1397 5"，表示在第一排等候买入的报价为 13.97 元，共有 5 手股
票，即有 500 股在这个价位等候买进。

4. ［成交价格、成交量显示栏］　该栏目主要有如下内容（注：不
同炒股软件中显示的内容会略有不同）：

（1）［均价］　即开盘到现在买卖双方成交的平均价格。其计算

公式是：均价＝成交总额／成交量。收盘时的均价为当日交易均价。如图 469 显示："均价 1442"，因该数字出现在收盘时，所以，当日该股交易均价为 14.42 元。

（2）[开盘]　即当日的开盘价。开盘价是每个交易日的第一笔成交价（证券交易系统根据价格优先、时间优先的原则在集合竞价阶段，成交量最大的价格，即最多交易者认可的价格。若多个价格满足最大成交量，则取最接近前一交易日收盘价的价格）。特殊情况：若集合竞价阶段无成交，则开盘价可能延用前一交易日收盘价。新股上市首日开盘价可能受发行价限制（如科创板／创业板新股前 5 日无涨跌幅限制，但可能有临停机制）。

（3）[最高]　即开盘到现在买卖双方成交的最高价格。收盘时"最高"后面显示的价格为当日成交的最高价格。

（4）[最低]　即开盘到现在买卖双方成交的最低价格。收盘时"最低"后面显示的价格为当日成交的最低价格。

（5）[量比]　是衡量相对成交量的指标。它是开市后每分钟平均成交量与过去 5 个交易日每分钟平均成交量之比。其计算公式是：$量比 = \dfrac{当前成交量}{过去 5 日同一时间段的平均成交量}$。量比是投资者分析行情短期趋势的重要依据之一。若量比数值大于 1，且越来越大时，表示今日相对于过去 5 个交易日来说，交投越来越旺盛；若量比数值小于 1，且越来越小时，表示今日相对于过去 5 个交易日来说，交投越来越稀少。这里要注意的是，并非量比大于 1 且越来越大就一定对买方有利。通常，若股价上涨，价升量增，这当然是好事，投资者可积极看多、做多，但此时如果股价在往下走，价跌量增，这就不一定是好事了。总之，量比要同股价涨跌联系起来分析，这样才会减少失误，提高投资成功率。

（6）[成交]　即买卖双方的最新一笔成交价。当日收盘时的最后一笔成交价，为当日收盘价。如图 469 显示："成交 1398"，因这个即时成交价发生在 15：00 最后一笔，因此，13.98 元就是该股当日的收盘价。

（7）[涨跌]　即当日该股上涨和下跌的绝对值，以元为单位。图中的小三角形表示涨跌,小三角形尖头朝上表示涨,小三角形尖头朝下表示跌。如图 469 显示:"涨跌▼087",表示当日该股下跌了 0.87 元。有的炒股软件以 +、− 表示涨跌,如 +0.87,表示当日该股上涨 0.87 元;−0.87 表示当日该股下跌了 0.87 元。

(8)[涨幅]有的炒股软件将它称为"幅度" 即当日成交到现在的上涨或下跌的幅度。若涨幅为正值,数字颜色显示为红色,表示股价在上涨;若涨幅为负值,数字颜色显示为绿色,表示股价在下跌。涨幅的大小用百分比表示。收盘时涨幅即为当日的涨跌幅度。如图 469 显示:"涨幅 −5.85%",这时已经收盘,因此,它表示该股当日跌幅为 5.85%。

(9)[总手] 即从当日开始成交到现在为止总成交股数。一手 =100 股。收盘时"总手",则表示当日成交的总股数。如图 469 显示:"总手 83570"出现在收盘时,这就说明当日该股一共成交了 83570 手,即 8357000 股。

(10)[现手] 即当日最新一笔成交的量,计量单位为手。收盘时的"现手",实际上就是当日最后一笔成交的量。

5. [外盘、内盘显示栏]

(1)[外盘] 以卖出的报价成交叫外盘,俗称主动性买盘。当外盘累计数量比内盘累计数量大很多,而股价上涨时,表示很多人在抢着买进股票。

(2)[内盘] 以买入的报价成交叫内盘,俗称主动性抛盘。当内盘累计数量比外盘累计数量大很多,而股价下跌时,表示很多人在争先恐后地卖出股票。

如图 469 显示:"外盘 36278 内盘 47291",显然内盘累计数量大大高于外盘累计数量。这说明当日该股主动性抛盘远大于主动性买盘,形势对空方有利。

6. [最近几分钟成交显示栏] 该栏可以显示当时最近几分钟连续 10 笔成交情况,即几点几分以什么价位成交,每笔成交手数是多少。例如,图 469 这个栏目中第一行、第二行显示:"14:53 1410 402","14:54 1415 533",表示该股在那天下午 2 时 53 分以 14.10 元成交了 402 手(40200 股),促使股价下跌;2 时 54 分以 14.15 元成交了 533 手（53300 股），促使股价上涨。

7. [分时价位线]　即当日股价每分钟移动的曲线,俗称分时走势。

8. [分时均价线]　与分时价位线不同的是,它是以当日开盘到现在平均交易价格画成的曲线,其作用类似移动平均线。一般而言,分时价位线在分时均价线上方,远离均价线时,因正乖离率过大,股价会回落;反之,分时价位线在分时均价线下方,远离分时均价线时,因负乖离率的绝对值过大,股价会回升。

另外,分时价位线在分时均价线上方运行,分时均价线对分时价位线起着支撑作用,但是,如果分时价位线向下击穿分时均价线,则分时均价线反过来对分时价位线产生压制作用;反之,分时价位线在分时均价线下方运行,分时均价线对分时价位线起着压制作用,如分时价位线向上突破分时均价线,则分时均价线反过来对分时价位线产生支撑作用。

四、个股 K 线技术走势图信号识别法

下面个股 K 线技术走势图中的图形和概念,前面都已经介绍过。请参阅"大盘 K 线技术走势图的识别"和"个股分时走势图的识别"。

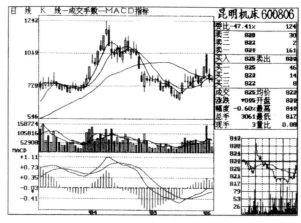

图 470　个股 K 线技术走势示例图

五、即时操盘技巧

即时操盘技巧必须与本书正文中的均线、趋势线等操作技巧区分开来,因为它们是两个不同的概念。前者告诉你的是,在现场做多、做空时要注意些什么,而后者告诉你的是,如何运用这些技巧来正确研判大盘或个股的走势,应该是做多还是做空。从严格意义上来说,前者只是后者的一种补充。因为,一个投资者要想在股市中求得生存、发展,必须依据移动平均线、趋势线等主要技术指标制定一个完整的操作计划,而不能把宝押在即时操盘技巧上,否则就要犯本末倒置的错误,给自己的股票投资带来重大的损失。但是毋庸讳言,即时操盘技巧用得好不好,也会直接影响到投资者的收益。为何这样说呢?因为,尽管移动平均线、趋势线等主要技术指标作了做多或做空的提示,但它并没有明示是在开盘、盘中,还是临收盘前做多或做空,也没有交代如何根据现场的量比、委比变化进行适时操作,而这些都要靠即时操盘技巧来解决。可见,我们在坚持以移动平均线、趋势线等主要技术指标进行操作时,也应该重视即时操盘技巧的学习和研究。

下面我们就简要谈谈即时操盘的技巧和应该注意的问题。

1. 怎样看盘?

看盘就是对盘面信息的综合研判,既要细致地观察当时盘面的一举一动,又要将它融入到历史走势和市场环境的整体之中。具体来说,看盘时要将大盘或个股在交易过程中出现的委比、外盘、内盘、成交价、均价、涨跌幅度、量比,以及图中所出现的黄(白)色曲线、红(绿)色柱状线等变化情况记录下来,或记在脑子里。只有把它们看清楚后,投资者才能对盘面作出分析、比较,从而正确判断大盘或个股即时走势会朝什么方向发展。

2. 什么叫高开?什么叫低开?大盘或个股高开、低开后会有什么变化?

当天的开盘价高于昨天的收盘价叫高开;当天的开盘价低于昨天的收盘价叫低开。一般来说,如果大盘指数或个股股价开得太高,在半小时内就可能会回落;反之,如果大盘指数或个股股价开得太低,在半小时内就可能会回升。当然具体的走势如何,这时主要看成交量的大小,如果高开又不回落,而且成交量放大,那么可以判断,这个股票很可能要继续上涨。需要注意的是,有时候大盘指数或个股股价高开后就一直高走,低开后就一直低走,但出现这种情况不多。因此,有经验的投资者,在一般情况下,真正操作的时间都放在 10:00 之后进行。即使要买进股票,他们也会在大盘或个股高开回落时买进,不会贸然追高;反之,要卖出股票时,也会在大盘或个股低开回升时卖出,不会贸然杀跌。

3. 投资者即时买进或卖出股票要重点关注哪些问题?

(1)一般来说,下降之中的股票不要急于买进,而要等它止跌以后再买,上升之中的股票可以买,但不要在它飚升时买进,而要等它回档时买进;反之,上升之中的股票不要急于卖出,等其冲高要向下回落时卖出,下降之中的股票可以卖,但不要在它狂跌时卖出,而要等它反弹时卖出。

(2)一日之内股价常常会有几次升降的波动。投资者可以看自己所要买的股票是否和大盘的走向一致,如果是的话,那么最好的办法就是盯住个股,在股价上升到高点回落时卖出,在股价下降到低点回升时买入。这样做虽然不能保证你买卖完全正确,但至少可以卖到一个相对的高价和买到一个相对的低价,而不会买一个最高价和卖一个最低价。

(3)通过量比、内外盘、买卖手数多少的对比,投资者可以看出是买方的力量大还是卖方的力量大。如果卖方的力量远远大于买方的力量则最好不要买。如果连续出现大量而股价又在上涨,说明有很多人看好该股,这就值得注意。而如果半天也没人买,则不大可能成为好股,这种股票不要轻易买进。换手率高的股票说明买卖的人多,容易上涨。但是,如果不是刚上市的新股,一些已有一定涨幅的股票出现了特大换手率,如换手率超过 15%、20%、30%时,就要警惕主力在搞对倒出货,这时也不宜买进。因为主力的出货目的一旦实现,后市就凶多吉少。

4. 如何判断是散户的买卖盘还是主力、庄家的买卖盘? 此时,投资者应如何操作?

可以从以下两个方面进行判断:

（1）看主动性买盘和主动性抛盘的情况。主动性买盘和主动性抛盘都是主力、庄家出击的结果,它能够左右股价的走势。在题材股、投机股行情中,盘中常有对倒的成交量出现,如果仅在收盘以后看成交量,往往会被迷惑。此时,投资者可以通过主动性买盘和主动性抛盘来研判主力的真正动向。主动性买盘就是对着卖盘一路买,每次成交时箭头为红色,委卖单不断减少,股价不断往上走。在股价的上扬过程中,抛盘开始增加,如果始终有抛盘对应着买盘,每次成交箭头为绿色,委买单不断减少,使得其股价逐波往下走,这就是主动性的抛盘。一般而言,盘中出现主动性买盘时,投资者可顺势买进做多;反之,盘中出现主动性抛盘时,投资者可以顺势卖出做空。这里投资者需要注意的是,不要逆市操作,否则很容易吃亏。

（2）看外盘、内盘和股价变化。这可从三个方面进行分析:第一,当外盘比内盘数量大出很多而股价下跌处于低位时,就要想到是否主力庄家在做盘。如果在当日成交明细表中(该表查阅法详见本书第423页)查到很多大买单时,大致可以判断出主力庄家正在趁股价下跌时主动性买进。第二,当外盘比内盘数量大出很多而股价处于高位时,就要想到是否主力庄家在拉高出货。如果在当日成交明细表中发现大卖单不断出现,则极有可能是主力庄家在主动性卖出,搞对倒出货;如果在当日成交明细表中发现大卖单很少,表明现在跟风买进的中小散户居多,主力庄家暂时还没有考虑出货,故股价仍有继续上涨的可能。第三,当内盘比外盘数量大很多,而股价还在涨,则表明主力庄家在震仓洗盘。盘中主动性买盘多半来自主力庄家,主动性抛盘则多半来自中小散户。

5. 在一天的交易时间中,哪几个时间段投资者要特别注意?

有 4 个时间段投资者要特别注意:上午:10:00、11:15 ~ 11:30;下午:1:00 ~ 1:30、2:30 ~ 3:00。

（1）通常,主力、庄家拉高出货会选择在上午 10 点左右这一时间段里。无论大盘还是个股,当日短期的高位经常在上午 10 点左右出现。如果随成交量放大,股价飙升,一定要小心主力随时出货。此时可用分时图结合成交量和技术指标分析股价走势,当短线指标背离时应该果断出货,这种方法经多次验证效果比较明显。

（2）上午收盘和下午开盘是买进、卖出股票的较好时机。

主力、庄家控盘经常反映在上午收盘和下午开盘的时刻,此时一定要密切留意盘面的变化。因此,上午收盘前、下午开盘后的前后几分钟,是买入或卖出股票重要时机。如果上午高收,下午可能高开高走;如果上午低收,下午可能低开低走。

另外因特殊原因,上午停牌的股票,尤其是指标股、热门股停牌后,下午开盘的走势会明显影响股价的总体走势和投资者的心态,投资者要结合公开信息对此做出判断,做好做多或做空的准备。

（3）一般而言,大盘和个股到下午2:30分后局势就会明朗,如果主力庄家想继续做多,在下午2:30分后就要维持升势,或在大盘或个股下跌后出现往上拉升的动作。因此,每日交易的最后半小时,大盘或个股常常会随主力庄家的操盘意图,出现急速拉升或快速跳水的现象。一般而言,最后半小时走强,反映主力庄家想推升指数或股价,第二日继续上升居多;最后半小时走弱,反映主力庄家想打压指数或股价,第二日继续下跌居多。因此,有经验的投资者往往会根据这一现象决定他们买卖行动,顺势操作,效果一般都不错。

但是这里要注意的是,如果是收盘前几分钟,甚至在收盘前1分钟出现急速拉升和快速跳水的现象,这又另当别论了。因为收市前的几分钟,特别是收市前1分钟其实已经不允许投资者从容决策了。这时绝大多数中小散户不可能再参与交易了,而主力、庄家就利用这个机会进行做盘。如果主力、庄家明日要出货,他们就可能在尾市最后几分钟来个急速拉高,画一个漂亮的收盘图形,采取诱多的手法,以便第二日交易时把不知底细的追高者一网打尽（见图471、图472）。故投资者在第二日买进时要格外小心,当心别落入主力、庄家的圈套。反之,如果主力、庄家要吸货,他们有时就会在尾市几分钟来个快速跳水,画一个难看的收盘图形,采取诱空的办法,以便第二日交易时把不明真相的投资者低位抛出的股票照单全收,以此来降低他们的建仓成本。故投资者在第二日卖出时要多长一个心眼,别轻易把筹码抛出,以免中了主力、庄家的奸计（见图473、图474）。

該股 1999 年 1 月 26 日尾市收盘前几分钟，从下跌
4.03%急速拉升到上涨 2.93%。主力为了顺利出货，为不明真
相的投资者设置了一个多头陷阱。

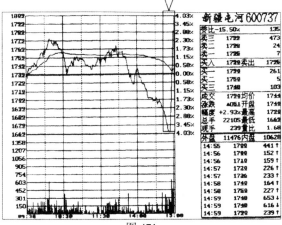

图 471

从该股日 K 线走势图可以清楚地看出，该股在 1999 年 1
月 26 日尾市收盘急速拉高后，第二日就低开低走，之后就出现
了深幅回调。可见，当股价出现较大升幅后出现尾市收盘前几分
钟火箭式上升的现象，投资者一定要提高警惕，不要盲目追高。

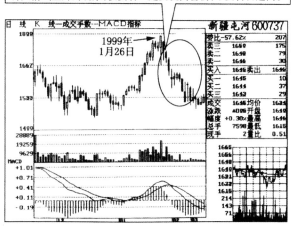

1999年
1月26日

图 472

该股 1998 年 6 月 30 日尾市收盘前几分钟，主力疯狂砸盘，股价大幅下挫。收市前最后一分钟主力一下抛出 13 万多股，将股价打到离跌停仅一步之遥才刹车。

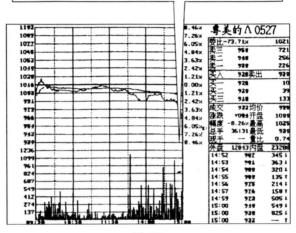

图 473

从该股日 K 线走势图可以看出，1998 年 6 月 30 日主力尾市砸盘，目的就是制造恐慌情绪，骗取散户手中的筹码。因此，在上涨初期出现尾市收盘前快速跳水的现象，投资者要警惕主力在设置空头陷阱，诱使中小散户上当受骗。

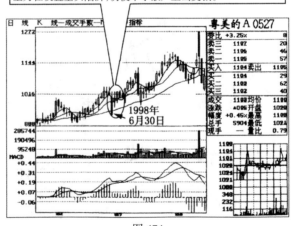

1998年
6月30日

图 474

418

6. 观察内盘、外盘、委比和量比时,如何防止主力造假?

内盘、外盘、委比和量比都是表达当日场内多、空力量对比的指标。但是,主力也可以利用内盘、外盘、委比、量比造假,或是用来进行反技术操作,以此来蒙骗中小散户。譬如,外盘大于内盘,表明主动买进股票的量比主动卖出股票的量多,而股价却在下跌;内盘大于外盘,表明主动卖出股票的量比主动买进股票的量多,而股价却在上升,这种现象的产生很有可能是主力、庄家在从中捣鬼。又如主力、庄家利用"虚假委托买卖"来影响委比的大小,以及用"对敲"来增加量比,制造场内活跃气氛,然后将跟风者一网打尽,等等。因此,投资者在观察内盘、外盘、委比和量比时,要结合大盘和个股的 K 线、均线形态对其走势作出全面分析后才可买进或卖出,以免陷入主力、庄家的圈套。

六、电脑键盘简易操作法

现在无论是观察大盘还是个股的行情,都几乎离不开电脑了。因此,正确使用电脑键盘查阅大盘或个股的走势图及各种技术指标的变化,以此来分析、研判行情就显得非常重要了。当然,对经常使用电脑的投资者来说,这是不成问题的,但对不熟悉电脑,尤其是新入市的投资者来说,则很有必要补上这一课。本节从简单、实用原则出发,只讲需要什么画面敲哪个键,其他一概不谈。为了帮助尚不熟悉电脑键盘的投资者尽快地熟悉电脑键盘(见图 475),我们在常用

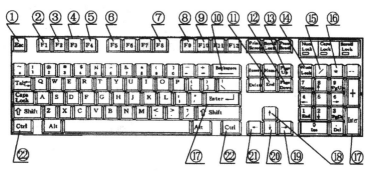

图 475 电脑键盘示意图

419

键上作了编号,这样我们介绍键盘操作技巧时,读者找有关键时就不会找错,查找起来也比较方便。这对初学者理解和掌握电脑键盘操作技巧时将会起到一定的促进作用。

1. 几个使用频率较高的键的说明

在下面键盘中,有几个键经常要用到它,这里先作简要介绍。

(1)[确认键] 我们在查阅大盘或个股的画面时, 在敲击某键后,常常要敲击一个固定的键子以确认,此时才会出现你需要查找的画面。这个固定的键位于键盘中央和右下角处(盘中有两个这样的键),上面刻有"Enter"几个英文字母,人们称它为"确认键",又称为"回车键"。在本书图475中该键编号为⑰。此键使用频率较高,首先要记住它。

(2)[退出键] 当我们在查阅大盘或个股的画面后, 需要退出当前画面或返回上一级菜单[注1]时,就要敲击这个键。此键位于键盘左上角处,上面刻有"Esc"几个英文字母。在本书图475中该键编号为①。此键作用犹如一扇房门,你进入房间(电脑画面)后,要退出的话,只有把关着的门打开(敲击该键)才能走出门外。

(3)[方向键, 又称光标键] 键盘中有 4 个标有不同方向的键[注2],它们位于键盘下方最后两排的右面。在本书图475中这4个键编号为⑱、⑲、⑳、㉑,键面上分别刻有"↑"、"→"、"↓"、"←"箭头。方向键主要功能是对画面和画面中的光标起着上下左右的移动作用。

(4)[数字键] 键盘中共有 20 个数字键,分别位于键盘的左右两侧。左边的数字键位于键盘的第 2 排,按 1、2、3、4、5、6、7、8、9、0依次排列着。右边的数字键位于键盘右边的中间, 按 7、8、9、4、5、

[注1] 当电脑屏幕上出现目录时,使用者可从目录中挑选自己所需的条目,以便进入下一档目录或画面。这种做法与食客看着饭店菜谱点菜十分相似,因而人们就把电脑中的目录单比喻成菜单。正如目录有主目录、分目录一样,电脑中的菜单也有主菜单、子菜单、子子菜单等。

[注2] 在键盘右侧几个数字键也兼有方向键作用。如数字键 8、2、4、6 上分别刻有上、下、左、右 4 个箭头。这 4 个箭头常备备用。它们在指示灯不亮的情况下,可作方向键使用;在指示灯亮的情况下,只能作为数字键使用。

6、1、2、3、0的次序分为4排。数字键很重要,在查阅大盘或个股走势画面时都要用到它。也许有人会问:为什么在左边上方设了数字键,在右边又要设数字键呢?这主要是为了让人们在用右手敲击右边的数字键时,能感到更方便、更快捷。现在有许多证券公司散户大厅里的电脑上已不用大键盘,而是简单地把大键盘中右边带有数字键的一部分切割出去,以代替大键盘,人们将它称为小键盘。

使用右边数字键时要注意的是,当你要敲击它时,先要把指示灯打开,否则,无法把数字输进去。该指示灯的开关在本书图475中编号为⑭:上面刻有"Num Lock"几个英文字母。

(5)[翻阅键] 键盘中共有两个这样的键。在本书图475中编号为⑫、⑬。上面分别刻有"Page Down"、"Page Up"几个英文字母。顾名思义,翻阅键起翻阅作用。如要翻阅下一页就敲击⑫号键,翻阅上一页就敲击⑬号键。

(6)[替换键] 键盘中共有两个这样的键。在本书图475中编号为⑮、⑯,上面分别刻有"/"、"*"符号。替换键的作用就是将电脑屏幕现有的画面替换成与其相关的另一画面。敲击⑮号(/)键可以往前替换,敲击⑯号(*)键可以往后替换。

2. 键盘操作法

(1)查阅上证领先指标,即上证指数分时走势图(一)的操作法

有两种方法可查阅。一是打开电脑后,可根据电脑屏幕中的菜单提示,敲击方向键,然后再敲击确认键,这样屏幕中就会出现另一幅菜单,此时,再按菜单的提示,重复上面的操作,就能出现上证领先指标的走势图画面。二是如果电脑屏幕上已经有走势图画面(任何走势图画面都可以),那只要敲一下④号(F3)键,或敲击数字键"0"和"3",再敲一下确认键就可以了。

(2)查阅深证领先指标,即深证成指分时走势图(一)的操作法

方法与上证领先指标查阅法相同。其中将敲击④号(F3)键改成敲击⑤号(F4)键,数字键"0"和"3",改为"0"和"4"即可。

(3)查阅上证分时走势图(二)操作法

按退出键,先将电脑画面退到标有"动态分析系统"字样的菜单处,接着敲击方向键将电脑屏幕中的箭头移至"大盘分析"一栏,再

按一下确认键。然后敲击方向键将电脑屏幕中的箭头移至"上证走势"一栏，再敲确认键即会出现上证分时走势图(二)画画。另一种方法更简便，如电脑屏幕显示的是深证领先分时走势图，这时只要多次敲击⑮号(／)或⑯号(＊)替换键，画面就会不断替换，这样就可很快地查找到上证分时走势图(二)。

(4)查阅深证分时走势图(二)操作法

方法同上。不过通过菜单查阅时，要将电脑屏幕中的箭头移至"深证成指走势"一栏。

(5)查阅上证K线技术走势图操作法

先将电脑屏幕调到上证分时走势图，然后敲一下⑥号(F5)键即可。这里顺便说一声，如果要回过头来看上证分时走势图，这时再敲一下⑥号(F5)键就能看到上证分时走势图(二)的画面。⑥号(F5)键可以任意把大盘或个股的分时走势图与K线技术走势图换来换去。

(6)查阅深证成指K线技术走势图操作法

先将电脑屏幕调到深证成指分时走势图，然后敲一下⑥号(F5)键即可。

(7)查阅上海股市、深圳股市个股分时走势图操作法

可在数字键上敲击上海股市、深圳股市个股的代码。如要查看"海尔智家(原名青岛海尔)"这个股票的分时走势，只要敲出它的代码600690，再敲一下确认键即可。不过，有时因电脑原来是处于K线技术走势图状态，屏幕显示出来的也只能是个股的K线技术走势图。此时，你只要敲一下⑥号(F5)键就能将它转换成你需要查阅的个股分时走势图。

(8)查阅上海股市、深圳股市个股K线技术走势图操作法

方法同上。如看到的是分时走势图，敲击⑥号(F5)键将它转换成K线技术走势图。

(9)查找大盘或个股的周K线、月K线、5分钟K线、15分钟K线、30分钟K线、60分钟K线技术走势图操作法

先将电脑屏幕调到所需查找的大盘或个股的日K线技术走势图上，然后敲击⑦号(F8)键就可以出现对应的大盘或个股的周K线技术走势图，再敲击此键，就会出现月K线技术走势图。⑦号

（F8）键的作用,就是让"日 K 线技术走势图——周 K 线技术走势图——月 K 线技术走势图——5 分钟 K 线技术走势图——15 分钟 K 线技术走势图——30 分钟 K 线技术走势图——60 分钟 K 线技术走势图——日 K 线技术走势图"在敲击它时不断地依次转换。操作者知道这个原理,就能很容易地找到所需要的任意时段的 K 线技术走势图画面。

（10）查阅大盘或个股的技术指标操作法

有 2 种方法可选择。第一种方法是根据电脑菜单提示,依次寻找。第二种方法,先将电脑屏幕调到所需要查找的大盘或个股 K 线技术走势图上,然后将你所需要查找的技术指标的英文简称输入到电脑中,再敲击一下确认键即可。例如,你要查找指数平滑异同移动平均线这个指标,就在键盘左边对着刻有"M"、"A"、"C"、"D"4 个键各敲一下,再以确认键确认后,电脑屏幕就会出现指数平滑异同移动平均线画面。当然,有些电脑无此功能,第三种方法就不能用了。

（11）查阅大盘或个股每分钟成交明细表操作法

将电脑画面调到大盘或你需要查找的个股分时走势图上,然后敲击②号（F1）键即可。

（12）查阅大盘或个股:分时走势图某一分钟的交易记录操作法

将电脑画面调到大盘或个股分时走势图上。如要从左往右查,按住⑲号（→）方向键,这时就会出现一条能从左向右移动的白色直线,当该线移到你需要查找的某一处时,就将⑲号键放开,这时你就可在电脑屏幕左上方看到这一分钟的详细交易记录。如看完要去掉这条白色直线,就敲一下①号（Esc）退出键。反过来,如你想从右往左查,就按住㉑号（←）键,然后依照上面方法去操作。

（13）查阅当日个股由高到低依次排列的成交分价表的操作法

将电脑画面调到你需要查找的个股分时走势图上,然后敲击③号（F2）键即可。

（14）查阅沪市 A 股涨跌幅排行榜操作法

直接敲击数字键"6",接着敲"1",再敲确认键予以认可。

（15）查阅深市 A 股涨跌幅排行榜操作法

方法同上。数字键改成"6"和"3"。

（16）查阅北交所 A 股涨跌幅排行榜操作法

依次敲击数字键"6"、"1"、"0"，再敲确认键予以认可。

（17）查阅当日沪市 A 股涨跌、委比、成交金额等综合数据排名操作法

方法同上。数字键改成"8"和"1"。

（18）查阅当日深市 A 股涨跌、委比、成交金额等综合数据排名操作法

方法同上。数字键改成"8"和"3"。

（19）查阅当日北交所 A 股涨跌、委比、成交金额等综合数据排名操作法

方法同上。数字键改成"8"、"1"、"0"。

（20）查阅大盘或个股每根 K 线的成交明细表操作法

将电脑画面调到你需要查找的大盘或个股 K 线技术走势图上，然后敲击②号（F1）键即可。

（21）查阅大盘或个股 K 线技术走势图中某一根 K 线当时交易记录操作法

方法同（12）。只不过要将电脑画画调到你需要查找的大盘或个股 K 线技术走势图上。

（22）查阅大盘或个股 K 线技术走势图历史资料操作法

将电脑画面调到需查找的大盘或个股 K 线技术走势图上。当需要查阅过去的 K 线技术走势图时，用手指敲击 ㉑ 号（<——）方向键，若同时手指按住 ㉒ 号（Ctrl）键，可快速移动。当需要查查阅最近的 K 线技术走势图时，用手指敲击 ⑲ 号（——>）方向键，若同时手指按住 ㉒ 号（Ctrl）键，可快速移动。

（23）翻阅个股走势图操作法

当电脑屏幕显示的是某股走势图画画时，如你想看比该股的代码大的股票走势图，可敲击 ⑫ 号（Page Down）键，每敲一下屏幕上就会出现比其代码大 1 号的股票走势图画画；反之，如你想看比该股的代码小的股票走势图，可敲击 ⑬ 号（Page Up）键，每敲一下屏幕上就会出现比其代码小 1 号的股票走势图画面。譬如，这时电脑屏幕显示的是 600620"天宸股份"股票的走势图画面。敲 ⑬ 号键，就可以

依次出现 600619"海立股份"、600618"氯碱化工"、600617"国新能源"等股票走势图画画;敲击 ⑫ 号键就可依次出现 600621"华鑫股份"、600622"光大嘉宝"、600623"华谊集团"等股票走势图画面。

（24）把 K 线技术走势图放大或缩小操作法

当电脑屏幕显示大盘或个股 K 线技术走势图画面时，敲击方向键就可以把画面放大或缩小。敲击 ⑱ 号（↑）键，可将画面放大，这样画面就能看得更清楚一些;敲击 ⑳ 号（↓）键，可将画面缩小，这样一幅画面就能包容更多的 K 线，以利投资者看清它长期运行趋势。

（25）查阅上市公司股本结构、送配股、经营业绩、重大事件等信息资料操作法

将电脑画面调到你需要查找的个股走势图上，然后敲击⑨号（F10）键即可出现上市公司基本面资料。如要一页一页地阅读，可敲击 ⑫ 号（Page Down）、⑬ 号（Page Up）翻阅键。

（26）修改输入个股数字代码和技术指标英文字母操作法

当你要看某股走势或技术指标,在往电脑中输入该股的数字代码或英文字母时发生了差错,此时有两种修改方法可供选择。第一种方法,按确认键,把这些输入的数字代码或英文字母全部清除掉,再重新输入。第二种方法,保留正确部分,对错误部分作删除。例如,当你要"东软集团"这个股票走势时,应该输入 600718 这几个数字,而你却输入了 600726，把最后两个数字搞错了。这时你只要改动"26"两个数字就可以了。改动的办法是:先从电脑中找到一块"橡皮"把"26"两个数字揩掉,这块橡皮就是⑩号（←Backspace）键[注]。因此,你只要敲两下⑩号键就能把"26"两个数字揩掉（每敲一下揩掉一个数字或字母),揩掉"26"这两个数字后,接着敲击"1"、"8"两个数字键,整个修改工作就完成了。修改英文字母的方法与之相同,这里就不再举例。

以上介绍的是一些常用的电脑键盘简易操作法,现在的炒股软件有许多丰富的功能。读者朋友们可在打开某个炒股软件主页面时,仔细看下顶部的菜单栏,稍加研究,就会发掘出更多操作方法。

[注] 有的电脑键盘同样在这个位置上,只刻有"←",省略了"Backspace"这几个英文字母,但其作用和"←Backspace"键相同。

附录二　股市术语简释

1. 证券　是用来证明它的持有人有权取得相应权益的凭证,是各类财产所有权,如股票、债券等凭证的通称。

2. 股票　是一种有价证券。它是由股份有限公司公开发行的,用以证明投资者的股东身份和权益,并据以获得股息和红利的凭证。

3. A 股　是由我国境内公司发行,供境内机构、组织和个人(不含台湾、香港、澳门投资者)以人民币认购和交易的普通股票。

4. B 股　是以人民币标明面值,以外币认购和买卖,在境内(上海和深圳)证券交易所上市交易的人民币特种股票。B 股公司的注册地和上市地都在境内,只不过投资者在境外或在中国香港、澳门和台湾。

5. H 股　即注册地在内地、上市地在香港的外资股。

6. ST 股　指由于财务状况或其他状况出现异常而受到特别处理的股票。

7. *ST 股　指存在退市风险的股票。

8. 基金证券　指由基金发起人或其委托的证券机构向社会公开发行,表示其持有人按所持有份额对基金享有各种相关权益的凭证。

9. 散户　指用小额资金买卖股票的投资者。在 A 股市场中,大部分散户资金都在 10 万元以下。

10. 中户　指用较多资金买卖股票的投资者。在 A 股市场中,资金达到 50 万元 ~100 万元的投资者,称为中户。

11. 大户　指用很大资金买卖股票的投资者。大户又分为个人大户和机构大户。如果是个人大户,通常认为其买卖股票的资金在 100 万元以上,在北京、上海、深圳等大城市,其资金至少在 500 万元以上才能称为大户。如果是机构大户,其买卖股票时,通常资金会达到数亿元,甚至数十亿元。

12. 庄家　指手握重金,能影响某一股票行情的机构大户投资者。

13. 主力　指能影响许多股票,甚至大盘走势,资金实力雄厚的机构大户投资者。

14. 基本面　包括两个层次,一个是指国家宏观经济运行态势,另一个是指上市公司的基本情况(特别是它的财务状况)。

15. 政策面　指国家针对证券市场的具体政策,例如促进股市投融资健康、稳定发展的政策、交易规则、交易成本规定等。

16. 市场面　指市场供求状况、市场品种结构以及投资者结构等因素。

17. 技术面　指反映股价变化的技术指标、走势形态以及 K 线组合等。

18. 心理面　指揭示投资者因股市涨跌而引起的心理变化。

19. 股市系统风险　是指某种因素会给市场上所有的证券带来损失的一种股市风险,如政策风险、市场风险、利率风险和购买力风险等。股市系统风险属于宏观层面上的风险。

20. 股市非系统风险　指某些因素对单个证券造成损失的一种股市风险,如上市公司摘牌风险、流动性风险、财务风险、信用风险、经营管理风险等。股市非系统风险属于微观层面上的风险。

21. 一级市场　指股份公司委托证券商发行原始股票的市场。

22. 二级市场　指已发行上市的证券进行买卖流通的市场。

23. 多头市场(又称强势市场)　指股价长期保持上涨趋势的市场。其变动特征为一连串的大涨小跌。

24. 空头市场(又称弱势市场)　指股价长期呈现下跌趋势的市场。其变动特征为一连串的大跌小涨。

25. 牛市　股市行情看涨,前景向好,交易活跃,叫做牛市。

26. 熊市　股市行情看跌,前景暗淡,交易沉闷,叫做熊市。

27. 多头　指因预计股价将会上涨而买进股票的投资者。

28. 空头　指因预计股价将会下跌而卖出股票的投资者。

29. 死多头　指总是看好股市,手里一直拿着股票,即使形势恶劣,自己手里的股票被套得很深,也仍然在看好股市,对股市充满信心的投资者。

30. 死空头　指总是认为股市行情不好,即使股市形势向好,股价在不断上涨,也仍然看坏市场,不敢持有股票的投资者。

31. T+0 交易　指在股票买卖成交当天,就可以再次委托买进或卖出的交易制度。

32. T+1 交易　指股票在买卖成交后的第二天,才可以再次委托买进或卖出的交易制度。

33. 涨停板　指某一股票价格上涨到证交所规定的最高限度,如 +10%。

34. 跌停版　指某一股票价格下跌到证交所规定的最低限度,如 –10%。

35. 停牌　指上市公司股票因某种原因,被停止交易。停牌时间可长可短,短的停牌可几天、几周,长的可几个月,甚至几年。

36. 摘牌　指某上市公司股票被永久性终止上市交易。

37. 利好消息　有利于股价上涨的消息。

38. 利空消息　不利于股价上涨的消息。

39. 题材　指炒作股票的一种理由。这种理由在少数情况下是公开的,但在多数情况下只有主力、庄家少数人知道。题材有多种,比如消息、传闻、公司的业绩、国家政策等都能变为炒作的题材。

40. 板块　指属于同一地区、同一产业,或在某一方面,具有相同特征的股票。

41. 蓝筹股　指盈利能力突出,并能长期保持良好经营业绩,具有较强实力的大公司所发行的股票,其红利丰厚且安全性很高。

42. 成长股　指销售额和利润能迅速增长的一些公司所发行的股票。

43. 投机股　指那些价格极不稳定或其公司前景不明确的,仅靠市场炒作,引起股价大起大落的股票。

44. 热门股　指因某种原因,引起市场高度关注,交易量放大,股价出现明显上涨,股价变动幅度较大的股票。

45. 冷门股　指那些交易量小、流通性差、股价变动幅度很小,长时间被市场冷落,很少有人问津的股票。

46. 潜力股　指未被市场重视,股价或被错杀,或仍在低位躺平,但因具有特殊题材,一旦被市场认可,将来会有较大涨幅的股票。

47. 绩优股　指过往业绩有良好表现的股票。

48. 垃圾股　指公司发展前景看坏,基本面恶化、业绩不断下滑、亏损,质地很差的股票。

49. 龙头股　指在股市交易中具有领导和示范作用的股票。

50. 题材股　指具有炒作由头,并能得到市场呼应的股票。

51. 黑马股　指股价处于低位,其投资价值未被市场绝大多数投资者所认识,但经市场发掘后,股价会出现大涨,最终能远远跑赢大势的股票。

52. 白马股　指经营业绩突出,受到市场关注,又能远远跑赢大市的股票。

53. 强庄股　指由资金实力雄厚和操作手法老到的庄家在炒作的股票。

54. 弱庄股　指由资金实力较弱,或操作水平较低的庄家在炒作的股票。

55. 大盘股　即流通盘很大的股票。

56. 小盘股　即流通盘较小的股票。

57. 看多　指投资者看好大盘或个股行情的未来。

58. 看空　指投资者看坏大盘或个股行情的未来。

59. 做多　指投资者因看多而买进股票。

60. 做空　指投资者因看空而卖出股票。

61. 多翻空　指原来做多的投资者确信股价已涨到顶峰,因而大批卖出手中股票,从而转变成为空头。这种现象称为多翻空。

62. 空翻多　指原来做空的投资者确信股价已跌到尽头,于是大量买进股票,从而转变成为多头。这种现象称为空翻多。

63. 轧空(又称逼空)　空头卖出股票后,股价不但不跌反而大幅上涨,这迫使卖出股票的投资者,只能以更高的价格追涨,把卖出股票的份额重新补回,从而促使股价再度大涨。这种情况称为轧空,也叫轧空行情。

64. 踏空　股价上涨,而原来抛出股票的投资者,因某种因素没有及时买进。这种现象称为踏空。

65. 多杀多　指一些原来认为股价要上涨,抢着买进,然而股价未能如期上涨时,又竞相卖出,促使股价大幅下跌的投资行为。多杀多对市场和投资者伤害较大。

66. 跳水　指股价突然迅速下滑,且幅度很大的一种盘面现象。

67. 诱多　指主力、庄家有意制造股价上涨的假象,诱使投资者跟进,结果股价不涨反跌,让跟进做多的投资者套牢的一种市场行为。

68. 诱空　指主力、庄家有意制造股价下跌的假象,诱使投资者卖出,结果股价不跌反涨,让卖出的投资者踏空的一种市场行为。

69. 斩仓(又称割肉、停损)　在买入股票后,出现股价下跌,投资者为避免损失扩大而不得已只能低价把股票卖掉。这种投资行为叫做斩仓。

70. 停损点(又称止损点)　当股票下跌到某一幅度或某一价位时,投资者必须将股票卖出。这一预先设置的下跌幅度或价位,称为停损点。如某股票现在价位是 10 元,某投资者买进该股停损点为 9%,那么该股下跌到 9.10 元时就必须卖出。

71. 对敲(又称对倒)　指主力、庄家利用多个账户,对同一股票,同时进行买进和卖出的报价交易,以达到操纵股价的目的。这种行为称作对敲。

72. 护盘　指大主力在市场低迷时买进股票,带动中、小投资者跟进,以阻止股价(指数)下跌,使市场企稳的一种操作手法。

73. 洗盘　指主力、庄家为了减轻日后股票往上拉抬的压力,先找一个高点卖出股票,甚至用砸盘方式连拉阴线,有意制造恐慌,迫使意志不坚定者抛出股票,从而达到洗清浮筹、夯实股价的目的。这种操作手法称为洗盘。

74. 哄抬　就是用不正当的方法和手段,将股价往上拉升。

75. 坐轿　指预期股价将会大涨,或者知道有庄家在炒作而先期买进股票,让别人去抬高股价,等股价大涨后卖出股票,以此在股市中获利的一种市场行为。

76. 抬轿 指认为股价上升空间很大买进股票,但实际上只是给先期买进股票获利者提供了兑现机会,而因为判断失误,买了股票,但最终没有赚到钱,甚至被套的一种市场行为。

77. 追涨 当股价开始上涨时买进股票,叫做追涨。

78. 杀跌 当股价开始下跌时卖出股票,叫做杀跌。

79. 天量 指大盘或个股在人气高涨时,交易异常火爆,成交量急剧放大,而这个成交量是某一段时期以来(比如,几个月,甚至几年)形成的最大成交量。

80. 地量 指大盘或个股在市场低迷时成交量急剧萎缩,而这个成交量是某一段时期以来(比如,几个月,甚至几年)形成的最小成交量。

81. 天价 指个股在人气高涨时形成的某一段时期以来(比如,几个月,甚至几年)的最高价。

82. 地价 指个股在市场低迷时形成的某一段时期以来(比如,几个月,甚至几年)的最低价。

83. 持仓量 指投资者现在手中所持有的股票余额,与投资总金额的比例。

84. 满仓 指投资者将资金全部买了股票,而手中已无现金。

85. 空仓 指投资者将所持有的股票全部抛出,而手中已无股票。

86. 减磅 指在股市形势看坏时,投资者卖出一部分股票来规避风险。

87. 清仓 指在股市形势看坏时,投资者将股票全部卖出来规避风险。

88. 建仓 指投资者判断股价将要上涨而买进股票。

89. 补仓 指在股价上涨到高位时买进股票的投资者,后来又在该股跌到相对低位时再次买进。

90. 盘整 指大盘或个股在较小范围内波动,走势稳定,无大起大落现象。

91. 回档　指在多头市场中指数或股价的短暂下跌。

92. 反弹　指在空头市场中指数或股价的短暂上涨。

93. 反转　指股价趋势出现了根本性的改变,或由涨势转变为跌势,或由跌势转变为涨势。

94. 骗线　指主力、庄家在想进货时,先造成对"空方有利"的技术氛围,在想出货时,先造成对"多方有利"的技术氛围,而这种技术氛围(技术指标)都是一种假象,都是引诱中、小投资者上当受骗的一种花招。

95. 多头陷阱　指数或股价上涨,突破强阻力区,形成一种"向上趋势",但之后不久,指数或股价就出现了大幅下跌,结果使高位跟进的投资者严重被套。这种向上假突破的现象称为多头陷阱。

96. 空头陷阱　指数或股价下跌,跌破强支撑区,形成一种"向下趋势",但之后不久,指数或股价就出现了大幅上涨,结果使低位抛出的投资者纷纷踏空,从而失去了赚大钱的机会。这种向下假突破的现象称为空头陷阱。

97. 套牢　指投资者买进股票后因股票价格下跌造成账面上亏损的一种现象。

98. 解套　股价回升到买进价的附近,将股票卖出,收回本金,称为解套。

99. 含息　指上市公司用现金分红,但尚未实施。这种含有现金分红权利的股票,称为含息。

100. 含权　指上市公司送赠红股或配股,但尚未实施。这种含有送赠红股或配股权利的股票,称为含权。

101. 送股　指上市公司将本用于支付红利的利润转为新股,并按原持股比例无偿赠送给股东,以代替全部或部分红利的一种利润分配方式。

102. 转增股　指上市公司将本公司的公积金转为新股,并按原持股比例无偿赠送给股东的一种利润分配方式。

103. 配股　配股则类似于送股,只不过不是无偿赠送新股,而是有偿购买,购买的价格一般比当时市面的价格要低,有时低很多。配股的过程一般包括:(1)确定股权登记日,核定股东的配股资格;

（2）配股缴款；（3）所配股份开始上市流通。

104. 除权　股票含权的最后一日收盘价，减去含权差价，即为除权。

105. 除权价　除权当日会出现一个与除权前不同的除权价（经过除权的股票在股票简称前加上"XR"，经过除权又除息的股票在股票简称前加上"DR"）。除权价因有无偿送股和有偿配股之分而不同，大体说来，除权价的计算公式有以下几种：

（1）在无偿送股条件下：

除权价＝除权日前一日的收盘价／（1+送股比例）

（2）在有偿配股条件下：

除权价＝（除权日前一日的收盘价+配股价×配股比例）／（1+配股比例）

（3）送配股同时进行时：

除权价＝（除权日前一日的收盘价+配股价×配股比例）／（1+送股比例+配股比例）

（4）送配股与股息分派同时进行时：

除权价＝（除权日前一日的收盘价+配股价×配股比例－每股派发的股息）／（1+送股比例+配股比例）

106. 填权　除权后股价上升，将除权差价补回，称为填权。

107. 除息　股票含息日的最后一日收盘价，减去上市公司要发放的股息，称为除息（经过除息的股票在股票简称前加上"XD"）。

108. 填息　股价上升，将除息的差价补回，称为填息。

109. 抢权　股票因含权而上涨，叫做抢权。

110. 贴权　股票除权后没有填权，反而往下滑落，叫做贴权。

附录三 乖离率运用经验荟萃

说明 在股市中,一些获得成功的人士在运用乖离率操盘时,积累了很多的宝贵经验。为了帮助投资者更好地理解和正确运用乖离率技术指标,我们将海内外股市高手运用乖离率经验汇集如下,供大家买卖股票时参考。这里需要说明的是:以下经验中提到的乖离率值仅是参考值,由于各人观察的对象和时间的不同,乖离率数值存在着较大的差异,因此,投资者在参考、运用这些经验时不能机械地照搬,而要因时因地灵活地选用,这样才会减少失误,提高成功率。

经验一 一般来说:

①6 日乖离率为 –3% ~ –5%时,为买进信号;3% ~ 5%时,为卖出信号。

②10 日乖离率为 –5% ~ –15%时,为买进信号;5% ~ 15%时,为卖出信号。

③30 日乖离率为 –15% ~ –30%时,为买进信号;15% ~ 30%时,为卖出信号。

经验二 在弱势市场,6 日乖离率达到 6%以上时,是卖出时机;达到 –6%以下时,是买入时机。在强势市场上,6 日乖离率达到 8%以上时,是卖出时机,达到 –3%以下时,是买入时机。

在弱势市场,12 日乖离率达到 5%以上时,是卖出时机;达到 –5%以下时,是买入时机。在强势市场,12 日乖离率达到 6%以上时,是卖出时机;达到 –4%以下时,是买入时机。

经验三 在大牛市的狂涨时期,72 日乖离率达到 70%以上时可卖出。在一般多头市场的主升段,及空头市场重挫后强劲反弹时期,72 日乖离率达 40%时,为卖出时机。而在牛市的初升段、末升段,72 日乖离率达 20%以上时即为卖出时机。

在大熊市的初跌阶段,72 日乖离率达到 –20%时为买进时机。

在大熊市的主跌段,72日乖离率达到 –40%时为买进时机,而在一般空头市场的反弹行情中,72日乖离率达到 –25%时即可买进。

经验四 在实战中,如乖离率数值定得过大,投资者会发现机会较少;如果数值定得过小,将会发生卖出后还在上涨,买入后还在下跌的现象。因此投资者在使用乖离率指标时,应注意要有一定的范围,并根据当时的实际情况来决定,过分的强调一个数值,容易引起失误。

举例说明,以上证指数10日乖离率为例:

1. 1994年10月6日,10日乖离率达 –21.51%,第二日股指先低开低走,但后面股指出现大幅上涨。

2. 1995年5月19日,10日乖离率高达37.34%,第二日股指高开低走,随后大幅下跌。

3. 1996年12月17日,10日乖离率达 –21.32%,第二日股指大幅上涨。

4. 1997年9月23日,10日乖离率达 –11.27%,第二日股指出现大幅上涨。

5. 1998年8月17日,10日乖离率达 –12.55%,第二日股指出现大幅上涨。

经验五 除特大消息影响的情况外,10日乖离率若在10%以上时,应坚决派发。如1996年底,沪市冲高至1258点见顶回落,当时10日乖离率值就在10%以上。若10日乖离率在 –10%以下时,一般均有强劲的反弹,如沪市1997年下探1066点、1025点时,当时10日乖离率值均在 –10%以下,其后均爆发了强劲的反弹。

经验六 通常认为,当沪深两地股市的30日乖离率达到 ±12% ~ ±15%时,会有大的回档或大的反弹出现。但也要注意,当大势过于强盛或过于疲软的时候,30日乖离率达到 ±18% ~ ±25%的时候,才会出现大的回档或大的反弹。

经验七 乖离率数值选择要考虑常态和非常态两种情况:

1. 在常态下,乖离率达到以下数值时,即可买进或卖出:

(1)卖出时机:5日乖离率大于3.5%时,10日乖离率大于5%时,20日乖离率大于8%时,60日乖离率大于10%时。

（2）买进时机：5 日乖离率小于 –3％时，10 日乖离率小于 –4.5％时，20 日乖离率小于 –7％时，60 日乖离率小于 –10％时。

2．非常态下，如果遇到由于突发的利多或利空消息，引起市场暴涨或暴跌时，乖离率参数应作如下修正：

（1）综合指数：10 日乖离率大于 30％时，为卖出时机，小于 –10％时，为买进时机。

（2）个股：10 日乖离率大于 35％时，为卖出时机，小于 –15％时，为买进时机。

附录四 格兰维尔移动平均线八大法则简介

在移动平均线理论中,美国投资专家格兰维尔创造的八大法则(见图 476)可谓是其中的精华。自从该法则问世以来,各国移动平均线使用者无不视其为赢家法宝。下面我们就简要地介绍一下格兰维尔所提出的移动平均线买进和卖出的八大法则。

格兰维尔移动平均线八大法则示意图

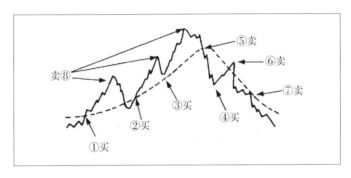

图 476

首先,我们来看格兰维尔提出的四大买进法则:

①平均线从下降逐渐走平转为上升,而股价从平均线的下方突破平均线时,为买进信号。

②股价虽跌破上升的平均线,但不久又调头向上,并运行于平均线的上方,此时可加码买进。

③股价下跌未破平均线,并重现升势,此时平均线继续在上升,仍为买进信号。

④股价跌破平均线,并远离平均线时,很有可能产生一轮强劲反弹,这也是买进信号。但要记住,股价往上反弹后仍将继续下跌,因而不可恋战,一定要学会见好就收。其原因是,前面大势已经转

弱,股价总的趋势向下。在这种背景下,长时间看多,久战者最后必定会套牢,甚至输得很惨。

接着,我们再来看格兰维尔提出的四大卖出法则:

⑤平均线走势从上升逐渐走平再转为下跌,而股价从平均线的上方往下跌破平均线时,是卖出信号。

⑥虽然股价出现反弹突破平均线,但不久又会跌到平均线的下方,而此时平均线仍处在下跌状态,这也是卖出信号。

⑦股价跌落于平均线之下出现反弹,但反弹的力度不大,在临近平均线时受阻回落,这仍然是卖出信号。

⑧股价急速上涨远离上升的平均线时,投资风险激增,随时会出现回跌,股价须逢高卖出,这又是一个卖出信号。

格兰维尔移动平均线八大法则中的前四条是用来研判买进时机,后四条是用来研判卖出时机的。总而言之,运用移动平均线对股价走势进行研判时,大致应遵循如下规则:当平均线上升时为买入机会,下降时为卖出机会;当平均线由跌转升,股价从平均线下方,向上突破平均线时,为最佳买入时机;当平均线由升转跌,股价从平均线上方,向下跌破平均线时,为重要的卖出时机。在格兰维尔的八大法则中,第①、②、③、⑤、⑥、⑦条买进卖出信号是很明确的,第④、⑧两条信号则比较模糊,没有指明投资者在股价离平均线究竟多远时才可买进或卖出。不过,这一难题现在人们已能用乖离率对它作出破解了。

有人问,格兰维尔移动平均线八大法则描绘的图例,反映的是一个股市运作周期吗?

答:是的,可以这样理解,该图例反映的是一个股市运作的完整周期。众所周知,股市运作是按照"牛市——熊市——再牛市——再熊市"的节奏,周而复始运行的。

从格兰维尔移动平均线八大法则示意图看,它的左侧部分为牛市,右侧部分为熊市。一般来说,牛市上升有 5 浪,熊市下跌有 3 浪(见图 477)。

格兰维尔移动平均线中的牛市熊市转换示意图

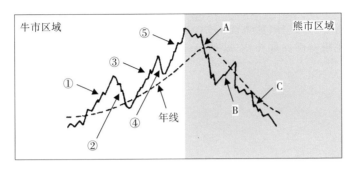

图 477

图 477 说明

1. 股价在年线上运行，称为牛市，牛市上升分为 5 个大的浪形（见①~⑤）；股价跌破年线，即进入熊市，熊市分为 A、B、C 3 个大的浪形。

2. 依据波浪理论，股市进入牛市，走完上升 5 浪后，牛市就见顶了；然后股市就转为熊市，股市进入熊市，在走完 C 浪后，熊市就见底了。尔后再转入下一个股市运行周期，熊市谷底，即为新牛市的起点。

3. 牛市中的第⑤浪，往往是股市最火爆，也是风险快速积聚的时刻。此时投资者必须高度警惕，见好就收，才能规避高位被套的风险。熊市中的 C 浪，杀伤力很大，往往是股价跌得最厉害的时候。大 C 浪后期，当众人都感到绝望时，股市会出现否极泰来，枯木逢春的景象，此时投资者若坚持"买在无人问津处"，日后极有可能会得到意想不到的投资回报。

4. 牛市中的上升 5 浪，其中，①、③、⑤为上升浪，②、④为调整浪。调整浪的出现，说明主力在洗盘，并不是行情结束了，洗盘后股价会继续上行。因此，出现调整浪时，应视为一次"倒车接人的机会"，投资者此时应该采取的策略是：长多短空，逢低吸纳。熊市中下跌 3 浪，A、C 为下跌浪，B 为下跌途中的反弹浪。反弹浪的出现，是给投资者的一次逃命机会，而不是看多做多的机会，若见到 B 浪反弹不卖出，后市会输得很惨。

　　5.图477,只是对股市牛熊转换现象,作一个粗略的描述。若投资者需要深入了解这方面的知识与鉴别、操作技巧,《股市操练大全》后面几册会作详细介绍,敬请关注。

附录五　特别提示

有很多读者来电来函询问:《股市操练大全》最大特点是什么?投资者如何抓住这个特点,为己所用,为实战所用?

答:这个问题很重要。它直接关系到本书的阅读效果和投资者的切身利益,所以有必要对这个问题进行重点解释,并以"特别提示"加以标注,以期引起读者的高度重视。

《股市操练大全》最大的特点就是"学练结合,以练促学"。这8字方针在《股市操练大全》第一册、第二册中表现尤为明显。

打开《股市操练大全》第一册、第二册,你会眼睛一亮,因为书中的内容与其他炒股书有很大的不同。书中除了向读者介绍一些K线、均线等必要的炒股知识、炒股技巧外,还用大量篇幅为读者提供了形形色色的炒股实战练习题,最后还提供了一套完整的、针对性很强的K线、均线炒股实战测验题。这种学习、练习一体化的设计在其他股票书中很难见到,它能充分满足投资者"边学边练,以练促学"的需求,这对提升投资者的股市实战能力会带来很大帮助。

据悉,目前市场上带有炒股练习的股票书,少之又少,难得一觅。为什么大多数股票书都没有股市实战练习的内容呢?原因是,设计一套能符合实战需要的练习题难度很大,它比一般地介绍一些炒股知识的写作要困难得多。为了省时间、怕麻烦,很多股票书就没有了这方面的内容。

从《股市操练大全》创作过程来看,为了在书中增加一些炒股实战练习题,写作的难度一下提高了N个等级。因为无论是题目的创意设计,还是对股市操作实际情况的调查研究、搜集资料、筛选整理,都要耗费大量的时间与人力、物力。若不全力以赴就很难完成这个艰巨任务。据了解,在《股市操练大全》第一册、第二册编写工作中,有关炒股知识内容的写作只占整个工作量的1/3,而有关炒股练习题内容的写作至少要占整个工作量的 2/3。

为了能交出一份让读者满意的答卷,《股市操练大全》创作团队可以说是日夜奋战,几易其稿,反复推敲,最后在团队成员的共同努力下,才成功设计出一套贴近市场,能模拟股市实战操作的练习题的文案(包括答题)。虽然这个练习题的文案尚有许多不足之处,但从读者的信息反馈中得知,《股市操练大全》书中的炒股实战练习题内容很受读者欢迎,这让《股市操练大全》创作团队感到十分欣慰。

股谚云:股市就是战场。投资者学习炒股,光学不练等于纸上谈兵,以练促学才能成效倍增。因此,投资者在阅读《股市操练大全》第一册、第二册时,要紧紧抓住该书"学练结合,以练促学"的特点,坚持边学边练,特别是对书中的炒股综合练习题、炒股测验题,要把它当作学生时代的"高考复习题"看待,认真地去想,认真地去做。真正做到每题必思,每题必答,不能看看就算了。具体来说,读者在阅读本书时,应把书中的一道题做完后再看答案。若对照答案后发现做错了,可先把它搁置一段时间,如半个月,或一个月,再来重新做一遍,直到把这个练习题的来龙去脉都彻底弄明白为止。投资者若坚持用这种方法去学习,日后在股市实战操作时就会得到很好的回报。

功夫不负有心人。请记住下面这句话:学炒股,练则通,通则赢,股市高手都是练出来的。

《股市操练大全》第二册读者信息反馈表

姓　　名		性　　别		年　　龄	
入市时间		文化程度		职　　业	
通信地址					
联系电话			邮　　编		

你认为本书内容如何？（欢迎附文）

你希望我们能为你提供哪些方面的服务？

读者如有信息反馈给我们，电子邮件请发至：sdxsanlian@sina. com，来信请寄：上海市静安区威海路 755 号 30 楼上海三联书店，陆雅敏收，邮编：200041。联系电话：021—22895559。

沿线撕下

《股市操练大全》丛书特色简介

　　《股市操练大全》丛书是上海三联书店出版的重点品牌书。它全面系统、易学易用,是国内图书市场中首次将股市基本分析、技术分析、心理分析融为一体,并兼有学习、练习双重用途的炒股实战工具书。作为学习,它全面详尽地介绍了炒股的各种知识、运用技巧,以及防范风险的各种方法;作为练习,它从实战出发,设计了一套有针对性,并具有指导性、启发性的训练题,引领投资者走上赢家之路。

　　《股市操练大全》无论从风格还是内容上都与其他股票书有很大的不同。因此,大凡阅读过此书的读者都有耳目一新之感。很多读者来信、来电称赞它通俗、实用、贴近实战。有的读者甚至说:他们看了几十本股票书都不管用,但自从看了《股市操练大全》就被迷上了,天天在读,天天在练,现在已经反败为胜了。他们认为,《股市操练大全》是目前图书市场上最有实用价值的股票书。其实,有这样感受的读者不是少数,而是相当多,这可以从全国各地读者寄给出版社的大量来信中得到证明。

　　也许正因为如此,即使沪深股市走熊时,证券图书市场进入了"冬眠"状态,但《股市操练大全》仍然一版再版,深受读者青睐,各册累计重印次数已超过了450次,总发行量超过了350万册。(注:①有人计算过,若将卖出的《股市操练大全》图书,一本一本叠起来,高度超过了8个珠穆朗玛峰,创造了股票书销售的奇迹。②国内一般的股票书发行只有几千册,多的也只有几万册,发行量超过5万册的已属凤毛麟角。目前,《股市操练大全》发行量已远远超过了其他股票书)

　　迄今为止,《股市操练大全》丛书一共出版了三大系列14本书。每本书都介绍了一个专题(专题内容详见下页),它是一套完整的炒股学习、训练工具书。另外,《股市操练大全》的每本书(除习题集)都是精装。装帧精美,这也是这套书的一个亮点。

《股市操练大全》丛书一览

基础知识系列

《股市操练大全》第一册(修订版)
　　——K 线、技术图形的识别和练习专辑　　　　　　　定价 49.00 元
《股市操练大全》第二册
　　——主要技术指标的识别和运用练习专辑　　　　　　定价 43.00 元
《股市操练大全)第三册
　　——寻找最佳投资机会与选股练习专辑　　　　　　　定价 28.00 元
《股市操练大全》第四册
　　——股市操作特别提醒专辑　　　　　　　　　　　　定价 30.00 元
《股市操练大全》第五册
　　——股市操作疑难问题解答专辑　　　　　　　　　　定价 35.00 元

实战指导系列

《股市操练大全》第六册
　　——技术分析、基本分析主要技巧运用实战强化训练专辑　定价 35.00 元
《股市操练大全)第七册
　　——识顶逃顶特别训练专辑　　　　　　　　　　　　定价 39.00 元
《股市操练大全)第八册
　　——图形识别技巧深度练习专辑　　　　　　　　　　定价 45.00 元
《股市操练大全》第九册
　　——股市赢家自我测试总汇专辑　　　　　　　　　　定价 48.00 元
《股市操练大全》第十册
　　——捕捉黑马关键技巧特别训练专辑　　　　　　　　定价 48.00 元
《股市操练大全》特辑
　　——360° 选股技巧深度练习专辑　　　　　　　　　定价 68.80 元

习题集系列

《股市操练大全》习题集①
　　——熟读炒股七字经　圆你股市赢家梦专辑　　　　　定价 15.00 元
《股市操练大全》习题集②
　　——完整版 K 线练兵试卷专辑　　　　　　　　　　定价 46.00 元
《股市操练大全》一天一练短视频第一集　　　　　　　　定价 88.00 元

　　说明:以上图书全国各地新华书店与京东、天猫、当当网上书店有售。如书店缺货,读者可直接向上海三联书店出版社邮购(地址:上海市静安区威海路 755 号 30 楼上海三联书店。发行部电话:021-22895559)。

图书在版编目（CIP）数据

股市操练大全. 第2册 / 黎航编著. ——上海：上海三联书店，
2002.1（2025.8重印）
ISBN 978-7-5426-1456-8

Ⅰ. ①股… Ⅱ. ①黎… Ⅲ. ①股票—证券交易
Ⅳ. ①F830.391

中国版本图书馆CIP数据核字（2000）第76541号

《股市操练大全》第二册

主要技术指标的识别与运用练习专辑

主　　编 / 黎　航

特约编辑 / 王　真　叶　蕾
责任编辑 / 朱美娜
装帧设计 / 新世纪工作室
监　　制 / 姚　军
责任校对 / 肖　商　蒋　申

出版发行 / 上海三联书店
　　　　　（200041）中国上海市静安区威海路755号30楼
联系电话 / 编辑部：021-22895517
　　　　　 发行部：021-22895559
印　　刷 / 上海展强印刷有限公司
版　　次 / 2002年1月第1版
印　　次 / 2025年8月第73次印刷
开　　本 / 850mm×1168mm　1/32
字　　数 / 389千字
印　　张 / 14.375
印　　数 / 618001-621000

ISBN 978-7-5426-1456-8

F·322　定价（精）43.00元